PORTUGAL E OS 60 ANOS DA GUERRA EM ÁFRICA

Francisco Carlos Palomanes Martinho
Helena Wakim Moreno
Marina Simões Galvanese
(Orgs.)

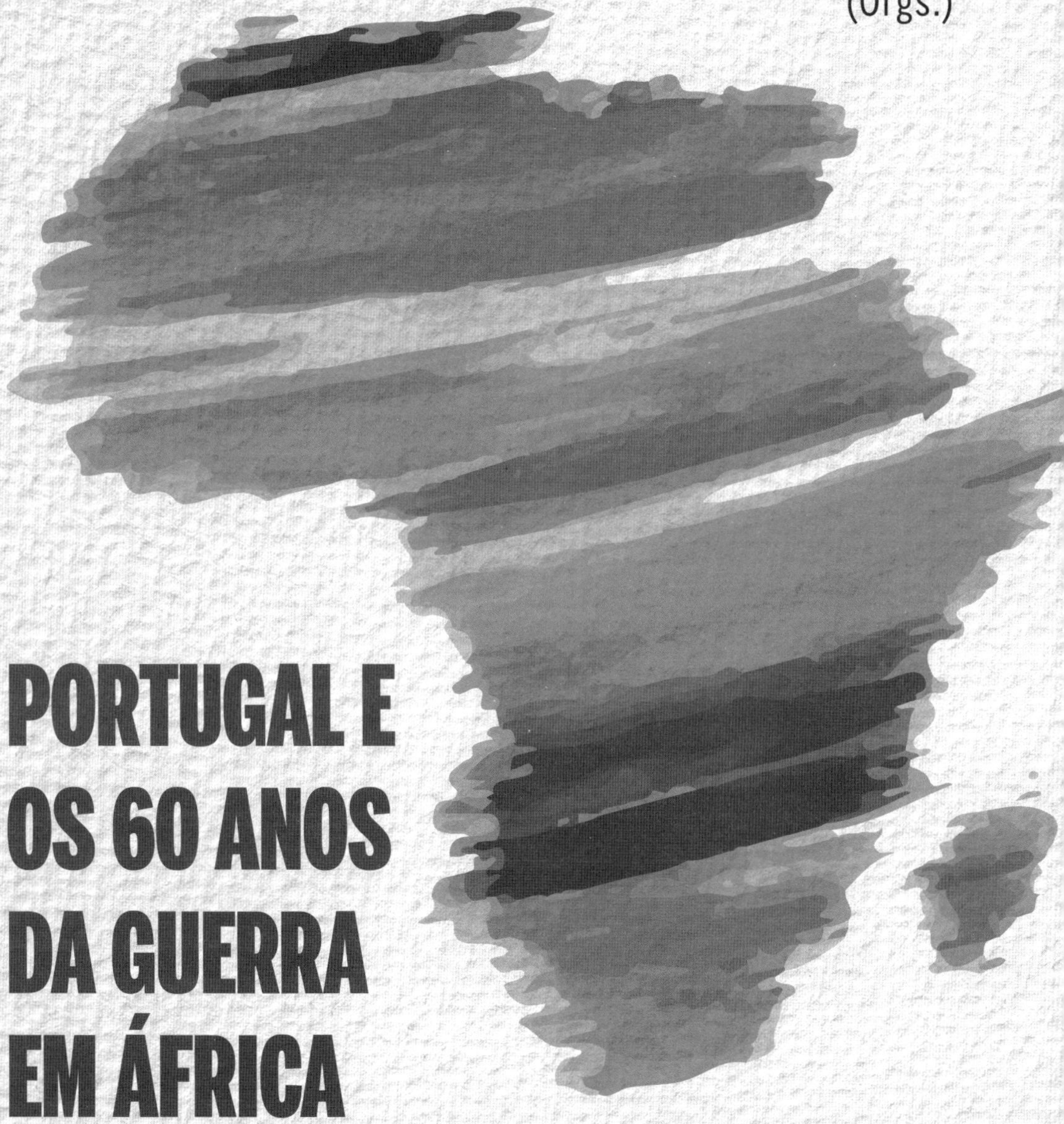

PORTUGAL E OS 60 ANOS DA GUERRA EM ÁFRICA

FGV EDITORA

CNPq

Direitos desta edição reservados à
FGV EDITORA
Rua Jornalista Orlando Dantas, 9
22231-010 | Rio de Janeiro, RJ | Brasil
Tel.: 21-3799-4427
editora@fgv.br | www.editora.fgv.br

Impresso no Brasil | *Printed in Brazil*

1ª edição – 2022

Preparação de originais: Sandra Frank
Editoração eletrônica: Abreu's System
Revisão: Adriana Alves | Aline Duque Erthal
Capa: Estúdio 513

Dados Internacionais de Catalogação na Publicação (CIP)
Ficha catalográfica elaborada pela Biblioteca Mario Henrique Simonsen/FGV

Portugal e os 60 anos da guerra em África / Francisco Carlos Palomanes Martinho, Helena Wakim Moreno, Marina Simões Galvanese (orgs.). – Rio de Janeiro : FGV Editora, 2022.
260 p.

Inclui bibliografia.
ISBN: 978-65-5652-182-4

1. Portugal – Historiografia. 2. África – Colônias. 3. Descolonização. 4. Movimentos de libertação nacional. I. Martinho, Francisco Carlos Palomanes. II. Moreno, Helena Wakim. III. Galvanese, Marina Simões. IV. Fundação Getulio Vargas.

CDD – 946.9043

Elaborada por Rafaela Ramos de Moraes – CRB-7/6625

Sumário

Prefácio. Um passado ainda vivo 7
Miguel Cardina

Apresentação 11
Francisco Carlos Palomanes Martinho; Helena Wakim Moreno; Marina Simões Galvanese

1. O Movimento Anticolonial (MAC): agências, história e construção de redes africanas desde a metrópole 15
Helena Wakim Moreno

2. Migrações e deslocamentos na luta pela independência das colônias de Portugal na África: diversidade, impactos e projeção para uma diplomacia migratória 41
José Sacchetta Ramos Mendes

3. Circuitos migratórios, entrelaçamentos e espalhamentos: o caso do mundo em português 61
Igor José de Renó Machado

4. Memórias sobre os deslocamentos entre Portugal, África e Brasil 75
Zeila de Brito Fabri Demartini

5. Ascensão e queda do Terceiro Império: migrações e cidadania em dois atos 111
Marina Simões Galvanese

6. A ideologia do salazarismo veiculada num livro escolar: breve estudo de caso ... 139
Onésimo Teotónio de Almeida

7. As veredas da independência de São Tomé e Príncipe ... 151
Augusto Nascimento

8. Portugal, as guerras em África e o quadro internacional: história e historiografia ... 173
Francisco Carlos Palomanes Martinho

9. Violência extrema na guerra de libertação angolana ... 187
Marcelo Bittencourt

10. Combatentes pela liberdade em Moçambique: história, género e memória ... 203
Olga Maria Lopes Serrão Iglésias Neves

11. Esboço de Joana: entre os rumores e a exigência da história em Moçambique ... 219
Omar Ribeiro Thomaz

12. "O tigre e sua presa": apontamentos sobre a luta de libertação ... 231
Leila Maria Leite Hernandez

Autores ... 255

Prefácio
Um passado ainda vivo

*Miguel Cardina**

No momento em que escrevo estas linhas, decorre em Portugal um debate motivado pelas palavras do primeiro-ministro, António Costa, durante uma visita oficial a Moçambique. Aí classificou como um "ato indesculpável" o "massacre de Wiriyamu", no qual perto de 400 homens, mulheres e crianças foram violentamente assassinados, em dezembro de 1972, numa incursão feita pelo Exército português na província de Tete. As palavras foram lidas como um "pedido de desculpas" formal e suscitaram uma discussão sobre a natureza ou a necessidade de gestos de reparação para fazer face a esse passado ainda vivo.

A guerra colonial e de libertação inscreve-se num conjunto vasto de mudanças internacionais então em curso, em que sobressai o impacto das independências dos povos africanos e asiáticos pós-Segunda Guerra Mundial e um panorama geopolítico que, consoante distintos tempos e lugares, combinou a afirmação de esferas de influência, a ativação de solidariedades militantes e a eclosão de conflitos militares. Nesse novo contexto histórico, a resistência do regime de Salazar em encetar negociações – pedidas por movimentos de libertação antes do eclodir dos conflitos, como ocorreu com o Partido Africano pela Independência da Guiné e Cabo Verde (PAIGC) – arrastou o país para uma guerra longa em Angola, Guiné e Moçambique. Nos anos finais da ditadura, ficava já claro que aquela era uma guerra impossível de vencer. A breve trecho, viria a ditar o próprio fim do regime.

---

* Historiador. Investigador do Centro de Estudos Sociais da Universidade de Coimbra. Coordenador do projeto "Crome – Memórias Cruzadas, Políticas do Silêncio: as Guerras Coloniais e de Libertação em Tempos Pós-Coloniais", financiado pelo Conselho Europeu para a Investigação.

A 25 de Abril de 1974, o velho Estado Novo caía através de uma rotura levada a cabo por militares de patente intermédia, que iria desaguar numa revolução que marcou geneticamente a democracia portuguesa. Em solo africano, a luta pela independência viria a consagrar-se como a certidão de nascimento das novas nações. Mesmo Cabo Verde e São Tomé e Príncipe, que não experienciaram a luta armada no território, acabariam por alcançar as independências no quadro da partilha desse mesmo idioma anticolonial. Nos diferentes países africanos – e não perdendo de vista as significativas diferenças entre si – a luta de libertação e a memória anticolonial viriam a assumir um lugar relevante, conferindo legitimidade a movimentos rapidamente tornados partidos únicos e vanguardas autoproclamadas na construção dos novos Estados.

Em Portugal, por seu turno, e por um conjunto vasto de razões, a memória pública da guerra tendeu a ser recoberta por amnésias e seletividades discursivas. Entre outros elementos, pesa o facto de a guerra ter sido feita por militares. Foram esses mesmos militares – ou melhor, uma parte deles, os que se articularam no que seria o Movimento das Forças Armadas – que desencadearam a mudança política em Portugal, o que inevitavelmente interferiu na reflexão sobre a guerra, nomeadamente no parco questionamento sobre os episódios mais sangrentos. Este elemento articula-se ainda com a persistência de um imaginário que tende a apagar a natureza intrinsecamente violenta do projeto colonial. As raízes históricas dessa erosão memorial são antigas. Com efeito, a linguagem das Descobertas, ainda hoje um tópico dominante a partir do qual se tece o "nacionalismo banal" em Portugal, não pode fazer esquecer o papel tido na escravização de povos africanos e na sua deslocação forçada em direção à Europa e às Américas, com destaque evidente para o Brasil, nem, depois de formalmente abolida a escravização, os processos de trabalho forçado, de roubo de terras, de sobreexploração e violência física e simbólica a que foram sujeitos os povos africanos colonizados.

A ditadura do Estado Novo não inventou o colonialismo nem o seu uso político, que tem origens anteriores. Mas a ideologia colonial será intensificada e reformulada nos anos de afirmação do fascismo português, acompanhada de uma crescente imbricação entre as economias da metrópole e das colónias e de vagas migratórias, nomeadamente para Angola e Moçambique, que se vão prolongar até ao final do regime. Esta etapa derradeira será ainda marcada pelo redesenhar imagético da relação colonial, a partir dos tópicos do lusotropicalismo, e por uma guerra que duraria 13 longos anos. Desencadeada pelos povos colonizados, a descolonização comportou o reconhecimento nacional e internacional dos novos Estados independentes e uma vaga de "retorno" de portugueses e seus descendentes, ou de ida para outras paragens, como a África do Sul ou o Brasil.

O livro que tem diante de si propõe um olhar multissituado, capaz de observar a guerra, os seus contextos e os seus legados a partir de Portugal, dos solos africanos então colonizados e também de outras geografias, como é o caso do Brasil, cujas articulações com esse passado comum, mesmo que diferidas, se tornam aqui evidentes. Ao mesmo tempo, a leitura global desta obra sugere que a compreensão ampla do fenómeno da guerra apenas é possível com um horizonte histórico, para que não se foque estritamente no tempo em que o conflito decorreu e que enquadre dinâmicas sociais mais abrangentes e diversas na sua explicação. Sem esse olhar, que extravasa necessariamente o mero domínio político-militar, ficaríamos com uma visão muito limitada das causas e dos efeitos de uma guerra que foi, simultaneamente, a etapa final de uma ordem colonial e o início de um processo de descolonização que não terminou com a consagração política das independências.

Apresentação

[illegible]

cerca de 1% da população residente na metrópole. Durante esse período, entre os países ocidentais, essa percentagem só não excedeu o contingente militar mobilizado por Israel (Cann, 1997: 100). Cabe ressaltar ainda que o recrutamento para o exército português não se limitou ao perímetro do território metropolitano: nos últimos anos dos conflitos, 45,7% dos combatentes eram recrutados na loca-

* Nas citações diretas em português de Portugal, mantivemos a grafia original. (N.O.)

Apresentação*

Francisco Carlos Palomanes Martinho
Helena Wakim Moreno
Marina Simões Galvanese

Os conflitos desencadeados em Angola em 1961 assinalaram o início de um período de guerras no então espaço sob dominação colonial portuguesa. Numa época em que um expressivo número de territórios em África libertava-se do jugo colonial, começavam em Angola, seguida pela Guiné e por Moçambique, os mais longos ciclos de guerras de independência do continente, disputados em diversas frentes. Em cada um desses espaços, os conflitos assumiram formas diferentes, mas em todos eles chegaram a termo com a revolução de 25 de abril de 1974.

Urdida durante o Estado Novo, a guerra colonial se desenrolou sob um regime de censura que se acirrou ainda mais nos primeiros anos do conflito, fazendo com que a população portuguesa na metrópole recebesse notícias selecionadas e esparsas sobre o curso dos acontecimentos, quase sem imagens ou sons. Despreparado para as dimensões assumidas pelos conflitos, o regime recorreu a estratégias de baixo custo, como a contrapropaganda, cuja finalidade era "isolar os guerrilheiros das populações, desmoralizá-los e conduzi-los ao descrédito, quer na sua acção, quer na dos seus líderes" (Afonso e Gomes, 2016:24-25).

Contando com a docilidade de uma opinião pública controlada pela censura e pela propaganda, o regime mobilizou, ao longo dos 13 anos de guerra colonial, cerca de 1% da população residente na metrópole. Durante esse período, entre os países ocidentais, esta porcentagem só não excedeu o contingente militar mobilizado por Israel (Cann, 1997:106). Cabe ressaltar ainda que o recrutamento para o exército português não se limitou ao perímetro do território metropolitano: nos últimos anos dos conflitos, 38,7% dos combatentes eram recrutados *in loco*.

* Nas citações diretas em português de Portugal, mantivemos a grafia original. (N.O.)

Em Moçambique, representaram 53,6% do contingente militar; em Angola, chegaram a 42,4%; e na Guiné, foram 20,1% do total (Domingues, Monteiro e Teixeira, 2017:542).

Nas últimas décadas, tanto os estudos historiográficos quanto os realizados em outras áreas das ciências humanas sobre a guerra colonial têm redimensionado o debate a partir de novas abordagens metodológicas e da abrangência de fontes históricas diversificadas, a fim de transpor as limitações dos registros oficiais. Em Angola, Guiné e Moçambique, os efeitos da guerra se estenderam sobre as dezenas de milhares de vítimas, entre elas militares, guerrilheiros e civis, e encetaram uma dinâmica de migrações, assim como crises econômicas e sociais diversas. Para o planejamento, articulação e viabilização da guerrilha nesses cenários de operações, foi indispensável aos movimentos de libertação contar com redes de apoio transnacional, que envolviam os países adjacentes, além de outros países dentro e fora do continente.

Como resultado dos desgastes advindos da guerra colonial, o Movimento das Forças Armadas (MFA), protagonista dos acontecimentos de 25 de Abril de 1974, colocou termo ao regime ditatorial do Estado Novo. A partir daí, ascendeu em Portugal um período revolucionário, marco inaugural da democracia portuguesa, ao passo que em Angola, Cabo Verde, Guiné, Moçambique e São Tomé teve início o processo de transição para independências, sob o governo dos movimentos de libertação. Não obstante a dimensão transnacional do processo, cabe ressaltar que as representações da guerra colonial ganham contornos de narrativas históricas nacionais, por vezes com ênfases e interpretações distintas a depender do território a partir do qual é conformado esse mosaico.

Ainda que o fim da guerra tenha assinalado a desagregação do império português, seus efeitos ecoaram pelas décadas subsequentes e ainda hoje se fazem sentir. Nos países africanos recém-independentes, os desdobramentos da guerra colonial foram determinantes para os rumos dos jovens regimes, na construção de alianças nacionais e transnacionais e, em alguns casos, no desenrolar de novos ciclos de conflitos. Já em Portugal, o fim da guerra legou, entre outros desdobramentos políticos e sociais, um contingente de portugueses que regressava das antigas colônias ou do exílio. Aproximando-se da casa dos dois dígitos percentuais da população que então vivia em Portugal, essa expressiva alteração no quadro populacional está inscrita em um período de reelaboração da identidade nacional e do despontar de novos olhares em torno da memória e da narrativa histórica.

Foi pensando nas consequências abrangentes do conflito em África que propusemos a realização de um webinário que contou com a participação de especialistas de dentro e de fora do Brasil. Os temas, embora pensando nas guerras em si, passam por questões ligadas à cultura, às relações internacionais, às migrações e à memória daqueles acontecimentos. E parte daquele webinário[1] chega agora às mãos de leitoras e leitores que poderão avaliar o impacto de um dos mais dramáticos acontecimentos da segunda metade do século 20, bem como de sua dialética descolonização/transição para a democracia.

Referências

AFONSO, Aniceto; GOMES, Carlos de Matos. *A conquista das almas*: cartazes e panfletos da acção psicológica na guerra colonial. Lisboa: Tinta da China, 2016.

CANN, John P. *Counterinsurgency in Africa*: the Portuguese way of war, 1961-1974. Westport, CT: Greenwood Press, 1997.

DOMINGUES, Francisco Contente; MONTEIRO, João Gouveia; TEIXEIRA, Nuno Severiano. *História militar de Portugal*. Lisboa: A Esfera dos Livros, 2017.

1 Algumas e alguns participantes do evento não puderam, entretanto, contribuir para este livro. Agradecemos, ainda assim, a participação de Cláudia Castelo, Fernando Pimenta, Cristina Nogueira da Silva e Miguel Cardina.

1. O Movimento Anticolonial (MAC): agências, história e construção de redes africanas desde a metrópole

Helena Wakim Moreno

O Movimento Anticolonial (MAC) foi o primeiro movimento unitarista politicamente autônomo, marcado por posições e práticas do incipiente nacionalismo anticolonial que emergia nas então províncias ultramarinas. Entre seus integrantes, estiveram futuras lideranças dos movimentos de libertação de todos os territórios do espaço colonial sob dominação portuguesa em África: Angola, Cabo Verde, Guiné, Moçambique e São Tomé.

Apesar da escassez de recursos humanos e materiais, suas ações clandestinas visavam denunciar as práticas do colonialismo português em foros transnacionais, assim como angariar apoios além do perímetro do império. Estas conexões se mostraram centrais para a construção de redes de solidariedade afro-asiáticas, indispensáveis para a organização das lutas de libertação.

Os contornos que deram o tom deste processo não aconteceram nas geografias do teatro de operações da guerra colonial. Foi em Portugal, a partir da década de 1940, que as futuras lideranças políticas e intelectuais dos movimentos de libertação com viés marxista entraram em contato e passaram a forjar seus círculos de afinidade, incidir sobre a paisagem política, social e cultural do então espaço metropolitano e construir apoios transnacionais na oposição ao colonialismo português em África.

Os caminhos dos futuros dirigentes do MAC se entrelaçaram na Casa dos Estudantes do Império (CEI), e mesmo após a fundação do movimento a associação permaneceu como um espaço fundamental de conexões e encontros em Lisboa. Assim, para compreender as origens e funcionamento do MAC é necessário um olhar atento à CEI.

A Casa dos Estudantes do Império (CEI)

Como bem demonstrou Cláudia Castelo (2015:25-31, 2010:1-18), a CEI foi concebida como uma associação de assistência estudantil criada em 1944 com endosso da ditadura salazarista para acolher universitários do espaço colonial que eram obrigados a se mudar para Portugal a fim de continuar seus estudos, uma vez que, na altura, os territórios sob dominação colonial portuguesa não dispunham de instituições de ensino universitário.

A partir do entrelaçamento de interesses dos integrantes do grupo dirigente da Casa de Angola, fundada em 1943 sob a liderança de Alberto Marques Mano de Mesquita, sobrinho do governador-geral de Angola Manuel da Cunha e Costa Marques Mano, e contando com o decisivo apoio de Marcello Caetano, na altura comissário nacional da Mocidade Portuguesa, o regime endossou desde a primeira hora a proposta de fundir as diversas casas de estudantes das colônias em uma só: a Casa dos Estudantes do Império. Assim, em 1944 foi inaugurada a sede da associação, em Lisboa, e no ano seguinte, a delegação de Coimbra. Além do apoio formal à iniciativa, o regime se comprometeu com um orçamento regular, garantindo subsídios para seu funcionamento (Moreno, 2021:227-243).

Diferentes fatores concorreram para que o regime apoiasse a CEI. O primeiro deles concerne aos ecos da conjuntura internacional no contexto português: apesar de o país não ter participado dos confrontos nos campos de batalha da Segunda Guerra Mundial, a crise econômica fruto dessas circunstâncias atingiu em cheio a já frágil economia portuguesa, elevando os níveis de tensão social. Rebeliões e greves despontavam, ameaçando a própria vigência do Estado Novo ao pôr em causa seus pressupostos políticos e sociais. Como assinalou Fernando Rosas, esta foi a primeira grande crise enfrentada pelo regime de António Salazar (Rosas e Mattoso, 1994:368-370). Neste cenário de instabilidades, a centralização das atividades dos estudantes provenientes do espaço colonial em uma só associação contribuía para a vigilância das suas atividades.

Em meio a estas turbulências, o governo buscou capitalizar a fundação da CEI como uma demonstração da organicidade das relações entre metrópole e colônias. A suposta natureza destas relações no império era apresentada como permanência: as celebrações e comemorações históricas apontavam esta característica no passado e seu cultivo no presente, a exemplo do estímulo dado pelo regime ao apoiar uma associação para universitários das colônias como a CEI. Além disso, indicava a manutenção destas relações num futuro próximo, fomentando uma associação de assistência estudantil destinada à juventude proveniente do espaço colonial, ao mesmo tempo que incutia a percepção do seu apoio aos desígnios do regime. Mostra de como a fundação da CEI foi utilizada como elemento de propaganda do regime consta, por exemplo, na declaração do então ministro das colônias Francisco Vieira Machado na ocasião da inauguração da Casa:

> Cada vez mais as nossas colônias estão integradas no pensamento da Metrópole, e é bom reforçar o elo que reúna todo o escol do Ultramar e do Continente. A Casa dos Estudantes do Império deve ser aberta a todos. [...] É um belo sonho.[1]

Este "reforço do elo" entre metrópole e colônias também atendia a um propósito de primeira importância na retórica imperial: com a criação da CEI eram encerradas as diferentes casas de estudantes das colônias, organizadas a partir dos territórios coloniais de proveniência. Aos olhos do regime, essas associações poderiam promover vínculos de identidade e pertencimento ao lugar de origem, seguindo na contramão da noção de um império uno, indivisível e alinhavado desde a metrópole, além de ferir os princípios da mística imperial (Alexandre, 2000). Como o próprio nome da associação denotava, a CEI era tomada pelas autoridades como um meio promissor para difundir preceitos afinados com os do Estado Novo e afastar potenciais desvios ideológicos desde sua proposta institucional.

Para efetivar tais expectativas, o regime apostava na ascensão política da Mocidade Portuguesa sobre os estudantes recém-chegados. O intuito era de que, num futuro próximo, estes jovens pertencentes às elites culturais das colônias servissem de correia de transmissão dos valores oficiais no ultramar. A Mocidade Portuguesa também estava diretamente interessada na fundação de uma associação nos moldes da CEI, atenta ao seu fortalecimento no espaço colonial, como estava previsto no Decreto nº 29.453, publicado em 17 de fevereiro de 1939, cujo conteúdo tratava da sua organização nas colônias. O artigo

1 *Boletim Geral das Colônias*, ano XX, n. 229, p. 134, jul. 1944.

35 previa a celebração de "acordos necessários para o fim de criarem em Lisboa e em Coimbra o Lar dos Estudantes Coloniais", com a função de oferecer "um condigno alojamento, alimentação boa e económica e um ambiente, tanto moral quanto material, conducente ao seu aperfeiçoamento material e espiritual".[2] Em suma, o apoio do regime à fundação da CEI foi conferido em função do anseio de que a associação atendesse a diferentes propósitos políticos e ideológicos que lhe eram caros, em particular, sua permanência nos territórios sob dominação colonial portuguesa.

Entretanto, como não raro decorre nos processos históricos, os desdobramentos não atenderam aos desígnios. Mais do que isto, serviram como catalisadores da afirmação de itinerários políticos no sentido oposto àquele originalmente imaginado. Logo na primeira eleição para os corpos diretores da CEI, o círculo afeito ao regime foi derrotado e substituído por um grupo encabeçado por Aguinaldo Veiga, responsável por instituir uma gestão mais democrática e aberta à participação dos sócios (Dáskalos, 1993).

Na segunda metade da década de 1940, a fim de darem continuidade aos seus estudos ingressando na universidade, começaram a desembarcar na metrópole alguns dos futuros dirigentes dos MAC. Por indicação de amigos, conterrâneos ou familiares que já residiam em Portugal, logo se filiavam à CEI. Ali, faziam suas refeições diárias na cantina da associação, a mais econômica das cantinas universitárias de Lisboa; recebiam atendimento médico em seu posto de saúde e estudavam na biblioteca da associação. Sobretudo para os sócios provenientes de famílias com menos recursos – situação social de boa parte dos estudantes mestiços e negros –, a casa era um espaço indispensável para conseguir arcar com as despesas na metrópole (Sanches, 2013).

Além do apoio material, a associação propiciava um ambiente de camaradagem entre jovens que adentravam um lugar desconhecido, longe da família, dos amigos e dos seus espaços de pertencimento. Em Lisboa, associaram-se à CEI Mário Pinto de Andrade, originário de Angola; Amílcar Cabral, proveniente de Cabo Verde; Marcelino dos Santos e Noémia de Sousa, de Moçambique; Guilherme Espírito Santo, Alda Espírito Santo e Hugo de Menezes, de São Tomé.

---

2 *Diário do Govêrno*, n. 40/1939, Série I de 1939-02-17, 120-122. Disponível em: <https://dre.pt/dre/detalhe/decreto/29453-1939-425078>. Acesso em: 21 abr. 2021.

Por sua vez, Agostinho Neto e Lúcio Lara, ambos de Angola, ingressaram na delegação de Coimbra, cidade onde realizavam seus estudos.

No interior da Casa, alguns dos futuros dirigentes do MAC tiveram suas primeiras vivências de embates políticos. Mostra disto é a carta enviada por Amílcar Cabral a Maria Helena Rodrigues, sua futura esposa, em março de 1948:

> Na sexta-feira à noite, estive numa Assembleia Geral da CEI, até às 2 h da madrugada! Eu gostaria que me visse defender a aquisição de uma casa nos arredores de Lisboa, com amplas condições de exploração agrícola, para a residência futura de todos os estudantes do Ultramar. [...] gostaria que me visse a argumentar. Consegui comover a Assembleia [...] e, francamente, fiquei com a impressão de que apesar de ter falado como estudante de Agronomia, eu deveria ter estudado Direito [Cabral, Souto e Elísio, 2016:73].

De fato, seus esforços surtiram efeito: até aquele ano a questão sequer constava na pauta das discussões internas,[3] ao passo que em 1949 a recém-eleita direção-geral da CEI trazia no seu programa o intuito de pleitear junto ao governo um lar estudantil, descrito como "o grande sonho dos nossos consócios".[4]

O dinamismo constatado no ambiente interno da CEI não estava circunscrito ao seu perímetro. Tratava-se de uma conjuntura de contestação às opressões geopolíticas, rumo ao desenho de uma ordem global com marcadores distintos do mundo imperial. Em 1945, teve lugar em Manchester o V Congresso Pan-Africano, organizado por intelectuais africanos e afrodiaspóricos originários de territórios de língua administrativa inglesa. Entre suas principais resoluções, estava a independência imediata e incondicional dos territórios sob dominação colonial (Adi, 2018:122-127). Já em Portugal, entre os desdobramentos das crescentes insatisfações populares e pressões políticas e sociais, em 1945 ocorreu a criação do primeiro movimento de massas de oposição ao Estado Novo, o Movimento de Unidade Democrática (MUD). Originalmente de caráter mais moderado e com características de uma frente ampla de oposição ao regime, o movimento conheceu um crescimento ímpar na história do Estado Novo até

3 *Mensagem*, set. 1948 (2); *Mensagem*, out./nov./dez. 1948 (4; 5; 6).

4 *Mensagem*, jan. 1949 (7).

então: corridos pouco mais de 15 dias da sua primeira reunião, foi anunciado que as listas de subscrição de apoio às suas pautas já ultrapassavam a impressionante marca de 50 mil assinaturas, apenas em Lisboa.[5] Neste contexto, o clima de efervescência política que apontava um horizonte para a derrubada do regime em função da candidatura do general Norton de Matos à presidência não tardou a ganhar força.

No ano seguinte à criação do movimento havia sido fundada sua frente de juventude, o Movimento da Unidade Democrática Juvenil (MUDJ). O "Juvenil" contou com a adesão dos sócios mais politizados da CEI identificados com a oposição ao regime, sendo ainda mais expressiva entre os dirigentes da associação. Estes apoios e seus desdobramentos constam, nos relatórios da Pide, entre os motivos que levaram à instalação de uma comissão administrativa em Lisboa, em 1952, responsável por suspender a gestão da casa pelos sócios e entregá-la à Mocidade Portuguesa (Castelo, 2010). Esta situação perduraria até fins de 1956.

Para a juventude proveniente das colônias, as agitações do MUD e do MUDJ marcaram a primeira vivência política de um fenômeno dessa dimensão, com grandes comícios, abaixo-assinados, reuniões, agitação nas universidades e distribuição de panfletos que arregimentavam esforços em torno da candidatura de oposição à presidência.[6] Embora talvez um pouco difusa para alguns, havia entre aqueles que se tornariam lideranças do MAC a percepção de que o percurso para as transformações nos seus territórios de origem passava pela derrubada do regime na metrópole.

Cabe assinalar que, apesar da vinculação expressa, o "Juvenil" sempre manteve relativa autonomia de organização. Como sustenta Guya Accornero (2009:50-51), o MUDJ lançava apelos mais afinados com o clima político do pós-guerra, surtindo um alcance mais ampliado entre a juventude engajada na oposição ao regime, pedindo pelo fim da ditadura, defendendo a paz e os direitos humanos. Estas bandeiras políticas do MUDJ repercutiram entre as futuras lideranças do MAC com diferentes acentos, que iam de dirigente, como foi o caso de Agostinho Neto, à postura de simpatizante, a exemplo de Amílcar Cabral. Em comum, é certo afirmar que a emergência do MUDJ mar-

---

5 O anúncio foi realizado por Mário de Lima Alves, membro da comissão central do MUD (Rosas e Mattoso, 1994).

6 Sobre o tema, ver Vilaça (1998).

cou a vivência de jovens de uma época, corroborando para o acúmulo de um repertório de práticas de organização política e para o alargamento do horizonte de expectativas em relação aos destinos coletivos dos seus territórios de origem (Soares, 2016:121-124).

A intensa agitação política promovida pelo MUD fez com que as autoridades logo percebessem a singular brecha para avanços da oposição. Perante a acusação – procedente – de que o Partido Comunista Português (PCP), então relegado à clandestinidade, tinha relação com o movimento, em 1948 o regime decretou que o MUD passava a ser considerado ilegal (Accornero, 2009). O MUDJ ainda permaneceu em atividade até 1955, quando teve o mesmo desfecho. Contudo, durante os sete anos que lhe garantiram uma sobrevida em relação ao MUD, o percurso dos futuros membros do MAC passou por importantes transformações, de modo que, na altura do seu encerramento, o "Juvenil" não era mais um meio de referência para estes jovens: o movimento havia entrado em decadência, sendo extinto em 1956, e a sensibilidade política do grupo apontava para outras direções.

Tais diferenças ganharam evidência no verão de 1953, quando Vasco Cabral, Agostinho Neto e Marcelino dos Santos integraram a delegação do MUDJ, recém-associado à Federação Internacional da Juventude Democrática, para participarem do IV Festival Mundial da Juventude Democrática (Bucareste) e, na sequência, do Congresso Internacional de Estudantes (Varsóvia). Na ocasião, os três se recusaram a desfilar junto à delegação portuguesa, criando a delegação dos "jovens coloniais". Para justificar sua posição, apresentaram o documento conhecido como "XI Teses" ao MUDJ, nas quais, entre outros pontos, demarcavam que eram originários do espaço sob dominação colonial portuguesa e defendiam sua independência, além de caracterizarem os colonos portugueses como "agentes do colonialismo (Madeira, 2003:209-243). O conteúdo provocou uma resposta formal da Comissão Central do MUDJ, cujo ponto mais crítico de divergência se dava em relação à percepção dos colonos, uma vez que tal embate ameaçaria uma aliança entre os povos das províncias ultramarinas e da metrópole (Madeira, 2003). Nos anos subsequentes, as divergências políticas se aprofundariam ainda mais, indicando que a saída política para os jovens africanos em Lisboa não estava na adesão à oposição portuguesa ao regime.

O Centro de Estudos Africanos

Como atestam fotografias e relatos de memória do período,[7] na década de 1940 os estudantes considerados "mestiços" e "negros" pelos marcadores do regime eram minoria entre os estudantes provenientes do espaço colonial. Face ao racismo pulsante também na metrópole, partilhando questões e repertórios semelhantes, alguns desses jovens começaram a estreitar seu convívio. Como recordou Alda Espírito Santo, futura integrante do MAC, o primeiro encontro deste pequeno círculo foi uma espécie de sarau de poesia, organizado, em 1947, na residência do seu primo, Arlindo Espírito Santo. Nele, estiveram presentes, além dos dois, Amílcar Cabral, Ema Sena Mendes, a prima Julieta Espírito Santo e António Domingues.[8] Os encontros começaram a se tornar mais frequentes, dando corpo às inquietações políticas dos participantes acerca dos seus territórios de origem.

Nessa altura, Mário Pinto de Andrade, estudante dedicado de filologia clássica, vivia em um quarto nas imediações da Escola Politécnica. Provido de uma retórica envolvente ao tratar de temas relativos à África e detentor de uma pequena biblioteca que despertava a curiosidade dos colegas, seu quarto logo se tornou um espaço de encontro e empréstimo de livros entre os jovens africanos negros e mestiços que viviam em Lisboa (Espírito Santo e Laban, 2002).

Conforme o grupo ia ganhando coesão, começaram as trocas de correspondência com Alioune Diop, estabelecido em Paris como editor da revista *Présence Africaine*, o que decerto colaborou para o alargamento dos seus horizontes de reflexão (Andrade e Laban, 1997:74-75). Para mencionar apenas alguns exemplos, como assinalou Julião Soares, nos últimos anos dessa década Amílcar Cabral realizou leituras que considerou de grande impacto para sua formação, como a *Anthologie de la nouvelle poésie nègre et malgache de langue française* (1948), organizada por Léopold Senghor (Soares, 2003:323-349). A publicação trazia o prefácio "Orphée noir" assinado por Jean-Paul Sartre, no qual, entre outras

---

7 Acerca de registros fotográficos de universitários mestiços e negros, conferir, por exemplo, o número especial da *Mensagem*, publicado em 1994. Nessa publicação, o testemunho de Manuel dos Santos Lima ressalta alguns aspectos da presença desses universitários na metrópole (Rosinha e Freudenthal, 2015; Lima, 2015:95-96).

8 Alda Espírito Santo era sócia da CEI (Espírito Santo e Laban, 2002:71).

reflexões, assinalava a importância da consciência racial como elemento que tinha a capacidade de levar ao fim da afirmação da ideia de raça como constituinte em si de hierarquizações (Sartre, 1960).

Já para Mário Pinto de Andrade, ao passo que avançava nas leituras de autores africanos, como o romance *Pleure ô pays bien-aimé* (1948), de Alan Paton,[9] ou caribenhos, feito *Batouala* (1921), de René Maran, adensava-se a indagação sobre sua opção por filologia clássica. Valendo-se de possibilidades de análise das disciplinas ensinadas nas salas de aula da Faculdade de Letras da Universidade de Lisboa e de leituras sobre linguística africana de sua biblioteca pessoal, como os trabalhos de Marcel Cohen e Lilias Homburger, começou a desenvolver por conta própria estudos linguísticos sobre o quimbundo. Para dar corpo aos seus interesses, realizou um intenso levantamento em bibliotecas e arquivos da capital portuguesa (Andrade e Laban, 1997:89-91). O proceder de Mário Pinto de Andrade remete àquilo que Edward Said nomeou como "teoria itinerante", para acentuar a importância de considerar não apenas o contexto histórico em que determinada leitura ou ideia é recebida, mas também a geografia desta recepção (Said, 2005:25-42). No caso em questão, tratava-se de um sujeito histórico originário de uma geografia sob dominação colonial, que na altura encontrava-se inscrito no território metropolitano. Este processo de seleção, combinações e ressignificação que se traduz em uma nova leitura da realidade corresponde àquilo que Said (2005:25-42) chamou de "apropriação criativa". Ao examinar em retrospecto seu percurso, Mário Pinto de Andrade afirmou:

> [...] o meu interesse pela linguística africana tinha também sido despertado através da consciência africana que se ia estruturando em Lisboa com os meus amigos. [...] Houve, portanto, uma coincidência entre a via de aprofundamento da consciência africana e o aprofundamento dos estudos de linguística [Andrade e Laban, 1997:89-91].

Esta tomada de consciência acompanhada de uma revisão sobre os interesses de estudo não se circunscreveu a Mário Pinto de Andrade. Com diferentes tônicas e acentos, este movimento fez parte do percurso político e intelectual deste

---

[9] O título em francês no corpo do texto reproduz a citação de Mário Pinto de Andrade. O título original da obra de Alan Paton é *Cry the beloved country*.

grupo de jovens mestiços e negros instalados em Lisboa a partir de um espaço de debates e trocas: o Centro de Estudos Africanos (CEA). Sua constituição se deu a partir dos contatos entre estudantes mestiços e negros ligados à CEI e indivíduos de famílias consideradas "assimiladas" pelos marcadores legais do império (Meneses, 2010:67-93) que viviam em Lisboa. Através da convivência na CEI, os elementos mais politizados do grupo entraram em contato. Mário Pinto de Andrade e Amílcar Cabral se conheceram nas suas dependências. Foi também através da casa que ambos conheceram colegas associados à delegação de Coimbra nos períodos de recesso letivo, como Lúcio Lara e Agostinho Neto. Este último mudou-se para Lisboa em 1949, conferindo maior dinamismo político ao círculo: além da já mencionada atuação marcante no MUDJ, Agostinho Neto também dispunha de contatos estreitos com elementos do PCP.

Em decorrência do clima de perseguição política a indivíduos conotados com a oposição, a CEI era vigiada por elementos da Pide e não parecia um ambiente seguro para os encontros do grupo. Em um primeiro momento, a Casa da África Portuguesa despontou entre os jovens como a melhor solução. À sua frente estava Artur Monteiro de Castro, originário de São Tomé, irmão de João Monteiro de Castro, responsável pelo Partido Nacional Africano (PNA), em 1921. Como demonstraram Pedro Varela e José Augusto Pereira (2020:16-17), no quadro dos chamados "movimentos nativistas" o programa do PNA ressaltava a importância de organização institucional e associativa dos indígenas dos territórios sob dominação colonial portuguesa em África, a colaboração com associações negras ao redor do globo, bem como o fim das leis de exceção, e admitia que apenas indivíduos considerados negros e mestiços poderiam ser aceitos nas suas fileiras.

Talvez esta postura política mais radicalizada do PNA entre os movimentos unitaristas africanos da geração anterior tenha feito com que os componentes do jovem grupo estabelecessem contato, visando utilizar as dependências do edifício da Casa da África para realizarem um ciclo de encontros. Agendaram uma reunião com Arthur de Castro, na qual foi apresentado um plano de "Estudos de Cultura Africana" para os anos de 1951-1952. Com o correr da reunião, não se chegava a um acordo entre as partes. Segundo Mário Pinto de Andrade, na ocasião, Amílcar Cabral teria se levantado e dito: "Todos os africanos honestos devem sair desta sala!". Na sequência, todos os estudantes teriam se levantado e deixado a Casa da África Portuguesa (Andrade e Laban, 1997:70-71). Ao analisar a narrativa de memória em torno do episódio no percurso biográfico de Amílcar Cabral, tido como o grande expoente da sua geração,[10] António Tomás a caracteriza como "hagiográfica". Finas ironias à parte, ele chama atenção para sua dimensão simbólica de ruptura entre duas gerações de africanos atuando na metrópole (Tomás, 2007:72).

Fracassado o plano inicial, os estudantes optaram por criar seu próprio núcleo, a fim de aprofundarem os estudos em torno de temas e questões sobre o continente africano e, em particular, sobre os territórios africanos sob dominação colonial portuguesa. Januário Espírito Santo, originário de São Tomé, decidiu apoiá-los cedendo a casa que alugava em Lisboa para que seus filhos e sobrinhos residissem enquanto efetuavam seus estudos na capital do império (Espírito Santo e Laban, 2002:68; Medeiros e Laban, 2002:177). A residência, localizada no número 37 da rua Actor Vale, era dirigida por sua irmã, Andreza Espírito Santo – a tia Andreza, como era conhecida. A fim de não levantar maiores suspeitas e despistar a vigilância da Pide naqueles anos de acirrada perseguição política, ficou combinado que as reuniões do grupo aconteceriam aos domingos, no espaçoso salão das dependências, sob o pretexto de almoços de confraternização com muita música.[11]

As atividades do CEA tiveram início em 21 de outubro de 1951. Os encontros funcionavam com o formato de seminários: foi definido um plano de trabalho com tópicos e subtópicos que deveriam ser abordados em cada explanação. Os temas dos seminários versavam sobretudo acerca da história, antropologia, geografia, sociologia e mundos do trabalho em África; ensino e desenvolvimento no continente; pensamento social africano e afrodiaspórico; estudos comparados entre o contexto social, econômico e cultural no espaço sob dominação colonial portuguesa em África e em outros territórios do continente, entre outros.[12]

Os responsáveis pelos seminários eram definidos previamente e, na data combinada, apresentavam para o grupo suas reflexões, seguidas de um debate

---

10 Mário Pinto de Andrade (1980) cunhou a expressão "geração de Cabral" como recurso para jogar luz ao procedimento modelar, que combinava uma arguta leitura política com a ação sobre a realidade.

11 Estas táticas para encobertar o funcionamento do CEA aparecem descritas em Zau (2007) e Rocha (1998).

12 Esta síntese dos principais eixos temáticos tomou por base as descrições de Mário Pinto de Andrade sobre os temas abordados nos seminários do CEA (Andrade e Laban, 1997:67-86).

coletivo. À frente das atividades estavam Francisco José Tenreiro, na altura funcionário da administração colonial no Ministério do Ultramar, e Mário Pinto de Andrade. Também compunham o núcleo do CEA Amílcar Cabral, Marcelino dos Santos, Humberto Machado, Agostinho Neto, Noémia de Sousa, Alda do Espírito Santo, António Domingues, entre outros. Viriato da Cruz chegou a enviar por escrito, a partir de Angola, um seminário para dar sua contribuição ao grupo.

A partir desta síntese que expõe em linhas gerais o funcionamento do CEA, vale ressaltar sua importância para a formação de um repertório de conhecimentos e acúmulo de debates familiar aos seus integrantes, conferindo organicidade ao núcleo. Não é demais frisar que a pluralidade de olhares e percepções em torno de certos temas e posições permaneceu. Entretanto, conforme as discussões se aprofundavam, ganhava corpo um terreno comum acerca da necessidade de organizar a luta contra o colonialismo português nos seus territórios de origem, sem que necessariamente esta fosse uma ação coordenada – e menos ainda liderada – pela ou com a oposição portuguesa ao regime. Além do amadurecimento político, expoentes do grupo também buscaram novas linguagens e estéticas para traduzir como percebiam as culturas da sua terra natal. A consolidação máxima destas experimentações ficou por conta do *Caderno de poesia negra de expressão portuguesa*, publicado em 1953 sob a coordenação de Mário Pinto de Andrade e Francisco José Tenreiro (2012). Anos mais tarde, Amílcar Cabral descreveu este processo definidor como uma espécie de reencontro "com as nossas raízes africanas" (Cabral apud Soares, 2016:145). Conforme o avançar dos seminários, foi criado um núcleo clandestino composto por Mário Pinto de Andrade, Amílcar Cabral, Agostinho Neto, Noémia de Sousa e Alda Espírito Santo. Este grupo estava convicto da importância de agregar ações políticas às reflexões tecidas pelo coletivo. Movidos por este ímpeto e contando com a acolhida de Alioune Diop, publicaram na *Présence Africaine* o artigo "Situation des étudiants noirs dans le monde". Seu conteúdo abordava, entre outros aspectos, a situação do ensino nos territórios sob dominação colonial portuguesa e as dificuldades de organização dos estudantes africanos face às estruturas políticas do Estado Novo. Para se esgueirarem dos tentáculos da Pide, com ligações com a polícia francesa, o texto vinha assinado apenas como "Des étudiants d'Afrique portugaise" (1953). O percurso editorial desta publicação, dos contatos iniciais com a revista ao seu conteúdo, foi a primeira experiência coletiva de escrita realizada por esta geração cujo teor era uma denúncia do colonialismo português visando sua repercussão além das fronteiras do império. Como os anos vindouros mostrariam, a conformação de redes de apoio transnacional foi estratégica para fazer frente às imagens de uma colonização harmoniosa, com relações brandas e que contava com o apoio das populações "nativas", tal como dispunha o discurso lusotropicalista propagandeado pelas autoridades portuguesas no cenário internacional.[13]

Os seminários do CEA aconteceram regularmente pelo menos até 1953, quando o grupo começou a se desagregar. A família Espírito Santo foi diretamente envolvida na onda de perseguições decorrente do Massacre de Batepá (1953), o que impôs ao CEA uma nova dinâmica. Na ocasião, Alda Espírito Santo estava em São Tomé e redigiu uma corajosa carta aos companheiros relatando o horror dos acontecimentos.[14] Era uma espécie de prenúncio da nova conjuntura: a partir de então, os mecanismos de repressão no espaço colonial foram revistos com a publicação, em 9 de agosto de 1954, do Decreto-Lei nº 39.749, que tratava da reorganização da Pide, prevendo sua instauração no ultramar e nas ilhas.[15] Meses depois, Mário de Andrade mudou-se para Paris, onde Marcelino dos Santos já estava estabelecido, a fim de trabalhar como secretário de Alioune Diop na revista *Présence Africaine*. Também nesta altura, Francisco José Tenreiro foi nomeado professor da Faculdade de Letras da Universidade de Lisboa, o que o colocou sob o foco das autoridades e fez com que precisasse se afastar do grupo para a segurança de todos (Andrade e Laban, 1997:74-86). Amílcar Cabral já havia deixado Lisboa em setembro de 1952 rumo à Guiné, para assumir o lugar de diretor do posto agrícola experimental de Pessubé (Andrade, 1980).

O fim dos seminários e reuniões dos componentes do CEA não significou o desatar dos laços dos seus membros mais ativos, em especial daqueles ligados ao núcleo clandestino. Mesmo atravessando dificuldades em decorrência das distâncias e dos exíguos recursos materiais que os próximos anos impuseram, parece não ter havido hesitação em torno da decisão de dar um próximo passo

---

13 Sobre o tema, ver Castelo (2011).

14 "Anexo 5 – Carta de Alda Espírito Santo sobre os massacres de São Tomé [dactilografada, sem data, de 1953]". (Espírito Santo, 2017:504-507).

15 *Diário do Governo*, n. 173/1954, série I de 1954-08-09, 825-832. Disponível em: <https://files.dre.pt/1s/1954/08/17300/08250832.pdf>. Acesso em: 17 nov. 2019.

capaz de desdobrar em ações com repercussões práticas a denúncia dos desmandos do colonialismo português em África. Este passo se traduziu na fundação do Movimento Anticolonial (MAC).

O Movimento Anticolonial (MAC)

Os anos que se seguiram após o fim das atividades do CEA foram marcados por eventos de repercussão global com desdobramentos diretos no itinerário histórico dos territórios sob dominação colonial portuguesa em África. A Conferência de Bandung (1955), assistida por Amílcar Cabral, firmou os sentidos partilhados das lutas políticas pelos países africanos e asiáticos marcados pela recente/vigente experiência colonial, afirmando a premência das noções de respeito aos direitos humanos, autonomia, solidariedade afro-asiática e inaugurando os contornos do bloco que a Conferência de Belgrado (1961) assinalou como "não alinhados". Tratava-se de uma referência à postura geopolítica destes países que, no contexto da correlação de forças na Guerra Fria, não aderiam aos postulados da União Soviética, tampouco dos Estados Unidos (Prashad, 2007:31-51). No ano seguinte ocorreu, em Paris, o I Encontro de Escritores e Artistas Negros (1956), organizado pela revista *Présence Africaine*. Com o comparecimento de intelectuais de territórios que estiveram ou estavam sob domínio colonial francês e dos Estados Unidos, o evento discutiu os efeitos da situação colonial e diferentes dimensões da *négritude*, tratando das culturas africanas e afrodiaspóricas.

Em meio a este cenário de ascensão de ideias e ações contestatárias, foram forjadas as condições para a fundação do primeiro movimento unitarista de combate ao colonialismo. Alguns dos futuros integrantes do MAC já haviam tido a experiência prévia de empregar esforços na criação do Movimento Democrático das Colônias Portuguesas (MDCP). Fundado em 1954, na capital portuguesa, o movimento era integrado majoritariamente por sócios da CEI e membros do CEA: Agostinho Neto, Zito Van Dúnem, António Domingues, Humberto Machado, Mário Pinto de Andrade, além de Lúcio Lara, que se mudara naquele ano para Lisboa, compunham este pequeno círculo autonomista. Entretanto, a configuração do contexto político na primeira metade da década de 1950 não foi favorável ao movimento: Mário Pinto de Andrade estabeleceu-se definitivamente em Paris e Agostinho Neto foi preso, significando a baixa de dois destacados articuladores. Além disso, a ascensão do PCP sobre o grupo que compunha o MDCP quando ainda se encontrava em vigência a linha do IV Congresso de Lousã fez com que seus intuitos tivessem poucos desdobramentos, lavrando o caminho para sua extinção (Soares, 2016:177-184; Mateus, 1999:88-100).

Na esteira dos acontecimentos, transformações fundamentais ocorridas em 1957 propiciaram as condições para a criação do MAC. Em janeiro daquele ano, um pequeno comitê de sócios da CEI negociou, mediante algumas condições postuladas pelo regime, o fim da comissão administrativa imposta à associação em 1952. A retomada da Casa significou, entre outras medidas, tirá-la do estado de decadência que recaiu sobre ela durante os anos sob a gestão da Mocidade Portuguesa, através de uma intensa campanha de associação realizada a fim de atrair universitários recém-chegados a Portugal, reposicionando a CEI como seu espaço de referência na metrópole (Martins, 2017:61-93).

Para o grupo que se conheceu na casa e fundou o CEA – portanto uma leva anterior de sócios, que se estabeleceu em Portugal em meados da década passada –, a renovação geracional dos associados representou a possibilidade de disseminar suas ideias e olhares sobre a situação colonial em seus territórios de origem entre conterrâneos que poderiam partilhar dos mesmos anseios. Essa dinâmica, decorrida com a discrição que os contornos do *establishment* político exigiam e ensejada também no Clube Marítimo Africano (Zau, 2007), surgia como a alternativa para tentar driblar a distância dos seus espaços de proveniência, talvez o principal entrave para sua disseminação política. Isso explica, em parte, por que os sócios que ingressaram na CEI na década de 1940 e que tornar-se-iam membros do MAC ocuparam postos de direção logo após a reabertura da associação. Como exemplo, cabe lembrar a notável atuação de Hugo de Menezes como presidente do Conselho Fiscal da CEI em 1957[16] e, sobretudo, de Lúcio Lara como o primeiro diretor da recém-inaugurada Seção de Estudos Ultramarinos.[17]

Contudo, se a distância era um fator de limitação, ela também se revelou uma espécie de camuflagem social: na altura, a Polícia Internacional de Defesa

16 *Mensagem*. Relatório e contas da Direcção – Parecer do Conselho Fiscal, mar./out. 1957, p. 4.
17 "Noticiário interno", *Mensagem*, fev. 1958 (I, 3).

do Estado (Pide) via com naturalidade que os africanos residentes em solo metropolitano se aproximassem. As atenções desta polícia estavam mais voltadas àqueles identificados com os movimentos de oposição ao regime em Portugal, que dispunham de melhores condições de organização. Isto não quer dizer que a Pide os negligenciasse, mas que, naqueles anos, eram menos visados em Lisboa do que seriam no seu meio de origem, onde sua capacidade de mobilização social ressoaria muito mais (Lara, 2017:1-18).

De certo modo, a percepção deste estado de coisas levou Viriato da Cruz a deixar Luanda: com justificado receio de ser preso em função do foco da Pide em Angola sobre os pequenos movimentos de libertação que se multiplicavam, seguiu para Lisboa em setembro de 1957. Instalou-se ali por algumas semanas, realizou uma palestra na CEI e seguiu para Paris em dezembro. A chegada de Viriato da Cruz à Europa parece ter sido o elemento catalisador para a fundação do MAC: muito ativo política e culturalmente, detinha experiências de organização política e contato com a realidade social em Angola (Rocha, Soares e Fernandes, 2008), ou seja, com a situação colonial configurada em uma província ultramarina, acúmulo que aqueles que viviam na metrópole haviam deixado de ter fazia anos.

Estabelecido na capital francesa, Viriato da Cruz se encontrou com Mário Pinto de Andrade, Marcelino dos Santos, Guilherme Espírito Santo, além de Amílcar Cabral, e, juntos, decidiram pela criação do Movimento de Libertação Nacional das Colónias Portuguesas (MLNCP). O que os levou a fundar um movimento unitarista autônomo sem contatar aqueles que estavam em Lisboa – portanto, a maior parte dos companheiros que integraram a CEI e o CEA – parece ter sido o receio, sobretudo de Viriato da Cruz, da ascensão política do PCP sobre os movimentos de oposição que despontavam em Portugal (Mateus,1999:88-95), a exemplo do que ocorrera com o MDCP. Vale recordar que, em entrevista a Michel Laban, Mário Pinto de Andrade assinalou que no início dos anos 1950 se distanciara dos comunistas porque entendia que as pautas do PCP não caminhavam no mesmo passo das pautas dos africanos orientados por uma leitura política anticolonial (Andrade e Laban, 1997:105-107), demonstrando sua convergência política com o companheiro recém-chegado de Angola.

Entre viagens para realizar reuniões em Lisboa e Paris, uma expressiva troca de cartas e alguns acordos a fim de negociar as diretrizes políticas a serem seguidas contando com a decisiva intervenção de Amílcar Cabral, no início de

1958 o MAC estava constituído. De acordo com Lúcio Lara (2017:41-42), uma reunião que teve lugar na capital portuguesa nessa altura assinalou a constituição do movimento: "Participaram nessa reunião Agostinho Neto, Amílcar Cabral, Marcelino dos Santos, Humberto Machado, Eduardo dos Santos e Lúcio Lara e ali adoptaram-se os princípios norteadores do MAC, que foram divulgados pela juventude das colónias portuguesas na Europa". Tais princípios integraram o *Manifesto do Movimento Anticolonial* (MAC), elaborado entre 1957 e 1958 e revisto até 1959, quando já circulava clandestinamente.[18] Nele, o movimento era definido nos seguintes termos:

> O MAC é uma organização política clandestina, de luta anti-colonialista [sic], de que fazem parte os povos nativos de Cabo Verde, Guiné, Angola, S. Tomé e Príncipe e Moçambique. [...]
>
> O MAC está aberto a todas as organizações de massas e partidos políticos dos países africanos sob a dominação de Portugal que lutam pela liquidação do colonialismo português. A acção fundamental do MAC consiste em suscitar, desenvolver e coordenar a unidade dos Africanos na luta contra o colonialismo português.
>
> O MAC tem por objetivo a conquista imediata da independência nacional dos países africanos sob dominação colonial portuguesa e liquidação total do colonialismo português em África.[19]

Pelo trecho reproduzido, é possível perceber quem o MAC entendia ser sua base política: indivíduos e movimentos africanos dos territórios sob dominação colonial portuguesa. Note-se que nestas diretrizes não estão contemplados os movimentos de oposição ao Estado Novo, entre eles, o PCP. A relação com os comunistas tinha nuances singulares que merecem ser examinadas: no V Congresso do PCP, realizado em Estoril em setembro de 1957, foi deliberado o apoio incondicional às independências das províncias ultramarinas (Madeira, 2003). A resolução seguia os debates ocorridos no ano anterior, no XX Congresso do PCUS (1956), fazendo com que o PCP fosse a única organização política em

---

18 As informações acerca da produção e circulação clandestina do *Manifesto do Movimento Anticolonial (MAC)* foram extraídas a partir de um cotejamento entre as versões de Lúcio Lara (2017:41-42) e Edmundo Rocha (2003:117-123) sobre o período.

19 Arquivo Nacional da Torre do Tombo (ANTT). Pide/DGS, SC, SR, 233/60, UI 2979, fls 79-110.

Portugal a tomar esta posição. Além da posição convergente com os preceitos do MAC, pela estrutura de que dispunha, o PCP era capaz de oferecer apoio logístico, numa eventual emergência. Assim, conservando sua autonomia política, o MAC optou por manter contato com o PCP, através de alguns militantes em Lisboa: Lúcio Lara cultivava os vínculos com José Gaspar Teixeira e Edmundo Rocha acionava Vasco Cabral (Lara, 2017).

Em acordo entre aqueles que se encontravam nas duas capitais europeias, foi firmado que o MAC contaria com três frentes: o núcleo de Paris, também chamado de "comitê externo", composto por Mário Pinto de Andrade, Marcelino dos Santos, Guilherme Espírito Santo, Luís de Almeida e Aquino de Bragança; o núcleo de Lisboa, ou "comitê interno", integrado por Agostinho Neto, Amílcar Cabral, Lúcio Lara, Humberto Machado, Eduardo Macedo dos Santos, Noémia de Sousa, além dos irmãos Jacob Menezes e Hugo de Menezes; e, por fim, o núcleo jovem do MAC em Lisboa, composto pelos estudantes sócios da CEI Edmundo Rocha, Henrique (Iko) Carreira, Manuel Videira,[20] Gentil Viana, João Vieira Lopes, Carlos Pestana Heineken e António Tomás Medeiros.[21] Cabe salientar que é possível que o número de integrantes fosse maior, visto que a clandestinidade obrigava a segmentação do movimento.[22] O núcleo de Lisboa era o responsável pela direção, uma vez que um dos intuitos do MAC era arregimentar estudantes e trabalhadores africanos em Portugal para a luta anticolonial. Como se nota pelo exposto, os integrantes do MAC, à exceção explícita de Viriato da Cruz e Aquino de Bragança, haviam passado pela CEI. Além disso, salta aos olhos a predominância de elementos provenientes de Angola entre seus quadros.

As ações do MAC consistiram essencialmente em buscar furar o cerco da censura salazarista para denunciar em publicações internacionais e foros transnacionais os desmandos do colonialismo português em África, fazendo frente ao discurso lusotropicalista do regime. Apesar dos entraves da falta de respaldo financeiro, das distâncias e das ações clandestinas face ao contexto político

20 Cabe sublinhar que, apesar de constar no núcleo jovem do MAC em Lisboa, Manuel Videira era membro da delegação de Coimbra da CEI, onde estava matriculado no curso de medicina.

21 Esta relação de integrantes do MAC foi aqui estabelecida a partir do cotejamento dos seguintes estudos: Mateus (1999:89), Menezes (2017) e Santos (2012:21-22).

22 A ponderação foi realizada por Edmundo Rocha (2003:117-123), membro do MAC.

repressivo, foi possível identificar a circulação de materiais e a convergência de questões abordadas entre os núcleos do MAC, o que denota sua articulação política efetiva, embora não raro os desencontros também acontecessem.

Pelos limites desta exposição, será aqui apresentada uma mostra dessas articulações. Em abril de 1959, teve lugar em Roma o II Congresso de Escritores e Artistas Negros, organizado, a exemplo da primeira edição do evento, pela *Présence Africaine*. Mário Pinto de Andrade, Lúcio Lara, Viriato da Cruz e Marcelino dos Santos foram formalmente convidados para o evento e, representando o MAC, realizaram uma apresentação sobre a situação do ensino nos territórios africanos sob domínio colonial português. Entre outros dados, conferindo destaque ao Estatuto Missionário, acordo firmado entre Portugal e o Vaticano em 1941, demonstraram como a estruturação do ensino sob esse acordo aprofundava ainda mais as diferenças instituídas pela legislação colonial entre a população considerada "indígena" e aqueles considerados "civilizados", os colonos europeus e os africanos assimilados.[23]

No início de 1959, o tema também era pautado por membros do núcleo jovem do MAC em eventos da Seção de Estudos Ultramarinos da CEI: além de um colóquio dedicado a debater "O ensino em África", foram realizadas sessões de discussão sobre o tema ao longo do ano.[24] A edição do boletim *Mensagem* publicada em abril de 1959 trazia o ensaio "Indígenas e educação", assinado por Henrique Carreira, integrante do núcleo jovem do MAC. A partir de números do *Anuário Estatístico de Angola*, ele sustentava que cerca de 3% da população indígena tinham acesso ao ensino, apontando, por meio de um exame da legislação, que as barreiras jurídicas instituídas pelo regime colonial impediam que a população considerada "indígena" tivesse acesso ao ensino formal nos moldes metropolitanos, ficando relegada ao "ensino elementar". Sua conclusão era de que os arranjos do sistema de ensino vigente impediam o alegado objetivo da "missão civilizatória": "nessa ordem das ideias, o 'indigenato', que deveria constituir um estado provisório, tende a estabilizar-se".[25]

---

23 ATD, d107. "Message d'un groupe d'intellectuels des pays sous domination portugaise" – dactilografado, (2ª via), 6 p.

24 Relação das Actividades Culturais da CEI no decurso do ano de 1959/1960. In: FMS/ACEI, pasta 11121, n. 001.001.

25 O artigo é assinado utilizando a alcunha pela qual era conhecido, "Yko". Carreira, Y. "Indígenas e educação". *Mensagem*, v. II, n. 3, p. 35, 1959.

Na profícua troca de correspondência entre os membros dos núcleos de Paris e de Lisboa nos meses que se avizinhavam ao evento, foi recorrente a busca por livros e dados acerca da história da colonização portuguesa em África e do ensino nas províncias ultramarinas. Após deixar Lisboa para se estabelecer em Frankfurt, Lúcio Lara remeteu uma carta datada de 20 de maio de 1959 a Hugo de Menezes, pedindo que escrevesse a Edmundo Rocha informando que ele, Lúcio Lara, "recebeu os livros e pede mais", e solicitava também que avisasse que o encontro dos dois teria de ser adiado (Lara, 2017:56). Assim, mesmo com os desencontros, não pode passar despercebida a convergência na eleição do tema a ser abordado, tanto em Roma quanto na CEI, fazendo com que pareça factível que os membros do núcleo jovem do MAC soubessem dos conteúdos apresentados no evento e, possivelmente, tivessem auxiliado no envio de referências bibliográficas para a confecção dos materiais produzidos pelos mais velhos. Este não é um ponto menos importante: os dados bibliográficos eram um elemento fundamental para dar credibilidade aos materiais apresentados pelo movimento perante a comunidade internacional com a qual se buscava interlocução (notoriamente os países africanos), conferindo visibilidade à situação atravessada pelos territórios africanos sob dominação colonial portuguesa. Estas referências bibliográficas eram obtidas em Lisboa, a partir da biblioteca da CEI, de outros acervos locais ou, com mais dificuldades, eram adquiridas e enviadas para aqueles que se encontravam em outras localizações. Note-se como inquietações que estiveram na base da formação do CEA, como a história e a realidade social dos territórios africanos que integravam o movimento, permaneceram entre os temas pautados pelo MAC, assim como nas atividades internas da casa nesse período.

A dinâmica aqui exposta denota um pouco da ação em rede do MAC, apontando a colaboração e as trocas entre os núcleos, que se mantêm na história do movimento, em algumas fases com mais e em outras com menos intensidade. Durante os anos de atividade clandestina do MAC, a Pide não parece ter identificado suas ações: o movimento só passa a constar em seus registros a partir de janeiro de 1960,[26] quando tornou-se público na II Conferência dos Povos Afri-

26 Em todos os esforços de pesquisa empregados para localizar registros do MAC nos acervos da Pide, não foi encontrada nenhuma menção ao movimento anterior à Conferência de Túnis. Edmundo Rocha (2003:121-122) relata a mesma experiência em seus estudos sobre o tema.

canos, realizada em Túnis, sendo dissolvido na sequência para ser substituído pela Frente Ampla para Independência Nacional dos Territórios sob Dominação Portuguesa (Frain). Esta ausência revela que a percepção dos integrantes do MAC sobre receberem menos atenção da Pide na Europa do que os movimentos de oposição ao Estado Novo, em particular, o PCP, fora acertada. A apresentação das posições e diretrizes do MAC na Conferência de Túnis resultou na condenação ao colonialismo português na ata final do evento (Rocha, 2003).

A criação da Frain corresponde a um contexto de esgotamento interno das atividades do movimento conduzidas a partir da Europa, esgueirando-se da polícia em Portugal e na França, e buscando um apoio efetivo dos países africanos independentes a partir dos princípios de solidariedade afro-asiática sistematizados na Conferência de Bandung. Na Conferência de Túnis também foi realizada a primeira apresentação pública do Partido Africano para a Independência (PAI) e do Movimento Popular de Libertação de Angola (MPLA). Jean-Michel Mabeko-Tali (2018:125) avalia que a mudança do MAC para a Frain corresponde a uma radicalização maior das formas de luta pela independência:

> Enquanto o MAC optava já pela luta armada como solução de recurso, em caso de necessidade (se Portugal teimasse em não reconhecer o direito dos povos colonizados à independência), a Frain já não punha condições e falava de "conquista imediata da independência" depois do malogro dos meios pacíficos [...].

Iniciava-se outra etapa da luta de libertação a partir das dinâmicas unitaristas, com a instalação de comitês em África; esse enfrentamento, com as independências de 17 países africanos em 1960 e, sobretudo, com a eclosão da guerra colonial em Angola, ganharia outros contornos.

Considerações finais

Entre as considerações finais cabe salientar o itinerário histórico de formação do MAC: seus dirigentes entraram em contato a partir da CEI, criada pelo regime para formar elites coloniais afinadas aos seus preceitos, para que servissem de correia de transmissão dos valores oficiais ao regressarem aos seus territórios de origem. Entretanto, estes contatos impulsionaram a tomada de consciência de que as formas de opressão colonial experimentadas nos territórios africanos sob o jugo português tinham muito em comum. Buscando-se contornar o limitado conhecimento histórico, cultural e sociológico acerca da realidade social africana, fruto da censura e do contexto de ditadura vigente, foi fundado o CEA, um núcleo clandestino composto sobretudo por estudantes mestiços e negros que viviam em Lisboa. Além desta formação, o CEA conferiu organicidade e uma base política partilhada por seus integrantes.

Com o acirramento das tensões nos territórios sob dominação colonial, os componentes do grupo percebem que é necessária uma ação política mais efetiva na denúncia do colonialismo português, que só poderia ser levada a cabo além das fronteiras do império. A opção por um movimento clandestino, anticolonial e autonomista é um indicador do amadurecimento político da especificidade das pautas das então províncias ultramarinas em relação aos movimentos de oposição ao Estado Novo em Portugal, assim como de um aprimoramento das formas de organização. A partir dos exemplos apresentados, ganham contornos suas ações de denúncia das práticas do colonialismo português nos foros transnacionais, cujos conteúdos também eram pautados nas atividades internas da CEI. Para a produção destes materiais, o envio de referências para os membros dos MAC que se encontravam fora de Portugal se mostrou um elemento fortalecedor dos núcleos do movimento, assim como de sua atuação. A partir destas reflexões, espero ter conseguido assinalar a agência intelectual e política de sujeitos provenientes do espaço colonial atuando a partir da paisagem política e social da metrópole num sentido contrário àquele imaginado pelas autoridades, colocando-se contra os poderes instituídos, desdobrando-se das inquietações à organização da oposição ao regime colonial.

Fontes históricas

ANDRADE, M. P. de; LABAN, M. *Mário Pinto de Andrade*: uma entrevista. Lisboa: Ed. João Sá da Costa, 1997.

_____; TENREIRO, F. J. *Caderno de poesia negra de expressão portuguesa*. Lisboa: NósSomos, 2012. 1953 (edição facsimilar).

ATD, D107 – "Message d'un groupe d'intellectuels des pays sous domination portugaise" – dactilografado, 6 p. (2ª via). ANTT (Arquivo Nacional da Torre do Tombo), Pide/DGS, SC, SR, 233/60, UI 2979, fls 79-110.

CABRAL, I.; SOUTO, M.; ELÍSIO, F. (Org.). *Cartas de Amílcar Cabral a Maria Helena*: a outra face do homem. Lisboa: Rosa de Porcelana Ed., 2016.

CARREIRA, Y. Indígenas e educação. *Mensagem*, v. II, n. 3, p. 34-37, 1959.

DÁSKALOS, S. *A Casa dos Estudantes do Império*: fundação e primeiros anos de vida. Lisboa: Câmara Municipal de Lisboa, 1993.

DES ÉTUDIANTS D'AFRIQUE PORTUGAISE. Situation des étudiants noirs dans le monde. *Présence Africaine*, n. 14, p. 223-240, 1953.

Diário do Governo. n. 40/1939, série I, 17 fev. 1939, p. 120-122. Disponível em: <https://dre.pt/dre/detalhe/decreto/29453-1939-425078>. Acesso em: 21 abr. 2021.

_____. n. 173/1954, série I, 9 ago. 1954, p. 825-832. Disponível em: <https://files.dre.pt/1s/1954/08/17300/08250832.pdf>. Acesso em: 21 abr. 2021.

ESPÍRITO SANTO, A. Anexo 5 – Carta de Alda Espírito Santo sobre os massacres de São Tomé [dactilografada, sem data, de 1953]. In: LARA, Lúcio. *Um amplo movimento*... Itinerário do MPLA através de documentos e anotações de Lúcio Lara – v. I (até fev. 1961). 3. ed. Luanda: Associação Tchiweka de Documentação (ATD), 2017. p. 504-507.

_____; LABAN, M. Entrevista com Alda Espírito Santo. In: LABAN, M. *São Tomé e Príncipe*: encontro com escritores. Porto: Fundação Engenheiro António de Almeida, 2002. p. 71-104.

GOMES, J. V. B. Pequena história da Casa dos Estudantes do Império. *Mensagem*, ano 1, n. 3, 1958.

LARA, Lúcio. *Um amplo movimento*... Itinerário do MPLA através de documentos e anotações de Lúcio Lara – v. I (até fev. 1961). 3. ed. Luanda: ATD, 2017.

LIMA, M. S. Recordando a CEI. In: ROSINHA, M. R.; FREUDENTHAL, A. (Coord.). *Mensagem* – número especial, 1944-1994. Lisboa: UCCLA, 2015, p. 95-97.

MANIFESTO DO MOVIMENTO ANTICOLONIAL (MAC). In: ANTT, PIDE/DGS, SC, SR, 233/60, UI 2979, fls. 77-110.

MEDEIROS, T.; LABAN, M. Entrevista com Tomás Medeiros. In: LABAN, M. *São Tomé e Príncipe*: encontro com escritores. Porto: Fundação Engenheiro António de Almeida, 2002. p. 149-220.

MENEZES, H. A. *Percursos da luta de libertação nacional*: viagem ao interior do MPLA. Memórias pessoais. Lisboa: Nova Vega, 2017.

MENSAGEM, set. 1948 (2).

MENSAGEM, out./nov./dez. 1948 (4; 5; 6).

MENSAGEM, jan. 1949 (7).

MENSAGEM – *Relatório e contas da direcção*. Parecer do Conselho Fiscal, mar./out. 1957.

NOTICIÁRIO interno. *Mensagem*, fev. 1958 (I, 3).

RELAÇÃO das Actividades Culturais da CEI no decurso do ano de 1959/1960. In: FMS/ACEI, pasta 11121, n. 001.001.

Referências

ACCORNERO, G. *Efervescência estudantil*: estudantes, acção contenciosa e processo político no final do Estado Novo. Tese (doutoramento) – Instituto de Ciências Sociais, Universidade de Lisboa, 2009.

ADI, H. *Pan-africanism*: a history. Londres: Bloomsbury Academic, 2018.

ALEXANDRE, V. O império colonial no século XX. In: _____. *Velho Brasil, novas Áfricas*. Porto: Afrontamento, 2000. p. 181-198.

ANDRADE, M. P. *Amílcar Cabral*: essai de biographie politique. Paris: François Maspero, 1980.

CASTELO, C. A Casa dos Estudantes do Império: lugar de memória anticolonial. In: CONGRESSO IBÉRICO DE ESTUDOS AFRICANOS, 7., 2010, Lisboa – 50 Anos das Independências Africanas: Desafios para a Modernidade. *Actas*... Lisboa: CEA, 2010. p. 1-18.

_____. *O modo português de estar no mundo*. Porto: Afrontamento, 2011.

_____. Casa dos Estudantes do Império: uma síntese histórica. In: ROSINHA, M. R.; FREUDENTHAL, A. (Coord.). *Mensagem*: número especial, 1944-1994. Lisboa: UCCLA, 2015. p. 25-31.

MABEKO-TALI, J. M. *Guerrilhas e lutas sociais*: o MPLA perante si próprio (1960-1977). Lisboa: Mercado de Letras, 2018.

MADEIRA, J. O PCP e a questão colonial: dos fins da guerra ao V Congresso (1943-1957). In: TORGAL, L. R.; ANDRADE, L. O. (Coord.). *Estudos do século XX*: colonialismo, anticolonialismo e identidades nacionais. (CEIS 20 – Coimbra, 2003, 3) 209-243.

MARTINS, H. *A Casa dos Estudantes do Império*: subsídios para a história do seu período mais decisivo (1953 a 1961). Alfragide: Editorial Caminho, 2017.

MATEUS, D. C. *A luta pela independência*: a formação das elites políticas fundadoras da Frelimo, MPLA e PAIGC: 1945-1975. Lisboa: Memorial Inquérito, 1999.

MENESES, M. P. O "indígena" africano e o colono "europeu": a construção da diferença por processos legais. *E-cadernos CES*, n. 7, p. 67-93, 2010.

MORENO, H. W. Meandros da *Mensagem*: história e percursos editoriais do boletim da Casa dos Estudantes do Império (1948-1964). In: GOMES, R. G. A.; MORENO, H. W.; SAMPAIO, T. H. (Org.). *Cultura impressa em África*: agências, resistências e cotidianos (séculos XIX-XX). Curitiba: CRV, 2021. p. 227-243.

PRASHAD, V. Bandung – the 1955 Afro-Asian Conference. In: _____. *The darker nations*: a people's history of the Third World. Nova York: The New Press, 2007. p. 31-51.

ROCHA, E. *O Clube Marítimo Africano*: a sua contribuição para a luta pela independência nacional dos países sob domínio colonial português, 1955-1961. Lisboa: Biblioteca Museu República e Resistência, 1998.

_____. *Angola*: contribuição ao estudo da génese do nacionalismo moderno angolano (período 1950-1964). Lisboa: Dinalivro, 2003.

_____; SOARES, F.; FERNANDES, M. *Angola*: Viriato da Cruz – o homem e o mito. Luanda: Caxinde, 2008.

ROSAS, F. (Aut.); MATTOSO, J. (Dir.). *História de Portugal*: o Estado Novo (1926-1974). Lisboa: Estampa, 1994.

ROSINHA, M. R.; FREUDENTHAL, A. (Coord.). *Mensagem*: número especial, 1944-1994. Lisboa: UCCLA, 2015.

SAID, E. Reconsiderando a teoria itinerante. In: SANCHES, M. R. (Org.). *Deslocalizar a Europa*: antropologia, arte, literatura e história na pós-colonialidade. Lisboa: Cotovia, 2005 [1994]. p. 25-42.

SANCHES, M. R. Lisboa, capital do império: trânsitos, afiliações e transnacionalismos. In: DOMINGOS, N.; PERALTA, E. (Org.). *Cidade e império*. dinâmicas coloniais e reconfigurações pós-coloniais. Lisboa: Edições 70, 2013. p. 279-318.

SANTOS, B. S. Aquino de Bragança: criador de futuros, mestre das heterodoxias, pioneiro das epistemologias do Sul. In: SILVA, T. C.; COELHO, J. P. B.; SOUTO, A. N. (Org.). *Como fazer ciências sociais e humanas em África*: questões epistemológicas, metodológicas, teóricas e políticas. Dakar: Codesria, 2012. p. 13-62. (Textos do Colóquio em Homenagem a Aquino de Bragança).

SARTRE, J.P. *Reflexões sobre o racismo*: I Reflexões sobre a questão judaica; II Orfeu negro. São Paulo: Difel, 1960.

SOARES, J. S. Os movimentos unitários anticolonialistas (1954-1960): o contributo de Amílcar Cabral. In: TORGAL, L. R.; ANDRADE, L. O. (Coord.). *Estudos do Século XX*: colonialismo, anticolonialismo e identidades nacionais. (CEIS 20 – Coimbra, 3, 2003). p. 323-349.

_____. *Amílcar Cabral (1924-1973)*: vida e morte de um revolucionário africano. Coimbra: Edição do Autor, 2016.

TOMÁS, A. *O fazedor de utopias*: uma biografia de Amílcar Cabral. Lisboa: Tinta da China, 2007.

VARELA, P.; PEREIRA, J. A. As origens do movimento negro em Portugal (1911-1933): uma geração pan-africanista e antirracista. *Revista de História*, São Paulo, n. 179, p. 1-36, 2020.

VILAÇA, A. *O MUD Juvenil em Coimbra*: história e estórias. Porto: Campo das Letras, 1998.

ZAU, F. *Marítimos africanos e um clube com história*. Lisboa: Paralelo, 2007.

2. Migrações e deslocamentos na luta pela independência das colônias de Portugal na África: diversidade, impactos e projeção para uma diplomacia migratória

José Sacchetta Ramos Mendes

Os deslocamentos humanos em larga escala estiveram no cerne dos projetos coloniais europeus e exerceram papel relevante em seus processos políticos. Mudanças demográficas dispostas por migrações nas zonas controladas pelas potências da Europa em outros continentes foram características do colonialismo. Nas áreas sob domínio de Portugal na África, as expressões desses movimentos assumiram novas formas durante a fase de derrocada do sistema, na segunda metade do século XX. O período da chamada guerra colonial portuguesa (1961-1974) – de aguçamento da luta pela independência das colônias – foi caracterizado, entre outros aspectos, por uma pluralidade de fluxos migratórios que envolveu contingentes numerosos de pessoas, tanto em terreno metropolitano quanto nas zonas coloniais africanas, e gerou transformações duradouras nas sociedades dessas regiões.[1]

Para o Estado português, as ações da guerra colonial demandaram esforços nacionais com os deslocamentos de militares para diferentes destinos no ultramar. Foram movimentos para territórios distantes e descontínuos, habitados por variados grupos populacionais e enredados em contextos diversos. A permanência da migração estrutural portuguesa para o exterior, por sua vez, com o avanço da corrente lusa para países da Europa central nas décadas de 1960 e 1970, e a

---

1 A primeira versão deste texto foi apresentada no webinário "Portugal e os 60 anos da guerra colonial", organizado no Departamento de História da Universidade de São Paulo (FFLCH/USP) em setembro de 2021. O presente trabalho agrega contribuições da pesquisa sobre a questão migratória no período da luta pela independência das ex-colônias portuguesas da África ocidental (Cabo Verde, Guiné-Bissau e São Tomé e Príncipe), desenvolvida na Universidade Federal da Bahia (UFBA), no âmbito do projeto "Entre a África e a América do Sul: dilemas e desafios do Brasil na cooperação Sul-Sul", financiado pelo CNPq, edital universal 2016-2020.

consolidação de coletividades africanas em solo português europeu tornaram-se marcas daqueles anos. O pouco tempo transcorrido – seis décadas desde o início convencionado da luta pela emancipação das colônias de Portugal na África (1961) e menos de meio século do fim da ditadura de António de Oliveira Salazar-Marcello Caetano (1974) – torna desafiador refletir sobre o alcance dos fenômenos migratórios do período. A análise das questões de mobilidade auxilia na compreensão do conflito em maior latitude.

O marco de abertura para pensar o tempo da guerra colonial é o 4 de fevereiro de 1961, data do ataque de ativistas angolanos à cadeia de presos da 7ª Esquadra de Luanda (Pacavira, 2003:117-136). Outro acontecimento por vezes assinalado como início da luta foi o massacre de colonos executado por guerrilheiros da União dos Povos de Angola (UPA) em março daquele ano ao norte da colônia. Cronologicamente há pouca diferença, mas a admissão de um dos eventos como estopim pode denotar uma ênfase distinta. O encadeamento dos dois fatos permite reconhecer o caráter processual da insurgência. O uso da terminologia "guerra colonial" demarca a perspectiva do Estado português. Os movimentos africanos habitualmente empregaram o termo "guerra de libertação". Recentemente, ganha força a expressão "luta anticolonial", que evoca novas possibilidades de análise. Independentemente da nomenclatura, no que tange aos fenômenos migratórios, os trânsitos da última fase da presença colonial portuguesa na África são parte de um veio extensivo além dos anos que balizam a presente reflexão.

Este texto busca explorar aspectos migrantistas contemporâneos à guerra colonial portuguesa na África. Entre eles está o aprofundamento da inserção de Portugal no sistema migratório global, por meio de uma diversidade de movimentos humanos que envolveu as populações das então colônias e contribuiu para embasar sua posição futura nos ciclos de mobilidade internacional. Na segunda parte, o texto aborda algumas transformações ocorridas em plano institucional português relativas aos migrantes e às migrações após a queda do regime salazarista. As mudanças implicaram o redimensionamento político daqueles temas diante da conjuntura democrática, bem como a busca por estabelecer diretrizes acerca do trânsito humano entre Portugal e os novos Estados soberanos de língua oficial portuguesa. O estabelecimento de acordos diplomáticos daquela ordem no pós-25 de Abril abriu o debate com os jovens países africanos sobre circulação internacional de pessoas e projetou uma política externa migratória voltada para seus cidadãos.

A amplificação das problemáticas migratórias durante a guerra colonial

Quando se observa o período das lutas pela independência das colônias de Portugal na África, quatro fenômenos migratórios são frequentemente mencionados como decorrências daqueles conflitos: (1) a movimentação de contingentes militares ou militarizados portugueses e africanos; (2) o exílio de ativistas e o refúgio de grupos de população civil em países vizinhos da África; (3) os deslocamentos em massa ocorridos internamente nas zonas coloniais provocados pela luta armada, possivelmente uma das expressões migratórias mais violentas para as populações africanas no contexto; e (4) o retorno de ex-colonos para Portugal e a reemigração de parte deles para outros países, como Brasil e África do Sul.

O conjunto desses movimentos denota a intensa mobilidade nas então províncias ultramarinas de Portugal, entre estas e a metrópole e dali para outros destinos. Além dos quatro fenômenos diretamente vinculados aos impactos da guerra colonial, a sociedade portuguesa vivenciou outras transformações relativas ao trânsito internacional de pessoas, o que tornou o período digno de atenção nesse aspecto. A agudização da crise do sistema colonial e as operações militares do regime salazarista para conter as ações armadas de seus opositores nas colônias da África fizeram com que as questões de circulação humana se apresentassem bem mais difusas e complexas.

Houve um aumento da pressão migrantista resultante da maior inserção de Portugal em vários sistemas de migração: o europeu, o africano, o americano do sul e do norte. O período da guerra colonial foi quando se aceleraram processos multifacetados de mobilidade, nos quais cresceu o envolvimento das colônias da África. A tensão foi sentida por suas populações: na incorporação de homens jovens às forças em embate, nos deslocamentos internos – forçados ou voluntários – e nos fluxos para regiões vizinhas ou distantes. A correlação dos diferentes trânsitos com origem ou destino em territórios de língua oficial portuguesa permitiu reconhecer um sistema migratório específico, denominado lusófono por autores como Maria Baganha (2009), José Carlos Marques e Pedro Góis (2011), e sua interação com os outros sistemas de que Portugal participa.

A descrição do sistema migratório lusófono por José Carlos Marques e Pedro Góis se referenciou nos fluxos "de (e para) Portugal" (emigração e imigração) e propôs a ocorrência de três nódulos de migração (europeu, africano e sul-americano), constituídos por três polos principais (Portugal, Angola e Brasil). Para os autores, o imbricamento entre nódulos e polos e sua intersecção com outros sistemas "lhes confere um potencial de se moldarem facilmente às conjunturas socioeconómicas e políticas do seu meio ambiente" (Marques e Góis, 2011:213). Tal acepção se funda na teoria dos sistemas migratórios, elaborada a partir dos anos 1960 por investigadores de várias áreas do conhecimento, entre eles o geógrafo nigeriano Akin Mabogunje (1970), para quem os padrões de migração são interconectados e interdependentes de fatores progressivamente complexos.

A abordagem baseia-se na interpretação política e econômica da realidade espacial migratória e leva em conta as relações de poder entre territórios, assumidas como fator influente na dinâmica da mobilidade, nos enquadramentos de partida e chegada. A análise desses vínculos em âmbitos bilateral e multilateral auxilia na compreensão do fenômeno migrantista. Por esse prisma, a presença colonial portuguesa na África e os processos de rompimento, como foi a guerra colonial, estão no substrato dos deslocamentos humanos. Nesse sentido, é pertinente questionar o emprego do termo "lusófono" como denominação geral do sistema de migrações que se constituiu entre os países de língua oficial portuguesa (e territórios, se referirmos ao período anterior à independência das colônias africanas, bem como a Goa, Macau e Timor).

Há um debate crítico sobre o uso dos conceitos de lusofonia e lusófono, que estaria imbuído da centralidade simbólica de Portugal e sua cultura sobre as sociedades que estiveram sob seu domínio e por isso, no extremo, deveria ser abandonado.[2] Um argumento contrário ao emprego do termo "lusófono" de

[2] Eduardo Lourenço aborda o tema da lusofonia em diversos escritos. Ver em especial "Imagem e miragem da lusofonia" e "O novo espaço lusófono ou os imaginários lusófonos", reunidos na obra *A nau de Ícaro seguido de imagem e miragem da lusofonia* (1999). Maria Manuel Baptista (2000) retoma o debate a partir de Lourenço e afirma que o termo designa a noção colonizadora de um espaço linguístico-cultural que coloca "os lusos" no centro.

modo abrangente para se referir às ex-colônias portuguesas é que parcela significativa das populações de Estados que adotam oficialmente o português não tem efetiva fluência no idioma. O papel secundário do português para esses grupos estaria implícito na sua migração para países terceiros: moçambicanos que se dirigem para a África do Sul utilizam línguas bantus; cabo-verdianos que se fixam nos Estados Unidos usam o cabo-verdiano. Entretanto, apesar da imprecisão sociolinguística e do sentido político da terminologia, substituí-la talvez implique reconsiderar o laço específico entre as coletividades que o sistema migratório dito lusófono relaciona.

No período da guerra colonial na África, além dos quatro fenômenos migrantistas diretamente associados aos impactos do conflito, os principais fluxos de migrantes portugueses orientaram-se para a França, a República Federal da Alemanha e, em menor escala, Luxemburgo, Bélgica e Holanda (Bohning, 1984). O redirecionamento para a Europa central foi relevante na trajetória das migrações portuguesas, até então fortemente voltadas para o continente americano, com ênfase no Brasil e, em diferentes épocas, nos Estados Unidos, Argentina e Venezuela. Os meandros que contribuíram para essa guinada tiveram diversos fatores, destacadamente a ação da diplomacia salazarista em busca de aproximação com as economias centro-europeias em ascensão. Embora o aumento das partidas de portugueses para a França tenha se verificado já a partir de 1957, a adesão de Portugal à Associação Europeia de Comércio Livre, em 1960, impulsionou aquele fluxo e as correntes para outros destinos europeus (Bruneau, 1984).

A migração portuguesa para o Brasil, historicamente de primeira grandeza, experimentou drástica redução após 1963, último ano em que desembarcaram nos portos brasileiros mais de 10 mil portugueses (IBGE, 2000). A conjuntura que levou ao golpe militar pode ter influído no declínio, observado também no menor ingresso de migrantes de outras nacionalidades no país (Mendes, 2007). Entre os portugueses, o fluxo caiu a menos da metade em 1964, em relação ao ano anterior. Em Portugal, o empenho de recursos no setor militar devido ao avanço das ações na África contra grupos armados que lutavam pela independência das colônias deteriorou as condições socioeconômicas internas, exacerbando a importância das remessas em dinheiro feitas pelos emigrantes, notável fonte de divisas (Baganha, 1994). Assim, embora o crescimento das migrações intraeuropeias de portugueses não seja visto como consequência direta da guerra colonial, seu vigor pode ser compreendido no enredamento na crise gerada pelo conflito.

Ainda em 1963, Salazar firmou com o governo da França um acordo para fornecimento sistemático de mão de obra de portugueses, definidos no pacto como trabalhadores convidados (Pereira, 2012). Em 1964, assinou outro acordo, no mesmo sentido, com a República Federal da Alemanha. Trabalhadores convidados (*travailleurs invités*, em francês; *Gastarbeiter*, em alemão) empregavam-se basicamente em postos dos setores industrial e de serviços que exigiam poucas qualificações. Constituíam uma categoria migrante que deveria permanecer temporariamente nos locais que os recebiam e, pelo princípio de rotação, retornar aos países de origem, dando lugar a outros trabalhadores.

A atração de força de trabalho de países mediterrâneos, como Espanha, Grécia e ex-Iugoslávia, vinha sendo feita na Europa Central desde meados dos anos 1950, por meio de acordos entre governos, como resposta à escassez de mão de obra provocada pela recuperação econômica. A adesão de Portugal ao sistema no curso da guerra colonial veio no bojo da maior integração do país no universo laboral europeu e do fortalecimento das coletividades lusas na Europa. Na prática, muitos portugueses que se transferiram para França e Alemanha na condição de trabalhadores convidados se fixaram nesses países. A consolidação de redes de atração migrante iniciada antes dos recrutamentos tomou fôlego nos anos 1960, devido a mudanças nas legislações que facilitaram sua radicação nos novos destinos. O recrutamento de trabalhadores convidados esteve em vigor até 1973, quando foi interrompido devido à crise econômica mundial. Grande parte dos migrantes já havia obtido então o direito de permanência nos países de residência.[3]

Durante os anos da guerra colonial e concomitantemente às lutas organizadas contra a dominação de Portugal na África, centenas de milhares de portugueses migraram para a Europa Central, muitos na condição de trabalhadores convidados. Segundo dados do Banco Mundial reunidos pelo Observatório da Emigração, em 1960 havia 935.521 portugueses radicados em outros países; em

[3] Para um panorama mais amplo sobre os programas de trabalhadores convidados no período, ver Messina (2007) e Castles (1985, 1986).

1970, o contingente cresceu para 1.284.269 e, em 1980, para 1.872.021, quando teria havido tendência de redução.[4]

O aprofundamento da inserção de Portugal e suas colônias africanas no sistema migratório internacional, com características complexas, ampliou-se naquela fase. O movimento de partida em direção a outros países da Europa, organizado pelos acordos intergovernamentais de fornecimento de mão de obra, exacerbou as contradições migratórias em Portugal e nas colônias. Na mesma época, trabalhadores cabo-verdianos se dirigiram para a Europa em condição jurídica semelhante aos nacionais da metrópole. Segundo a lei da nacionalidade portuguesa, de 1959, então em vigor, todas as pessoas nascidas em Portugal, inclusive nas então denominadas províncias de ultramar na África, eram igualmente portuguesas. A revisão dessa lei, em 1975, em pleno processo de independência das colônias africanas, restringiu a nacionalidade às pessoas nascidas em Portugal ou descendentes diretas de portugueses.

A partir de 1960, a Europa tornou-se o destino principal da migração cabo-verdiana, atraída pela conjuntura econômica favorável e por um mercado de trabalho carente de mão de obra. Embora não existam estatísticas que dimensionem as coletividades migrantes originárias das colônias africanas de Portugal antes de sua independência, a presença cabo-verdiana em alguns países europeus remonta ao período anterior à guerra colonial. A evolução histórica dessas redes migratórias assumiu características próprias na França, Holanda e Itália (Góis, 2006).

Há indícios da participação de africanos (e migrantes de ascendência asiática) nas correntes de trabalhadores convidados que se encaminharam para a Europa, embora a elucidação dessa presença e da circunstância de sua transferência exija mais pesquisa. Conforme estudos da cientista política Karen Schönwälder (2004), que investigou a documentação da Agência para Colocação no Emprego da República Federal da Alemanha, em 1965, um ano após o acordo entre Lisboa e Bonn, um grupo interministerial debateu a presença, entre os trabalhadores apresentados por Portugal, de pessoas "que vieram das colônias e eram de cor de pele africana ou indiana". Decidiu-se informar às autoridades portuguesas

4 Observatório da Emigração. Estimativas do número total de emigrantes portugueses, 1960-2019. Disponível em: <http://observatorioemigracao.pt/np4/1315/>. Acesso em: 27 jan. 2022.

que os empregadores alemães não estavam interessados em trabalhadores de pele escura e a seleção prévia dos migrantes deveria ser feita por Portugal. Se os portugueses não cooperassem, os alemães buscariam trabalhadores em outros países. A documentação menciona ainda a chegada de 1.500 pessoas de origem chinesa, o que teria provocado reações histéricas (Schönwälder, 2004).

Em relação ao encaminhamento de migrantes das colônias portuguesas na África para a França durante a guerra colonial, um relatório de 2013, elaborado para a Organização Internacional das Migrações (OIM) pelo sociólogo António A. da Graça (2013), informou que, no princípio dos anos 1970, auge da luta, a França recebeu, via Portugal, uma vaga de trabalhadores cabo-verdianos que a crise do petróleo teria estancado. Há concomitância aqui com a interrupção dos programas de recrutamento de trabalhadores convidados. A participação cabo-verdiana nos fluxos de portugueses não é mencionada, mas seu desembarque na Europa na última fase da luta anticolonial indica um elemento na história das migrações africanas para o continente.

As décadas de 1960 e 1970 foram quando Portugal assumiu a posição de plataforma giratória para migrantes, na acepção de Rui Pena Pires (1993) e outros autores segundo os quais, naqueles anos, o país se tornou um trampolim intermediário para várias correntes – particularmente a cabo-verdiana – interessadas em seguir para outros destinos europeus. A passagem por Portugal seria instrumental, numa migração por etapas. Para o sociólogo Pedro Góis (2006), esse argumento é subsidiário da ideia de que Portugal desempenha um papel semiperiférico no sistema migratório mundial, a funcionar de maneira intermediária entre os países africanos de língua oficial portuguesa, a Europa e a América do Norte.

O fim do regime salazarista e o desfecho da guerra colonial conformaram um tempo migratório em que os anos entre 1973 e 1975 parecem ter sido a virada na dupla condição de Portugal como emissor e receptor de migrantes. Admite-se que as coletividades africanas tenham fortalecido sua presença em Portugal metropolitano nos anos anteriores à emancipação dos novos Estados de língua oficial portuguesa. Embora os dados do Instituto Nacional de Estatística (INE) não detectem a evolução da presença migrante oriunda das colônias antes da redefinição nacional provocada por sua independência, e justamente para contornar a ausência de números acerca daquelas correntes, o etnógrafo António Barbosa Carreira (1982:89) recolheu dados do Centro de Apoio aos Trabalhadores Ultramarinos (Catu), que funcionou nos últimos anos do regime, e estimou em cerca de 30 mil cabo-verdianos em Portugal em 1976, a maioria recém-aportada como força de trabalho de substituição aos portugueses emigrados.

Aqui surge outro fenômeno da última fase da guerra colonial: o recrutamento de mão de obra no ultramar para suprir as necessidades da metrópole. Enquanto portugueses se dirigiam para a Europa central como trabalhadores convidados por meio de contratos entre governos, grupos de africanos, notadamente cabo--verdianos, rumavam para Portugal como força de trabalho substitutiva para o setor privado (Carreira, 1977:125-126). Para Pedro Góis (2006:209), essa sistemática de recrutamento de braços nas colônias nos anos de 1960 e 1970 deve ser entendida como política de atração de trabalhadores convidados. A caracterização habitualmente vincula-se a contratos coletivos conduzidos por governos, capazes de intervir de modo direto na facilitação jurídica da migração internacional. Esse aspecto não se verifica na atração de migrantes laborais das então "províncias" africanas, considerados migrantes inter-regionais. Seja qual for sua categorização, o paradoxo entre Portugal fornecer mão de obra para países europeus e buscar substitutivo de força de trabalho na África indica uma contrastante relação de dependência externa e dominação colonial vivenciada no período e que se expressou na esfera migratória.

Decorrências da guerra na África para os jovens portugueses e africanos

O impacto da guerra colonial na mobilidade das populações de Portugal e suas colônias na África tocou particularmente a juventude. A necessidade de destacamento cada vez maior das Forças Armadas portuguesas nas áreas em conflito fez com que milhares de homens em idade de alistamento obrigatório, e que não intencionavam cumprir o serviço militar, optassem por deixar o país. Muitos partiram irregularmente, burlando restrições ao sair por via terrestre através da Espanha em direção a destinos diversos, sobretudo na Europa. Entre 1961 e 1973, a proporção de desertores, refratários e faltosos à inspeção militar chegou a 20% dos jovens portugueses em idade de alistamento, contingente que em grande parte emigrou (Cardina e Martins, 2019).

A crise da última fase do colonialismo de Portugal influiu, assim, nas dinâmicas demográficas para além da propensão migratória do país. As partidas de homens jovens para o exterior conformavam um problema antigo e aparentemente de impossível resolução, tendo sido debatidas desde o século XIX por sucessivos governos, que por vezes buscaram limitá-las por meios legais. Durante a guerra colonial, esse tipo de migração realizada em maior escala reduziu a capacidade de reação do regime às forças que lutavam contra o domínio colonial na África, pelo que significou como evasão de força de trabalho e redução direta de pessoal passível de incorporação militar.

A juventude africana das zonas coloniais ressentiu os efeitos do conflito na sua mobilidade. A incorporação de jovens angolanos e moçambicanos nas Forças Armadas portuguesas, e por outro lado a atração que os grupos revolucionários exerceram em vários setores, provocaram trânsitos contraditórios e novas situações de violência. A eles se somaram o aldeamento forçado de populações rurais africanas, para evitar seu contato com as guerrilhas, e os deslocamentos em massa, em inúmeros episódios, alguns deles apenas recentemente estudados. Foi o caso da Operação Robusta, ordenada em 1969-1970 pela administração colonial a título de contrainsurgência. Centenas de mulheres, adolescentes e crianças dos vilarejos de Bula Tumba, Quiage, Terreiro e Bolongongo, ao norte de Angola, foram conduzidas e encarceradas em um campo de prisioneiros a cerca de mil quilômetros de distância, já na proximidade da Namíbia, então ocupada pelo regime de *apartheid* sul-africano (Conceição-Neto, 2019).

A questão migratória, tanto interna quanto internacional, emergiu, assim, como uma das tônicas do período. Nas zonas coloniais, os trânsitos humanos assumiram tons dramáticos em seu enredamento com as lutas em curso. Em janeiro de 1973, alguns meses antes da declaração unilateral de independência da Guiné-Bissau, seu líder político Amílcar Cabral protestou pela "Rádio Libertação", que transmitia do exílio na Guiné-Conacri, contra a transferência para Portugal de 15 a 20 mil jovens cabo-verdianos "para servirem de varredores nas cidades principais [de Portugal], para as funções de operários não qualificados, causando assim uma grande sangria nas forças vivas de Cabo Verde" (Cabral, 1978:159).

Os números referidos por Amílcar Cabral possivelmente eram exagerados. A menção ao deslocamento de cabo-verdianos para território da metrópole, porém, relacionou diretamente o fenômeno migratório à luta anticolonial. Numa época em que o Partido Africano pela Independência da Guiné e Cabo Verde (PAIGC) se debatia com a proposta de cooptar ativistas e estender as ações diretas ao arquipélago, seu principal líder viu na migração de jovens um mecanismo empregado por Portugal para barrar caminho ao avanço da luta (Cabral, 1978:160).

Observadas no conjunto, as diretrizes migratórias do salazarismo durante a guerra colonial incidiram em diversas frentes. Em terreno europeu, Lisboa organizava partidas de trabalhadores convidados para a França e a Alemanha, por meio de acordos com seus governos. A manutenção desse fluxo era crucial pelo peso econômico das remessas em dinheiro enviadas pelos migrantes. Noutra via, o regime reprimia as partidas de homens em idade de alistamento militar. E voltava-se para as colônias africanas no sentido de manter, e na medida ainda possível estimular, seu povoamento por colonos brancos, uma ideia em profunda crise naqueles anos (Castelo, 2007). Inversamente, a entrada de africanos no território metropolitano era vigiada, inclusive quando promovida por particulares como força de trabalho substitutiva. Ainda, noutra vertente, o regime português buscava monitorar atividades políticas nas coletividades emigradas, por meio de uma rede de informantes no exterior.

Essas linhas de força da política migratória de Portugal permaneceram sem grandes mudanças ao longo dos anos da guerra colonial, embora estivessem em contínua ampliação pela crescente complexidade dos problemas. Com a derrocada do salazarismo elas foram desfeitas, sem que houvesse um projeto político definido para lidar com as questões de ordem migratória. A edição emergencial de novas regras nos dias seguintes ao 25 de Abril de 1974 não deu conta de suprir as lacunas geradas pela revogação de um emaranhado de normas e regulamentos. Isso ocorreu em dois aspectos: (1) em relação aos trânsitos internos e aos deslocamentos que a luta armada provocou em setores das populações das zonas coloniais e (2) na movimentação de colonos que, com o avanço dos processos de independência e o aumento da insegurança sobre o futuro, buscaram retornar a Portugal ou reemigrar para outros países. Aquelas foram questões que acentuaram a problemática da mobilidade no desfecho do conflito.

A queda do regime salazarista foi um ponto de inflexão relativamente às posturas do Estado português acerca da circulação internacional de pessoas. O novo governo agiu com sentido de urgência em assuntos de interesse dos migrantes e das migrações. Ao assumir o poder, a Junta de Salvação Nacional desmontou um aparato de órgãos e associações de caráter repressivo criados e fomentados no Estado Novo. Dois dias após a destituição do velho regime, a junta decretou a extinção da Direção-Geral de Segurança (DGS), que monitorava a circulação internacional de pessoas, a entrada e presença de estrangeiros em Portugal e nas colônias. As atribuições legais do órgão incluíam vigiar e fiscalizar as fronteiras terrestres, marítimas e aéreas, além de investigar infrações de emigração clandestina e aliciamento de emigrantes (Lopes, 2018).

Com o fechamento da DGS, um conjunto de regras de ordem migratória foi suprimido ou perdeu efeito, como as multas pelo uso de passaporte comum por emigrantes. No aspecto administrativo, o setor de circulação internacional de pessoas deixou a esfera policial e passou à competência do Ministério dos Negócios Estrangeiros (MNE). A partir de 1º de maio de 1974, a emissão de vistos para entrada no país, que antes era da competência da DGS, passou à repartição consular do MNE. A diretriz teve repercussão duradoura na diplomacia de Lisboa, que reorganizou seus serviços consulares nos padrões dos Estados democráticos, sem o viés policial e a ênfase securitária do período anterior. A medida repercutiu na maneira com que Portugal passou a se inserir institucionalmente no sistema migratório global. A extinção da DGS surtiu efeito também nas coletividades portuguesas emigradas ao pôr fim à vigilância política que agentes do órgão exerciam no exterior.

De modo amplo, o relaxamento que sucedeu e dissipou a atmosfera repressora do período salazarista favoreceu a distensão no tratamento de questões migratórias. Uma medida relevante foi a decretação da anistia para crimes de natureza militar cometidos por emigrantes portugueses, como a deserção, a migração não autorizada em idade militar e a ausência de alistamento por parte de jovens residentes no exterior. A anistia foi decretada no dia 2 de maio, na esteira imediata do pós-25 de Abril.

Assim, a mudança do regime refletiu fortemente na temática dos migrantes e das migrações envolvendo Portugal. A decorrência foi sentida na busca pela construção de uma política externa que priorizasse o assunto. Após a independência das colônias na África, a relação de Lisboa com os novos Estados foi acompanhada, em sua primeira fase, por preocupações prementes na área migratória que ensejaram a assinatura de alguns acordos bilaterais. A tônica desses pactos foi a continuidade da presença de cidadãos portugueses nas ex-colônias e a formação de coletividades africanas na antiga metrópole. Apesar do retorno de milhares de colonos a Portugal, um grupo numeroso de portugueses e descendentes permaneceu nos cinco jovens países e se integrou definitivamente às novas nacionalidades.

Alguns meses após a emancipação de Cabo Verde e Guiné-Bissau, foram celebrados acordos especiais entre cada um dos dois países e Portugal, respectivamente em 15 de abril e 27 de junho de 1976, estabelecendo regras sobre o estatuto dos não nacionais residentes e o regime dos seus bens. Sem mencionar condições legais para entrada ou permanência de migrantes, os dois acordos determinaram, em idêntica redação, que os cidadãos de cada uma das partes receberiam igualdade de tratamento com os nacionais do país onde residissem no que respeita ao exercício de atividades econômicas, profissionais e sociais, ao exercício dos direitos civis etc.[5]

Nos dois acordos, a equiparação de direitos dos cidadãos significou um avanço sobre os termos do protocolo que o governo português e o Partido Africano da Independência da Guiné e Cabo Verde (PAIGC) firmaram em dezembro de 1974, no bojo das conversações de paz. Naquele documento, o partido que veio a comandar os dois novos países unificados assumiu o compromisso de proteger os portugueses (e seus interesses) nos seus territórios após a independência, sem previsão de contrapartida para os africanos em Portugal.[6] As garantias então oferecidas pelo PAIGC tiveram efeito assegurador de uma transição negociada e relativamente pacífica em sua última fase. O diálogo, iniciado em Argel e Londres, havia sido transferido para Lisboa e Cidade da Praia, em um passo de aproximação sob novos moldes.

Os acordos especiais reguladores do estatuto de pessoas e regime dos seus bens, assinados pelo governo pós-25 de Abril com Cabo Verde e Guiné-Bissau, sinalizaram a instituição de um relacionamento especial privilegiado no que tange

5 Cabo Verde-Portugal. *Acordo Especial Regulador do Estatuto de Pessoas e Regime dos seus Bens* (Cidade da Praia, 15/04/1976). Disponível em: <https://gddc.ministeriopublico.pt/sites/default/files/documentos/instrumentos/dl524IB-1976.pdf>. Acesso em: 10 dez. 2021.

6 Portugal-PAIGC. *Protocolo do Acordo entre o governo português e o Partido Africano da Independência da Guiné e Cabo Verde* (Lisboa, 19/12/1974). Disponível em: <https://cedis.fd.unl.pt/wp-content/uploads/2016/01/ACORDO-PORT-GUINE.pdf>. Acesso em: 10 dez. 2021.

aos direitos dos cidadãos. Para o jurista José Maximiano Leitão, que atuou como alto comissário de Portugal para a Imigração e as Minorias Étnicas, os acordos especiais tiveram carácter pioneiro na relação diplomática de Portugal com as ex-colônias da África, por adotar o princípio da igualdade de tratamento dos cidadãos do outro Estado e reconhecer um rol de direitos. Para Leitão (s.d.), o pioneirismo desses acordos se traduziu no fato de que vários dos seus dispositivos migrantistas foram posteriormente incluídos no projeto para um estatuto de cidadania da Comunidade dos Países de Língua Portuguesa (CPLP), que, no entanto, até hoje segue indefinido.

Antes daqueles acordos, Cabo Verde e Portugal adotaram em fevereiro de 1976 um instrumento regulador da nova situação migratória, o Acordo Geral sobre Migração, que normatizou as relações emergentes e a continuidade da atuação de trabalhadores de um país no outro. Foi o resultado de um diálogo que vinha sendo entabulado por uma comissão bilateral desde a proclamação da independência cabo-verdiana. No pacto, as duas partes estabeleceram garantias e se comprometeram a não pressionar nacionais do outro país a permanecer no local de acolhimento ou regressar ao país de origem.[7]

O Acordo Geral sobre Migração contemplou também a situação dos migrantes cabo-verdianos radicados na Europa central nas décadas de 1960 e 1970. Portugal comprometeu-se a protegê-los, possibilitando a continuidade de seu acesso a direitos previstos nas convenções de segurança social firmadas entre Lisboa e os países receptores. Apesar da unidade política de Cabo Verde e Guiné-Bissau na primeira fase pós-descolonização, os acordos migratórios foram negociados em separado. Problemas enfrentados pela numerosa coletividade cabo-verdiana em Portugal exigiram a formulação de respostas imediatas. Em 1978, um acordo em moldes semelhantes estipulou a proteção portuguesa aos migrantes santomenses em países europeus.[8]

A instauração de guerras civis em Angola e Moçambique após as independências nacionais e seu prolongamento por vários anos dificultaram a construção

---

7 Cabo Verde-Portugal. *Acordo Geral sobre Migração* (Lisboa, 16/02/1976). Disponível em: <https://gddc.ministeriopublico.pt/sites/default/files/documentos/instrumentos/dl524G-1976.pdf>. Acesso em: 10 jan. 2022.

8 *Acordo Geral sobre Migração* (São Tomé, 17/07/1978). Disponível em: <https://gddc.ministeriopublico.pt/sites/default/files/documentos/instrumentos/dec34-1979.pdf>. Acesso em: 10 jan. 2022.

imediata de uma diplomacia migratória na relação com Portugal. A instabilidade decorrente dos embates internos naqueles países limitou o diálogo sobre questões de circulação internacional de pessoas. A abertura do debate se deu em foro mais amplo, no panorama multilateral da Comunidade dos Países de Língua Portuguesa.

Uma característica dos acordos migratórios firmados ao término do conflito entre Portugal e as ex-colônias africanas é que eles advieram de negociações bilaterais, sem perspectiva de conjunto. Isso fragmentou um quadro que continha elementos comuns de interesse tangentes às relações dos cinco novos Estados entre si e com a antiga metrópole. Foram, entretanto, acordos negociados em espírito de cooperação, não só na retórica, mas também nos resultados. A adoção do princípio da reciprocidade no tratamento aos nacionais do outro país e a previsão de acesso a um rol de direitos por residentes em condição regular sugeriam uma possível abertura aos migrantes, talvez nos moldes da relação entre Portugal e Brasil.

A orientação política relativamente mais flexível de Portugal às correntes migratórias provindas das ex-colônias africanas não se manteve. Em 1979, quatro anos depois do 25 de Abril, o Acordo sobre Migração assinado entre os governos de Lisboa e Bissau fixou termos bem mais restritivos que os convênios assinados anteriormente, impôs maiores exigências para a entrada e permanência de cidadãos guineenses e criou novos mecanismos de repatriação de migrantes em situação irregular.[9]

Considerações finais

O período da chamada guerra colonial portuguesa na África caracterizou-se pela complexidade e multiplicação dos fenômenos migratórios que abarcaram Portugal e suas colônias africanas. Os diferentes movimentos, observados em perspectiva polissistêmica, sublinharam a dupla condição do país como porto de chegada e partida de migrantes. Os distintos trânsitos de pessoas, de algum modo

---

9 Guiné-Bissau-Portugal. *Acordo Geral sobre Migração* (Bissau, 24/02/1979). Disponível em: <https://gddc.ministeriopublico.pt/sites/default/files/documentos/instrumentos/dec115-1981.pdf>. Acesso em: 10 jan. 2022.

interligados, amplificou o fator estrutural das migrações na sociedade portuguesa, inclusive por reforçar o aspecto pluridirecional dos fluxos e a formação de novos arranjos de mobilidade humana. Sua abrangência firmou-se na consolidação da presença de Portugal em diversos sistemas migratórios internacionais e no aprofundamento de sua inserção no sistema global, do qual passaram a participar crescentemente as populações dos novos Estados de língua oficial portuguesa.

A exacerbação das formas de violência durante as lutas pela independência das colônias africanas tocou em especial questões migrantistas de suas sociedades, expressas em deslocamentos internos e externos e em trânsitos forçados. Em Portugal, as principais características da época foram o avanço das partidas para países centro-europeus – com destaque para os trabalhadores convidados que se encaminharam para a França e a Alemanha Ocidental – e o fortalecimento, em território metropolitano, de coletividades originárias das então colônias. De certo modo, isso abriu e antecipou duas tendências que se acentuariam: a integração do país no universo laboral europeu e sua transformação em polo de atração e plataforma intermediária para migrantes provindos das antigas colônias da África.

Os variados fenômenos do período possibilitam análises articuladas do sistema migratório constituído entre países e regiões de língua oficial portuguesa e deles para outros sistemas internacionais. A literatura e a documentação de Portugal mostram diversos outros trânsitos coletivos de pessoas na época da descolonização, abrangendo, por exemplo, habitantes de Timor-Leste. Isso denota movimentos que avançaram para além das zonas coloniais africanas.

O desfecho do 25 de Abril nos assuntos migratórios e de circulação internacional de pessoas levou à mudança de paradigma político do Estado português nesses setores. O abandono do modelo policial e securitário da velha DGS no tratamento de questões dos migrantes e das migrações foi o aspecto mais notável. Observado no curso de mais de quatro décadas de governos democráticos de Portugal, não se efetivou o escopo de uma via mais aberta à circulação de cidadãos dos jovens Estados africanos, como se podia antever nos primeiros acordos firmados por Lisboa com Cabo Verde e São Tomé e Príncipe. A possibilidade permaneceu na retórica das relações diplomáticas e ressurge em projetos de facilitação do trânsito de pessoas no lastro da Comunidade dos Países de Língua Portuguesa (CPLP), cujos integrantes coincidem com os do sistema migratório denominado lusófono. De todo modo, as experiências migrantistas vivenciadas durante as lutas anticoloniais dos anos 1960 e 1970 e no pós-25 de Abril guardam decorrências e potencialidades que permitirão novas reflexões sobre a temática.

Referências

BAGANHA, M. I. As correntes emigratórias portuguesas no século XX e o seu impacto na economia nacional. *Análise Social*, v. 29, n. 128, p. 959-980, 1994.

_____. The lusophone migratory system: patterns and trends. *International Migration*, v. 47, n. 3, p. 5-20, 2009.

BAPTISTA, M. M. O conceito de lusofonia em Eduardo Lourenço: para além do multiculturalismo "pós-humanista". In: SEMINÁRIO INTERNACIONAL LUSOGRAFIAS, III., 2000, Évora. *Actas*... Évora: Universidade de Évora, nov. 2000.

BOHNING, W. R. *Studies in international labour migration.* Londres: MacMillan, 1984.

BRUNEAU, T. *Portugal in development*: emigration, industrialization and the European Community. Ottawa: Ottawa University Press, 1984.

CABO VERDE-PORTUGAL. *Acordo Geral sobre Migração.* Lisboa, 16/02/1976. Disponível em: <https://gddc.ministeriopublico.pt/sites/default/files/documentos/instrumentos/dl524G-1976.pdf>. Acesso em: 10 jan. 2022.

_____. *Acordo Especial Regulador do Estatuto de Pessoas e Regime dos seus Bens.* Cidade da Praia, 15/04/1976. Disponível em: <https://gddc.ministeriopublico.pt/sites/default/files/documentos/instrumentos/dl524IB-1976.pdf>. Acesso em: 10 dez. 2021.

CABRAL, A. *Obras escolhidas de Amílcar Cabral*: a arma da teoria; unidade e luta. Lisboa: Seara Nova, 1978.

CARDINA, M.; MARTINS, S. Evading the war: deserters and draft evaders from the Portuguese army during the colonial war. *E-journal of Portuguese History*, v. 17, n. 2, 2019. Disponível em: <https://estudogeral.sib.uc.pt/bitstream/10316/89108/3/Evading%20the%20war.pdf>. Acesso em: 29 jan. 2022.

CARREIRA, A. B. *Migrações nas ilhas de Cabo Verde.* Praia: Instituto Caboverdeano do Livro, 1977.

______. *The people of the Cape Verde islands*: exploitation and emigration. Londres: C. Hurst, 1982.

CASTELO, C. *Passagens para África*: o povoamento de Angola e Moçambique com naturais da metrópole, 1920-1974. Porto: Afrontamento, 2007.

CASTLES, S. The guests who stayed? The debate on 'foreigners policy' in the German Federal Republic. *The International Migration Review*, v. 19, n. 3, p. 517-534, 1985.

______. The guest-worker in Western Europe: an obituary. *The International Migration Review*, v. 20, n. 4, p. 761-778, 1986. (Special issue on temporary worker programs: mechanisms, conditions, consequences).

CONCEIÇÃO-NETO, M. Colonial incarceration and selective memories: what is remembered? Who is forgotten? The case of peasant women deported to São Nicolau (Angola, 1969). *The Journal of Imperial and Commonwealth History*, v. 47, n. 2, p. 325-342, 2019.

GÓIS, P. *Emigração cabo-verdiana para (e na) Europa e sua inserção em mercados de trabalho locais*: Lisboa, Milão, Roterdão. Dissertação (mestrado em sociologia) – Faculdade de Economia, Universidade de Coimbra, Coimbra, 2006.

GRAÇA, A. A. *Segunda geração de cabo-verdianos na Europa e o reforço de seus laços com Cabo Verde*. OIM, 2013. Disponível em: <https://repositorioaberto.uab.pt/bitstream/10400.2/6482/1/A%20Gra%C3%A7a%20CV_SegGera%C3%A7%C3%B5es%20-%20FINAL.pdf>. Acesso em: 29 jan. 2021.

GUINÉ-BISSAU–PORTUGAL. *Acordo Geral sobre Migração*. Bissau, 24 fev. 1979. Disponível em: <https://gddc.ministeriopublico.pt/sites/default/files/documentos/instrumentos/dec115-1981.pdf>. Acesso em: 10 jan. 2022.

IBGE (Instituto Brasileiro de Geografia e Estatística). *500 anos de povoamento*. Rio de Janeiro: IBGE, 2000.

LEITÃO, J. Estudo sobre cidadania e circulação no espaço da CPLP. *Portal Oficial da Comunidade dos Países de Língua Portuguesa*. Disponível em: <https://www.cplp.org/Files/Filer/cplp/cidCirc/Binder1.pdf>. Acesso em: 10 jan. 2022.

LOPES, A. G. *Moçambique*: guerra secreta 1965-1974. Lisboa: Lunadil, 2018.

LOURENÇO, E. *A nau de Ícaro seguido de imagem e miragem da lusofonia*. Lisboa: Gradiva, 1999.

MABOGUNJE, A. Systems approach to a theory of rural-urban migration. *Geographical Analysis*, n. 2, p. 1-20, 1970.

MARQUES, J. C.; GÓIS, P. A evolução do sistema migratório lusófono: uma análise a partir da imigração-emigração portuguesa. *Revista Internacional em Língua Portuguesa*, n. 24, p. 213-231, 2011.

MENDES, J. S. R. História e cidadania: a construção de um estatuto diferenciado para o imigrante português no Brasil (1946-1988). *Revista Direito e Sociedade*, v. 2, n. 1, p. 131-146, 2007.

MESSINA, A. *The logics and politics of post-WWII migration to Western Europe*. Cambridge: Cambridge University Press, 2007.

OBSERVATÓRIO DA EMIGRAÇÃO. *Estimativas do número total de emigrantes portugueses, 1960-2019*. Disponível em: <http://observatorioemigracao.pt/np4/1315/>. Acesso em: 10 jan. 2022.

PACAVIRA, M. P. *O 4 de Fevereiro pelos próprios*. Leiria: Instituto Politécnico, 2003.

PEREIRA, V. *La dictadure de Salazar face à l'emigration*: l'État portugais et seis migrants en France -1957-1974. Paris: Presses de Sciences Po, 2012.

PIRES, R. P. Immigration in Portugal: a typology. In: ROCHA-TRINDADE, M. B. (Ed.). *Recent migration trends in Europe*: Europe's new architecture. Lisboa: Universidade Aberta, 1993. p. 179-194.

PORTUGAL-PAIGC. *Protocolo do Acordo entre o Governo Português e o Partido Africano da Independência da Guiné e Cabo Verde*. Lisboa, 19 dez. 1974. Disponível em: <https://cedis.fd.unl.pt/wp-content/uploads/2016/01/ACORDO-PORT-GUINE.pdf>. Acesso em: 10 dez. 2021.

SÃO TOMÉ E PRÍNCIPE-PORTUGAL. *Acordo Geral sobre Migração*. São Tomé, 17 jul. 1978. Disponível em: <https://gddc.ministeriopublico.pt/sites/default/files/documentos/instrumentos/dec34-1979.pdf>. Acesso em: 11 jan. 2022.

SCHÖNWÄLDER, K. Why Germany's guestworkers were largely Europeans: the selective principles of post-war labour recruitment policy. *Ethnic and Racial Studies*, v. 27, n. 2, p. 248-265, 2004.

3. Circuitos migratórios, entrelaçamentos e espalhamentos: o caso do mundo em português*

Igor José de Renó Machado

Meu trabalho aqui será bastante simples e um tanto informativo. Para falar de deslocamentos, migrações e diásporas em suas relações com o império português e também com seu desmantelamento final com as guerras coloniais, tomo por empréstimo de intelectuais portugueses a ideia de "circuitos migratórios" – ou seja, a ideia de que há criações históricas de conjuntos e feixes de relações entre determinados lugares e populações que geram processos de deslocamentos humanos de forma sistemática e multidirecional – para pensar os efeitos do império nos processos migratórios até o momento presente. De certa forma, apresento aqui fases e processos de reconfigurações desses circuitos migratórios ao longo dos últimos 60 anos. Ou, falando de trás para frente: olhando para os circuitos migratórios hoje, como podemos relacioná-los aos efeitos de fim do império?

Para que isso seja possível, é preciso pensar os circuitos migratórios como um processo em constante transformação, gerando novas configurações ao longo do tempo e lentamente mudando o cenário dos circuitos originais. E mais, é preciso também imaginar que os circuitos migratórios, em sua historicidade, nos ajudam a pensar os processos de relação, no caso português, entre ex-metrópole, ex-colônias e outros universos de lugares e poderes.

Obviamente, ao focar aqui em alguns circuitos, ou em um circuito e suas transformações, não estou dizendo que apenas nesse contexto podemos entender as migrações e deslocamentos, mas que sem compreender esse processo destacado é mais difícil entender o cenário contemporâneo. Muitos outros conjuntos de relações são importantes para entender a historicidade desses fluxos populacionais, mas não poderemos nos deter em todos nesse espaço tão pequeno.

---

* Alguns parágrafos foram reescritos a partir de Machado e Silva (2014:331-348).

Apenas para dar um exemplo: ao passo que o império produziu deslocamentos de "metropolitanos" para as colônias africanas e asiáticas ao longo do século XX, ao mesmo tempo a penúria econômica (e política, social e cultural) do império salazarista também levou a uma emigração de portugueses para outros países (Europa, EUA, Canadá etc.) nos quais a relação não se dava mais entre metropolitanos e colonizados, mas entre portugueses pobres e países "desenvolvidos".

Pensar o fluxo de africanos para Portugal após as independências africanas não é possível sem levar em conta esse circuito migratório onde os portugueses aparecem como "terceiro-mundistas" em países desenvolvidos. O circuito imperial, visto da metrópole, abarca tanto uma conexão com as ex-colônias como com os países desenvolvidos. Mas do ponto de vista dos países recém-libertados, o circuito migratório "imperial" tem só o sentido da ex-metrópole (embora esses países tenham também complexificado seus próprios circuitos migratórios, envolvendo países da antiga cortina de ferro, por um lado, e a força econômica da África do Sul, por outro lado). Mas me adianto; vamos devagar.

Circuitos migratórios

As nações que hoje compõem o que poderíamos chamar de um mundo "lusófono",[1] resultado do processo de expansão do império português desde o século XV, são plasmadas pelo intenso fluxo populacional, tanto de emigrações como de imigrações. Cada uma em seu próprio desenvolvimento histórico constituiu diferentes sistemas migratórios (de atração e expulsão, às vezes os dois simultaneamente), que resultaram nas atuais configurações populacionais. Podemos afirmar que a construção do império produziu movimentações de várias instâncias: desde a circulação de elites até a circulação de imigrantes pobres entre os países "em português". Ao mesmo tempo, esses países, seja na África, América ou Ásia, ou mesmo a ex-metrópole, conviveram e convivem com vários outros sistemas de migração, de fluxos variados de populações. Podemos pensar em trânsitos ligados ao império e propriamente à experiência

1 A palavra "lusofonia" carrega, entretanto, uma carga ideológica imperial muito acentuada, como destaca Alfredo Margarido (2000). Por esse motivo, substituo a ideia de mundo lusófono pela de mundo "em português", com referência à língua e não às supostas criações imperiais.

"em português", em fluxos regionais (sul-americanos, europeus, africanos, asiáticos) e ainda fluxos de longa distância, gerados pela história singular de cada um desses países.

A emigração portuguesa para todos os continentes é, decerto, um dos efeitos da empresa colonial. Contudo, em uma análise que se tornou clássica, Serrão (1970) propõe o termo colonizador aos fluxos associados à iniciativa do Estado ou de empresa com finalidades coloniais e emigração às saídas do país por motivações pessoais, independentemente de solicitações oficiais. Ademais, destaca que, em diversas ocasiões, os dois fluxos coexistiram. No que diz respeito à emigração portuguesa, a partir de década de 1950, esta se direciona paulatinamente do Brasil para a França, a Alemanha, os EUA e o Canadá, principalmente. Durante a década de 1970, face às restrições à migração portuguesa na França e Alemanha, depois de outros países europeus, e na América do Norte, a emigração portuguesa diminuiu, para voltar a aumentar na década de 1980. Se Portugal viu-se como país de imigração entre 1986 e o presente momento, a emigração portuguesa como movimento nunca cessou. Durante esse período de ascensão econômica ligada ao sucesso inicial da zona do euro, portugueses deslocaram-se principalmente dentro da Europa, tendo a França como principal destino, seguida de Suíça, Alemanha, Reino Unido, Espanha e Luxemburgo, além de outros países. Portugal pode ser visto, nessa perspectiva, como um nexo constante de fluxos populacionais: originando diásporas e concentrando outras. Além disso, o retorno de migrantes também se configurou numa dinâmica populacional expressiva a partir da década de 1970, grande parte como resultado das guerras coloniais, que resultaram numa massa de "retornados" à metrópole após a Revolução dos Cravos. Na mesma perspectiva, concentra fluxos de recursos que chegam e que saem, ligando redes de parentesco ao redor da Europa, Américas e África, principalmente.

A partir da década de 1980, Portugal se tornou também num grande concentrador de movimentações dos Países Africanos de Língua Oficial Portuguesa (Palops), a seguir de um grande e diversificado fluxo de brasileiros e, além disso, foi palco de uma complexificação dos circuitos migratórios: imigrantes do Leste Europeu e do continente asiático, principalmente, começaram a se destacar no cenário português (Baganha, Góis e Pereira, 2005:415). Os processos de descolonização, com as alterações da lei de nacionalidade portuguesa, resultaram em fluxos de "retorno" para Portugal que, por sua vez, por força dos laços criados em redes de migração, levaram à migração de africanos para a ex-metrópole.

Baganha (2009) defendeu a existência de um sistema migratório em português, integrando em diferentes momentos no tempo as populações do antigo sistema imperial português, processo facilitado pelas estruturas e conexões criadas a partir daquele sistema. Não é por menos que Portugal se encontra entre os principais destinos de todos os Palops e, por outro lado, que Angola e Brasil tenham se constituído em lugar de uma modesta nova emigração portuguesa pós-crise de 2008. Marques e Góis (2012) defendem, por exemplo, que o desenvolvimento dos sistemas migratórios em português constituiu Portugal, Brasil e Angola como nódulos preferenciais, além de destacar uma bidirecionalidade evidente nos fluxos migratórios "em português" (Góis e Marques, 2009). Assim, os vestígios do império se fazem presentes na constituição desses sistemas migratórios que ligam os países que foram colônias e a ex-metrópole.

No caso africano, o império português produziu o deslocamento de milhares de portugueses para África ao longo do século XX. A derrocada do mesmo império produziu, por sua vez, uma migração de "retorno" de portugueses e descendentes para Portugal, criando um grande deslocamento populacional num curto intervalo de tempo.

Vemos, assim, que a migração é parte integrante desses países conectados pela história colonial. O processo histórico da colonização gerou fluxos de várias ordens, às vezes incentivando movimentos para a metrópole, às vezes entre as colônias, às vezes incentivando fluxos regionais que se relacionaram com a história colonial, como no caso dos refugiados das guerras coloniais. As várias histórias nacionais, com suas durações variadas, conduziram outros tantos fluxos populacionais, relacionados às injunções mais amplas da ordem econômica mundial, mas sempre com alguma vinculação ao sistema em português de migração. Essas histórias nacionais, contudo, também lidam com fluxos que não se relacionam ao sistema em português, evidenciando as diferentes inserções desses países numa economia global.

Os resultados desse sistema migratório em português estão incrustados na história desses vários países: a constituição de redes de migração de longa duração, de estratos sociais e de interesses econômicos variados criou conexões familiares, políticas e econômicas entre esses países. Os exemplos são muitos:

refugiados políticos portugueses no Brasil, imigrantes portugueses hoje em Angola, empresas brasileiras em Angola, empresas portuguesas no Brasil, convênios que fazem circular estudantes entre países em português, acordos de cooperação entre Brasil e Timor, Portugal e Timor etc. Essas conexões continuam operando relações em português, através dos continentes (Machado e Silva, 2014:331-348).

Lugar dos brasileiros

Não só os circuitos migratórios importam, nem só pessoas se movem. Os circuitos simbólicos e as classificações raciais também. Hierarquias sociais e raciais constituídas na dolorosa experiência do império mantêm-se mesmo nos contextos pós-coloniais: preconceito e racismo ainda são fenômenos comuns na experiência de imigrantes africanos e brasileiros em Portugal, de estudantes africanos no Brasil, nas memórias ressentidas sobre os portugueses em vários lugares do atual mundo em português. Também permanece um olhar preocupado com as tentações neocoloniais nas relações entre esses países tão diferentes entre si.

Como um exemplo dos efeitos das ideologias coloniais nas configurações posteriores dos sistemas migratórios que entrelaçam povos falantes de português, podemos considerar rapidamente o caso dos imigrantes brasileiros em Portugal no ano de 2000, quando fiz meu já ancestral trabalho de campo para o doutorado. Tomo a liberdade de retomar aqui algumas questões, apenas para exemplificar uma dimensão das relações entre o fim tardio do império e a experiência de migração nesses circuitos coloniais e pós-coloniais.

Nos trabalhos sobre os brasileiros no Porto (Machado, 2009), pude identificar uma trama complexa que relacionava os processos de construção de identidade entre os brasileiros, a emergência de uma comunidade brasileira migrante com hierarquias entre seus membros e as categorias de classificação das diferenças portuguesas, caudatárias das hierarquias de alteridades (Grosfoguel e Georas, 2000) imperiais. Essa trama é um exemplo das complexidades que relacionam a história colonial e os movimentos migratórios conexos. A primeira característica a ser destacada é um certo entendimento, por parte dos portugueses no dia a dia, de certas hierarquias que escalonavam as diferenças representadas pelos imigrantes oriundos das ex-colônias: uma racialização da migração africana e brasileira e um escalonamento em que africanos (supostamente negros) ficavam no fim da fila, brasileiros (supostamente mestiços) numa posição intermediária e os portugueses (supostamente brancos) colocavam-se acima de todos. Essa ordem de classificação é incrivelmente similar às injunções do pensamento ideológico do império já em sua fase final, a partir de meados do século XX, como a obra de Cláudia Castelo (1998) a descreve: a ideologia freyriana do lusotropicalismo era instrumentalizada para legitimar um sistema colonial com base numa miragem/promessa de desenvolvimento de "novos Brasis" em África: assim o Brasil aparece como uma espécie de irmão mais velho bem-sucedido (e mestiço *à la* Gilberto Freyre) para os irmãos bem mais novos africanos: a fábrica portuguesa de modelagem de povos produziria uma nova experiência "feliz" de mestiçagem. O trabalho de Castelo nos oferece uma crítica brilhante desse processo.

Essa ideologia continuava impactando a experiência migrante em 2000, e os brasileiros eram imaginados de determinadas formas que resultavam em um campo acessível de trabalho: vistos como simpáticos, alegres e subalternos, conseguiam espaços de trabalho que exigiam uma "simpatia" profissional: garçons, atendentes de loja, vagas nesse mercado de atendimento ligado ao terceiro setor. Bastava ser brasileiro para ser elegível a um cargo no que chamei de "mercado da alegria". Havia outras dimensões desse mercado, ligadas à exploração de uma sexualidade colonial, que se expressavam também no mercado de profissionais do sexo – femininos, masculinos e transgêneros –, mas essa é outra história (Machado, 2004).

E aqui as coisas de complicavam: os brasileiros, ávidos por empregos, começaram a performar profissionalmente essa "alegria" subalterna imperial, a fim de conseguir meios de vida melhores. E de fato conseguiam. E mais, essa performance começou a operar como um processo de construção de diferenças: brasileiros se reconheciam como mais legitimamente brasileiros pela pantomima da alegria subalterna, no que chamei de "subordinação ativa" aos estereótipos imperiais. Essa subordinação ativa não era sem sentido; ela produzia nada menos que a própria hierarquia entre os brasileiros imigrantes em sua incipiente "comunidade" na cidade do Porto em 2000. Como os membros com melhores empregos e com capacidade política de distribuir indicações para outros empregos aos brasileiros eram justamente aqueles que melhor se adequavam às imaginações hierárquicas portuguesas, todo o jogo de poder entre imigrantes brasileiros passou a girar em torno das pantomimas de alegria subordinada e do acesso ao mercado de trabalho. Tínhamos então um complexo sistema de conexões entre ideologias imperiais, circuito migratório, desenvolvimento de hierarquias e produção de diferencialidades (Machado, 2011). E, evidentemente, essa é apenas uma forma que esses processos que conectam heranças do império e as migrações assume.

A mesma imigração brasileira em Portugal, alguns anos depois, já assumia uma feição completamente diferente em outro contexto. Quando dei continuidade às pesquisas sobre migração, mas agora com foco na cidade brasileira de Governador Valadares, um famoso centro da emigração brasileira, passei a conhecer também outras experiências de migração para Portugal, que corriam em direções bem diferentes daquelas que acabei de narrar. De certa forma, nesse outro cenário, as relações com os fantasmas imperiais e os sistemas migratórios também eram de outra natureza.

A primeira e grande diferença é que nesse conjunto de pesquisas realizadas entre 2004 e 2010 já se narrava outra situação demográfica da imigração brasileira em Portugal. Tratamos do que ficou conhecido como "segunda vaga" de migrações brasileiras (Peixoto et al., 2015; Lisboa, 2004) – um perfil meio deslizante de imigrantes brasileiros com menos estudos, mais pobres e também menos brancos. Mas agora num cenário em que a imigração brasileira já assumia uma proporção muito maior do que a pequena comunidade em Porto: aqui já falávamos de mais 60 mil brasileiros em Portugal, contando apenas a migração documentada. Em 2000, tínhamos algo como 20 mil brasileiros em Portugal, a maior parte concentrada na região de Lisboa. Ao final da pesquisa, em 2010, já tínhamos um cenário de mais de 100 mil brasileiros em Portugal, documentadamente.

O que constatamos nesse cenário em mudança, com os imigrantes valadarenses em Portugal, era uma transformação radical na forma de experimentar a migração: dada uma série de fatores – entre eles o fato de a maioria ser indocumentada, professar religiões evangélicas e enfrentar um mercado de trabalho muito mais concorrido face ao aumento do número de imigrantes em Portugal –, não havia mais a importância quase exclusiva do "mercado da alegria". Para muitos dos valadarenses, esse mercado era um problema, (1) já que aumentava a visibilidade dos indocumentados (o que elevava o perigo de deportação),

(2) não se coadunava com uma ética evangélico-migrante de acúmulo máximo de recursos em menos tempo, (3) oferecia os "perigos" da noite aos extremamente religiosos e (4) não havia tantas vagas de trabalho assim. Desse modo, toda aquela imbricação entre hierarquias coloniais e a produção de diferencialidades não operava da mesma forma nesse cenário (Machado e Reis, 2007; Machado, 2010).

O que contava ali era justamente um embaralhamento das hierarquias coloniais, mas num sentido "descendente": os brasileiros valadarenses circulavam e trabalhavam nos mesmos circuitos dos imigrantes e descendentes de imigrantes dos países de língua oficial portuguesa africanos (as ex-colônias). Trabalhavam na construção civil, em plantações, em atividades que exigiam força manual etc. Eram trabalhos que também produziam menos visibilidade e menor risco de deportação. Mas o fato é que aqui são os circuitos migratórios entre os Palops e Portugal e suas próprias injunções históricas que explicam mais a situação dos valadarenses na região de Lisboa que as ideologias imperiais lusotropicais e sua importância para os brasileiros no Porto em 2000 (Machado, Almeida e Reis, 2009).

Reorganização dos circuitos

Assim, podemos perceber que, embora em constante mutação, os sistemas migratórios relacionados ao fim do império apresentam a capacidade de entrelaçar outros sistemas, deixando suas marcas nos movimentos migratórios mais contemporâneos. Como vimos nos dois exemplos, temos tanto uma inserção da imigração brasileira numa hierarquia tipicamente colonial, o que estimulou o desenvolvimento da migração num primeiro momento, até um espalhamento das experiências de imigrantes africanos dos Palops e seus descendentes para novos circuitos migratórios brasileiros em Portugal. Aqui, um sistema entrelaça o outro, produzindo novas configurações complexas, mas prenhes de relações com a história colonial do Terceiro Império português.

Esses entrelaçamentos seguem sendo produzidos, tanto com a dimensão da "bidirecionalidade", descrita por Marques e Góis, como pelo que chamo de "espalhamento preferencial" dos sistemas migratórios bidirecionais do Terceiro Império para outros contextos de língua portuguesa. Para o primeiro caso, o da bidirecionalidade, podemos destacar a história da migração entre Brasil e Portugal em tempos recentes. Se podemos já falar de quatro vagas de imigração brasileira para Portugal (Fernandes, Peixoto e Oltramari, 2021), poderíamos também falar de outras tantas vagas de imigração portuguesa no Brasil. Para ficarmos no século XXI, vimos que os efeitos da crise de 2008[2] em Portugal levou a dois movimentos: a retração da imigração brasileira (que em parte retornou ao Brasil e em parte remigrou para outros países) e também a emigração de portugueses para o Brasil (Pires et al., 2020; Padilla e Ortiz, 2012). Olhando para o final do século passado, durante o governo salazarista uma parte dos refugiados políticos portugueses se instalou no Brasil (Silva, 2006), assim como uma parte pequena do enorme contingente de portugueses retornados (David, 2015) do processo de independência das ex-colônias africanas também se dirigiu ao Brasil (Meneses e Gomes, 2013) e também a outros países, como África do Sul (Pereira, 2018).

Mas, ainda mais recentemente, tivemos uma pequena leva de imigrantes portugueses no Brasil, no rescaldo de uma emigração preferencial para a Europa (outro sistema migratório português de longa data, que também agregou em suas pontas outras migrações "em português"). Portugueses também emigraram para Angola e Moçambique nesse período pós-crise, amarrando as pontas da "bidirecionalidade". Se considerarmos o recomeço dramático da migração brasileira em Portugal a partir de 2018 (Fernandes, Peixoto e Oltramari, 2021), poderemos entender esses fenômenos pendulares e bidirecionais, mesmo num cenário em que outros sistemas migratórios têm mais relevância (como o de portugueses emigrando para a Europa, brasileiros para os EUA etc.).

Por outro lado, os processos de "espalhamento" dos regimes migratórios em português do pós-guerra colonial podem ser vistos na progressiva relação mais sistemática entre imigrantes brasileiros e imigrantes dos Palops em Portugal; na constituição de outros circuitos migratórios, desta vez ligando diretamente Brasil e os Palops (Rosa, 2018; Haydu, 2009; Macedo, 2016); e também na aproximação de circuitos migratórios distintos que se cruzam – muitas vezes de forma tensa – nos países de destino, como o encontro de imigrantes e descendentes de portugueses e imigrantes brasileiros nos EUA (Sales, 2005); ou ainda o caso da expansão de religiões evangélicas "em português" em vários países

2 Mas os efeitos dessa crise na emigração portuguesa foram se fazer evidentes apenas a partir de 2010.

que concentram imigrantes brasileiros, portugueses e dos Palops (Rodrigues e Silva, 2014).

Esse processo de "espalhamento" e também, claro, embaralhamento dos circuitos migratórios relacionados ao fim do Terceiro Império e ao próprio colonialismo português se faz notar, ainda, na apreensão que intelectuais portugueses recentemente têm desenvolvido sobre a imigração em Portugal, tendendo a situar grupos imigrantes brasileiros e africanos (especialmente cabo-verdianos) na mesma chave de análise (Costa, 2016:17; Grilo, 2011:57; Hortas, 2020), assim como, no Brasil, são comuns textos aglutinativos sobre "estudantes africanos" (Mungoi, 2012; Subuhana, 2009; Gusmão, 2011), cujo nexo em geral são os imigrantes originários de Palops.

Esses espalhamentos dos circuitos migratórios afetam, portanto, não apenas as configurações "concretas" das experiências das migrações contemporâneas, modelando fluxos, influenciando decisões de migração, produzindo comunidades "étnicas" em diversos países do "mundo em português" e fora dele: os espalhamentos produzem também uma forma de pensar a diferença "em português" a partir de assemelhamentos derivados de processos ideológicos não tão evidentes e que parecem ainda se nutrirem de ingredientes lusotropicalistas em suas várias leituras nacionais. Uma aproximação entre associações de imigrantes brasileiros e portugueses em Massachusetts, por exemplo, passa a ser quase naturalizada, embora não haja nada de evidente nessas conexões: elas poderiam ser alvo de uma reflexão crítica sobre o "espalhamento", de forma a relacionar ideologias imperiais, nacionais e os contextos e histórias de migração.

Considerações finais

Jorge Malheiros (2007) organizou um livro sobre a imigração brasileira em Portugal, que então vivia sua terceira onda. No capítulo final, vários autores – eu entre eles – pensávamos sobre o futuro da imigração dos brasileiros em Portugal (Carneiro et al., 2007). Obviamente, como sempre acontece nas ciências sociais, erramos em tudo: o que parecia um movimento ascendente tornou-se, na realidade, uma diminuição inesperada. Em 2016, o número de brasileiros em Portugal era praticamente o mesmo de 2007 (houve um crescimento até 2011, depois um descenso, relativo à crise portuguesa, à emigração de retorno para o Brasil, que vivia um bom momento econômico, e remigrações para outros países europeus). Os sistemas migratórios são imprevisíveis.[3]

Mas, como em tudo, também acertamos naquele artigo de 2007: em 2019 a imigração brasileira em Portugal disparou, e em 2020 cerca de 184 mil brasileiros estavam em Portugal. O crescimento que prevíamos veio a acontecer mais de 10 anos depois. Mas, claro, se estendermos no tempo um conjunto de previsões sobre a migração, provavelmente em algum momento estaremos certos, especialmente em sistemas migratórios entrelaçados e espalhados, como é o caso sobre o que pensei aqui: dadas as crises econômicas, políticas e sociais que fatalmente acometerão alguns dos países que integram os sistemas migratórios, pode-se imaginar que os laços serão reativados, reconstruídos, estimulados, e novas movimentações podem se organizar muito rapidamente.

A rapidez do aumento da imigração brasileira em Portugal é um exemplo desses efeitos de entrelaçamento e espalhamento: praticamente dobrou de tamanho nos últimos três anos. Isso foi possível pela latência que os circuitos migratórios densamente vividos deixam "no ar": rapidamente conexões se reorganizam e os movimentos se intensificam. Mas também há outros efeitos do entrelaçamento e do espalhamento: efeitos ideológicos, como os que analisei rapidamente neste texto. A forma como a diferença é pensada no seio de países que conformam sistemas migratórios complexos é definitivamente influenciada pelos deslocamentos, pelas heranças ideológicas e pela história comum.

Referências

BAGANHA, Maria I. The Lusophone migratory system: patterns and trends. *International Migration*, v. 47, n. 3, p. 5-20, 2009.

_____; GÓIS, Pedro; PEREIRA, Pedro T. International migration from and to Portugal: what do we know and where are we going? In: ZIMMERMANN, Klaus F. (Org.). *European migration*: what do we know? Oxford: Oxford University Press on Demand, 2005.

3 Sobre isso, em 2014 escrevi outro artigo que refletia sobre essas previsões, bem no auge da diminuição da imigração brasileira em Portugal (Machado, 2014).

CARNEIRO, Roberto et al. O futuro da imigração brasileira para Portugal: olhares, perspectivas e interrogações. In: MALHEIROS, Jorge. *Imigração brasileira em Portugal*. Lisboa: Observatório da Imigração, 2007. p. 191-204.

CASTELO, Cláudia. *O modo português de estar no mundo*: o lusotropicalismo e a ideologia colonial portuguesa (1933-1961). Porto: Afrontamento, 1998.

COSTA, Paulo Manuel. *Pertença e nacionalidade*: a autoidentificação dos imigrantes cabo-verdianos e brasileiros residentes em Portugal. Lisboa: Centro de Estudos Judiciários, 2016.

DAVID, Isabel. The retornados: trauma and displacement in post-revolution Portugal. *Ethnicity Studies*, n. 2, p. 114-130, 2015.

FERNANDES, Duval; PEIXOTO, João; OLTRAMARI, Andrea Poleto. A quarta onda da imigração brasileira em Portugal: uma história breve. *Revista Latinoamericana de Población*, v. 15, n. 29, p. 34-63, 2021.

GÓIS, Pedro; MARQUES, José Carlos. Portugal as a semi-peripheral country in the global migration system. *International Migration*, v. 47, n. 3, p. 21-50, 2009.

GRILO, Marta Évora dos Santos de Oliveira. Situações, trajectos e percepções de discriminação de imigrantes brasileiros e cabo-verdianos no mercado de trabalho em Portugal. Lisboa: ISCTE, 2011.

GROSFOGUEL, Ramón; GEORAS, Chloe S. *Coloniality of power and racial dynamics*: notes toward a reinterpretation of Latino Caribbeans in New York City. Londres: Taylor & Francis, 2000.

GUSMÃO, Neusa Maria Mendes de. "Na terra do outro": presença e invisibilidade de estudantes africanos no Brasil, hoje. *Dimensões*, n. 26, 2011.

HAYDU, Marcelo. Refugiados angolanos em São Paulo: entre a integração e a segregação. *Ponto-e-Vírgula*: revista de ciências sociais, n. 5, 2009.

HORTAS, Maria João Barroso. Escola, diversidade e diálogos interculturais: alunos brasileiros e cabo-verdianos em escolas da área metropolitana de Lisboa. In: RAMOS, Ana Adelina Lôpo; LIMA, Rogério (Org.). *Mobilidades linguístico-culturais*: reflexões epistêmicas para o ensino. Brasília: Makunaima, 2020.

LISBOA, Casa do Brasil de. *A "segunda vaga" de imigração brasileira para Portugal (1998-2003)*. Lisboa: Casa do Brasil de Lisboa, 2004.

MACEDO, Victor Miguel Castilho de. Etnografia, história e memória entre moçambicanos no Brasil: possibilidades e limitações políticas em campo. *Revista de Antropologia da UFSCar*, v. 8, n. 1, p. 131-146, 2016.

MACHADO, I. J. R. Afetividade e poder entre os imigrantes brasileiros no Porto. *Cadernos Pagu*, n. 23, p. 257-278, 2004. Disponível em: <https://doi.org/https://doi.org/10.1590/S0104-83332004000200000>. Acesso em: jan. 2022.

_____. *Cárcere público*: processos de exotização entre imigrantes brasileiros no Porto, Portugal. Lisboa: Imprensa de Ciências Sociais, 2009.

_____. Reordenações da casa no contexto migratório de Governador Valadares, Brasil. *Etnográfica*: revista do Centro em Rede de Investigação em Antropologia, v. 14, n. 1, p. 5-26, 2010.

_____. *Japonesidades multiplicadas*: novos estudos sobre a presença japonesa no Brasil. São Carlos: EdUFSCar, 2011.

_____. O futuro do passado: imigrantes brasileiros em Portugal e diferentes entrelaçamentos. *REMHU*: revista interdisciplinar da mobilidade humana, n. 22, p. 225-234, 2014.

_____; ALMEIDA, Alexandra C. Gomes; REIS, Ellem Saraiva. *Algumas características do fluxo migratório de brasileiros de Governador Valadares para Portugal*. Porto: Ed. Universidade Fernando Pessoa, 2009.

_____; REIS, Ellem Saraiva. Algumas conclusões acerca do fluxo de valadarenses para Portugal. *Teoria & Pesquisa*: revista de ciência política, v. 16, n. 1, p. 153-166, 2007.

_____; SILVA, Douglas Mansur. Migrações. In: SAANSONE, L.; FURTADO, Cláudio Alves (Org.). *Dicionário crítico das ciências sociais dos países de língua oficial portuguesa*. Salvador: EdUFBA, 2014. p. 331-348.

MALHEIROS, Jorge da Silva Macaísta (Org.). *Imigração brasileira em Portugal*. Lisboa: Observatório da Imigração, 2007.

MARGARIDO, Alfredo. *A lusofonia e os lusófonos*: novos mitos portugueses. Lisboa: Edições Universitárias Lusófonas, 2000.

MARQUES, José Carlos; GÓIS, Pedro. A evolução do sistema migratório lusófono: uma análise a partir da imigração e emigração portuguesa. *Revista Internacional em Língua Portuguesa*, n. 24, p. 213-232, 2012.

MENESES, Maria Paula; GOMES, Catarina. Regressos? Os retornados na (des) colonização portuguesa. In: _____; MARTINS, Bruno Sena (Org.). *As guerras de libertação e os sonhos coloniais*: alianças secretas, mapas imaginados. Coimbra: Almedina, 2013. p. 59-107.

MUNGOI, Dulce Maria Domingos Chale João. Ressignificando identidades: um estudo antropológico sobre experiências migratórias dos estudantes africanos no Brasil. *REMHU*: revista interdisciplinar da mobilidade humana, n. 20, p. 125-139, 2012.

PADILLA, Beatriz; ORTIZ, Alejandra. Fluxos migratórios em Portugal: do *boom* migratório à desaceleração no contexto de crise. Balanços e desafios. *REMHU*: revista interdisciplinar da mobilidade humana, n. 20, p. 159-184, 2012.

PEIXOTO, João et al. *Vagas atlânticas*: migrações entre Brasil e Portugal no início do século XXI. Lisboa: Mundos Sociais, 2015.

PEREIRA, Cláudia. De Moçambique e Angola para a África do Sul: entrevista com Pamila Gupta. *OEm Conversations*. Observatório da Emigração, 2018.

PIRES, Rui Pena et al. A emigração portuguesa no século XXI. *Sociologia, Problemas e Práticas*, n. 94, p. 9-38, 2020.

RODRIGUES, Donizete; SILVA, Marcos. Imigração e pentecostalismo brasileiro na Europa: o caso da Igreja Universal do Reino de Deus. *Revista Angolana de Sociologia*, n. 13, p. 97-113, 2014.

ROSA, Jeferson Argolo. A emigração angolana para Brasil: imigrantes, estudantes e refugiados. *Revista Aedos*, v. 10, n. 23, p. 320-336, 2018.

SALES, Teresa. A organização dos imigrantes brasileiros em Boston, EUA. *São Paulo em Perspectiva*, n. 19, p. 44-54, 2005.

SERRÃO, Joel. Conspecto histórico da emigração portuguesa. *Análise social*, v. 8, n. 32, p. 597-617,1970.

SILVA, Douglas Mansur da. *A oposição ao Estado Novo no exílio brasileiro, 1956-1975*. Lisboa: Imprensa de Ciências Sociais, 2006.

SUBUHANA, Carlos. A experiência sociocultural de universitários da África lusófona no Brasil: entremeando histórias. *Pro-Posições*, n. 20, p. 103-126, 2009.

4. Memórias sobre os deslocamentos entre Portugal, África e Brasil

Zeila de Brito Fabri Demartini

Introdução

As anotações e inquietações aqui apresentadas devem ser entendidas considerando as reflexões das pesquisas anteriores sobre imigração desenvolvidas nos últimos anos, em que focalizamos os deslocamentos de portugueses, luso-africanos e africanos para São Paulo e de brasileiros para a África.[1]

É uma releitura a partir das narrativas obtidas sobre um período marcado por incertezas de várias naturezas. Não detalharemos os fatos que ocorreram nesse tenso período e que têm sido objeto de estudo de vários autores mais recentemente. Apenas anotamos aqui que tais fatos trouxeram como consequência grandes deslocamentos de pessoas em um curto período entre três contextos distantes, mas interligados historicamente: os contextos português, africano e brasileiro.

As pesquisas realizadas

As pesquisas realizadas no início do século XXI[2] envolvem pessoas e famílias que se deslocaram em momentos diferentes ao longo de suas trajetórias, mas

---

1 Participaram de diferentes etapas das pesquisas que subsidiaram este texto os bolsistas de iniciação científica e/ou de apoio técnico financiados pelo CNPq: Issaka Mainassara Bano; Kellin Greize Segalla Zornita; Elen Cristina Souza Döppenschmitt; Maristela Sanches Bizarro; Daniel de Oliveira Cunha; Dilma Fabri Marão; Gustavo Mescoki Sarti; Gabriela Dias Barros; Priscila Gonçalves Saba; Dênis Douglas Veiga de Souza; Thaizy Cristhine Salles Bento; Jhonatã Elvis dos Santos; Jaqueline Martinho dos Santos; Daniel Ayres Arnoni Rezende; Thaise Satiro de Sousa; Ana Paula Frare de Souza; Henrique Nagashima Milanello; Silas André Fiorotti; Fernanda Barduzzi Magagne; Brisa Batista da Silva; Bruna Charifker; Marina Stefani de Almeida; Gilmar Santana; Odila Carvalho Reis; Maria Helena Lara Neto; Valéria Magalhães Barbosa; entre outros.

2 Pesquisas realizadas com o apoio do CNPq: Biografias de imigrantes: trajetórias em diferentes contextos (2001); Imigrantes portugueses e luso-africanos no pós-guerra: trajetórias na metrópole e no ABC

simultaneamente na década de 1970. Inicialmente procuramos conhecer os deslocamentos de famílias portuguesas que ocorreram a partir dos anos 1960; consideramos que duas poderiam ter sido suas procedências: os que vieram de Portugal, antes e após a Revolução dos Cravos, e os que vieram da África durante as guerras coloniais e após a independência de Angola e Moçambique.

Depois, aprofundamos o estudo sobre os fluxos migratórios de portugueses e luso-africanos das antigas colônias portuguesas da África em direção a São Paulo, motivados pelas pressões políticas das difíceis realidades africana e portuguesa, além das econômicas, que os diferenciaram das levas migratórias portuguesas anteriores que haviam vindo diretamente de Portugal até meados do século XX. No caso específico desses imigrantes, cruzaram-se em suas histórias as vivências socioculturais de contextos muito distintos: (1) o contexto português colonizador como referência, dado o pertencimento a famílias de origem portuguesa, (2) o contexto de vivência africano, muitos tendo aí nascido, e (3) o contexto paulista/brasileiro de adoção.

Focalizamos inicialmente os sujeitos e famílias que vieram principalmente de Angola e Moçambique nas décadas de 1970 e 1980 (mas também de outras antigas colônias na África). Abordamos depois as gerações sucessivas das famílias no tocante aos projetos familiares e às vivências de seus diferentes membros nos campos educacional, econômico, político, cultural, de trabalho e de lazer.

Tratamos dos que vieram para São Paulo fugindo das guerras coloniais ou das difíceis situações pós-independência, procurando compreender, por meio de seus relatos e outros documentos, a complexa situação que envolveu o processo imigratório durante esse conturbado período, quem eram, quais eram suas identidades, suas representações sobre suas vivências nas sociedades angolana e moçambicana e sobre a nação colonizadora – Portugal. Entrevistamos pessoas cujas trajetórias foram muito variadas, tendo em comum o fato de que todas saíram de Angola e Moçambique no mesmo período – o do acirramento das questões políticas e da guerra. Entrevistamos, mais tarde, pessoas pertencentes às então denominadas "populações autóctones", verificando quais eram suas

Paulista (2003); Imigração, educação e religião: implicações dos movimentos políticos em Portugal e África (2007); Gerações sucessivas de famílias que vieram da África: projetos familiares e educação (2010); Deslocamentos Brasil-Portugal-África: famílias, gerações e educação (2012).

representações sobre aquele mesmo período e sociedade na qual nasceram e permaneceram.

Embora antes da década de 1970 houvessem ocorrido deslocamentos entre o contexto brasileiro e os africanos sob o controle de Portugal, muitos envolvendo relações econômicas e outros também ocorrendo por motivos religiosos e políticos, estes não serão aqui focalizados. Mas destacamos que, durante as pesquisas, foram coletados muitos relatos e dados sobre as fortes vinculações de instituições brasileiras com o contexto africano. Sabemos que em São Paulo e no Rio de Janeiro alguns estudantes nacionalistas das colônias portuguesas na África organizaram-se para combater o colonialismo. Assim, como já notamos em outro texto (Demartini e Cunha, 2015), na Universidade Metodista de São Paulo estavam matriculados angolanos protestantes ligados ao Movimento Popular de Libertação de Angola (MPLA). Ligados a universidades fluminenses e paulistas, também se inseriram outros angolanos, críticos independentes do regime colonial ou também vinculados àquele movimento, e moçambicanos e um guineense que representava o Partido Africano pela Independência da Guiné e Cabo Verde (PAIGC) no Brasil. Eram apoiados internacionalmente por militantes da esquerda brasileira e portuguesa ligados a editoras portuguesas e brasileiras interessadas em fazer propaganda contra o colonialismo. Foi formado o Movimento Afro-Brasileiro Pró-Libertação de Angola (Mabla), além do Comitê Brasileiro de Ajuda a Refugiados de Angola (CBARA) (Santos, 2010).

Como afirmaram em entrevistas concedidas durante as pesquisas, nas décadas de 1950 alguns militantes tiveram grande atuação em território brasileiro, também em organizações acadêmicas e religiosas, como a Organização Juvenil Evangélica. O caso de Deolinda Rodrigues, importante liderança do MPLA que veio para São Paulo no final dos anos 1950, permanecendo como estudante da Universidade Metodista de São Paulo, é sempre lembrado sobre a vinculação das instituições protestantes com as lutas de libertação. Deolinda manteve em sua estadia um intenso trabalho de organização do movimento contra o regime colonial. Quando voltou para Angola, foi morta. Também a Universidade Presbiteriana Mackenzie recebeu militantes africanos. Apesar da mudança do regime político no Brasil, com a instalação da ditadura militar, continuaram chegando a São Paulo críticos do colonialismo (Mourão, 1978).

Neste texto, abordamos a questão dos deslocamentos de indivíduos e de famílias de diversas origens sociais e profissionais, além de diferentes pertencimentos políticos, ideológicos e religiosos, porém todos eles procedentes de um contexto histórico específico, participantes de uma mesma dinâmica histórica global, que é o processo de vigência e dissolução do império colonial português. Assim, conseguimos vislumbrar a complexidade envolvendo os deslocamentos e formular novas indagações sobre as trajetórias e vivências dos indivíduos em sua mobilidade para a África e depois para São Paulo. Para tanto, foi preciso levar em conta o colonialismo português e suas implicações nesses deslocamentos.

O colonialismo português, as tensões com a queda do império colonial e a importância das narrativas dos sujeitos

O início dos anos 1960 foi não só o período em que estavam em processo de esfacelamento os impérios coloniais britânico e francês, mas também o período das primeiras revoltas, em cenário africano, contra o colonialismo português, culminando com a série de independências políticas que haviam sido desencadeadas desde a autonomização de Gana, em 1957, e da Guiné-Conacri, no ano seguinte. Em meados da década de 1970, as denominadas "províncias ultramarinas" portuguesas obtiveram emancipação política (Meredith, 2005; Santos, 1975; Castelo, 2004, 2007; Pimenta, 2004, 2008; Correia, 1991; Serrano, 2000). Foi nesse período tenso pré e pós-independências que ocorreram fluxos intensos de pessoas provenientes de Angola e Moçambique para São Paulo.

Os estudiosos chamavam a atenção, de um lado, para a complexidade da situação colonial (que envolveu Portugal e suas colônias na África), de onde vieram os imigrantes considerados; de outro lado, observamos então a ainda restrita produção acadêmica (pelo menos a disponibilizada em publicações) sobre as implicações dos movimentos políticos em Portugal e em suas colônias na África para os que aí residiam, no tocante às dimensões familiares, culturais, educacionais, religiosas, além dos sentimentos e conflitos que os acompanharam (Lourenço, 1999; Paulo, 1996). Havia uma literatura sobre o período, mas geralmente produzida pelos envolvidos nos movimentos. Mas não eram, e ainda não são, muitos os estudos mais sistematizados desenvolvidos sobre esse período e sobre os deslocamentos nele ocorridos. Também muito pouco havia sido escrito pelos próprios povos africanos sobre suas histórias.

Embora não se conhecesse o número de colonos portugueses exilados e refugiados da África para o Brasil nos anos pré e após a independência das províncias portuguesas, sabia-se que desembarcaram aos milhares em solo brasileiro e, como recordaram alguns dos entrevistados nas pesquisas, chegaram ao Brasil 20 mil pessoas fugindo de Angola na altura da independência, em 1975. A ausência de dados oficiais sobre tal fluxo para o Brasil configurou-se como um dos grandes problemas em nosso estudo. Também em países africanos não havia dados disponíveis, conforme pudemos constatar em consultas ao Departamento de Estatística de Angola durante as pesquisas. A ausência de dados oficiais sobre tal fluxo para o Brasil, parece-nos, ainda não foi plenamente resolvida (Ribeiro, 1996; Demartini, Cunha e Doppenschmitt, 2005).

Em virtude da escassez de pesquisas sobre a temática dos fluxos migratórios, tentar apreender as memórias daqueles que se deslocaram tornou-se assim mais premente. Por se tratar de um período recente, optou-se prioritariamente pela utilização de fontes orais em complementaridade a fontes documentais, à literatura política e aos estudos historiográficos e sociológicos disponíveis.

É importante observar que, mesmo com o término da Segunda Guerra Mundial e a explicitação dos horrores nazistas, o Estado português implementou nas colônias políticas para manter afastados portugueses e populações "indígenas", por meio de instituições e práticas que, se não os segregavam fisicamente, estabeleciam hierarquias para manter o controle, a subordinação e a inferiorização dos negros. Um estudo sobre a política definida em 1950 para o ensino nas colônias mostra claramente que a educação não era a mesma para todos (Demartini, 2020). Portugal pretendia, como bem observou Paulo (1996), que a atuação nas colônias fosse direcionada para a aceitação da política do Estado português e da nacionalidade portuguesa como parte do processo de dominação, dela estando excluídos os nativos.

As reflexões de Balandier (1951) sobre as questões envolvendo o colonialismo foram fundamentais; ele chamou a atenção para a "necessidade imperiosa de se considerar a situação colonial como um complexo, como uma totalidade". Salientou que "um estudo concreto dessas sociedades não pode ser feito sem que as 'situemos' em relação a esta dupla história" (Balandier, 1993:110): uma propriamente africana e outra largamente condicionada pela dominação europeia. As relações de dominação e de submissão existentes entre a sociedade colonial e a sociedade colonizada caracterizam a situação colonial. Também chamou a atenção para a importância dos fatos políticos e dos métodos administrativos na compreensão da situação colonial, antes e depois das independências das colônias; a dimensão cultural foi por ele enfatizada, pois "a dominação política é acompanhada de uma dominação cultural" (Balandier, 1993:114).

> Uma ação deste tipo refere-se, de uma maneira mais ou menos explícita, a uma doutrina de "política indígena"; visa, segundo os termos clássicos, à assimilação, à associação (desigual) ou ao compromisso [Balandier, 1993:113].

Consideramos que os deslocamentos no período estão associados a momentos agudos de crise vivenciados no âmbito das situações coloniais e são reveladores das forças de mudança sempre presentes e do caráter aproximativo, problemático e vulnerável dos arranjos sociais, e que aparecem com maior nitidez naquele momento (Balandier, 1971, 1976).

Alguns africanos que entrevistamos narraram como o Estado português procurava, de várias formas, muitas delas sofisticadas, exercer o controle sobre seu império colonial. Uma delas era incutir nos nativos a ideia de que todos pertenciam à mesma pátria: Portugal. Como afirmou um deles:

> Eu queria fazer entender que naquele tempo Portugal, Angola, Moçambique não tinham divisão, nos incutiram na cabeça que era uma pátria, e inclusive, entre Angola e Moçambique, aquele mapa cor-de-rosa, [...] aquilo tudo foi Portugal: [...] entre Moçambique e Angola não havia diferença, eu ao concorrer podia trabalhar em Angola, não havia diferença, era Lourenço Marques, o nome saía para Lourenço Marques porque era uma pátria, era o império Português... era tudo uma pátria só, não havia diferença, não havia moçambicanos, não havia timorenses, não havia guineense...

Os relatos obtidos por Mateus e transcritos em *Memórias do colonialismo e da guerra* (Mateus, 2006) põem em evidência a violência com que o colonialismo foi sendo incutido entre os nativos e portugueses que chegavam. Como disse um dos entrevistados por ela: "O colonialismo era por natureza violento, gerando e alimentando a brutalidade dos colonos contra os africanos" (Mateus, 2006:52). Os castigos, prisões e mortes eram frequentes. A autora relembra o texto de Deolinda Rodrigues, já citada, sobre as mulheres, em cartas de 1961 e 1963:

> "*As mulheres de Angola sofrem toda espécie de crueldades às mãos de portugueses, inúmeras são violadas. Até as crianças de 8, 10 anos*". Em 29 de setembro de 1963; em outra carta, Deolinda afirma: *os soldados portugueses estão ocupadíssimos em fazer outra geração de mulatos para apregoarem a sua "missão inter-racial*" [Rodrigues apud Mateus, 2006:95; grifos no original].

Várias investigações seriam necessárias para compreender todas as dimensões e complexidade que caracterizam a sociedade colonial, mas é possível afirmar que os imigrantes que para cá vieram, na década de 1970, são fruto dessa "nova" sociedade; mesmo quando se assumiam como portugueses, eles o faziam como parte desse Portugal que eram, para eles, as colônias. Afinal, Portugal tentava projetar-se como uma "nação imperial", os que para lá foram acreditavam ser parte dessa nação portuguesa, mas fora de Portugal, embora nas colônias os colonos manifestassem divergências sobre as perspectivas políticas.

Como foi observado por alguns autores (Pimenta, 2004; Rocha, 2002), uma parte dos entrevistados acompanhou a pretensão do regime salazarista de permanência em seus domínios na África; outra parcela contestava a relação de dependência frente à metrópole, propondo a evolução de tal relação para uma autonomia política maior (o neocolonialismo) ou uma solução mais radical – a separação política entre a metrópole e as colônias.

Todas as colocações sobre o modo como devemos observar a situação colonial foram fundamentais para a compreensão não só das sociedades colonizadas e da metrópole, mas também dos deslocamentos nelas produzidos. A questão que nos colocamos foi compreender o que os relatos orais daqueles que foram para as sociedades colonizadas e delas saíram permitiram que visualizássemos.

A natureza das questões colocadas para investigação implicou para nós uma incursão histórica. A problemática e as questões de investigação envolvem, no caso de estudos migratórios, o estabelecimento de alguns marcos – a delimitação do contexto de saída, de adoção e do período – a serem investigados em profundidade. Assim, procuramos aliar às contribuições teórico-metodológicas da sociologia e antropologia no estudo de problemas na perspectiva diacrônica, também as reflexões da historiografia.

Procuramos desenvolver nossas pesquisas sem definir previamente um caminho único, mas observando as demandas que o objeto de investigação nos colocava e que percursos iam se delineando como mais promissores.

As observações de nossos estudos anteriores sobre a África e as de autores que incorporam em suas pesquisas o contexto africano coincidem em apontar a importância dos relatos orais dos envolvidos para uma compreensão das complexas situações enfrentadas pelas pessoas em terras africanas. Assim, Mateus (2006) constatou a importância das entrevistas que realizou para explorar a atuação das autoridades coloniais e a violenta repressão colonial em Angola e Moçambique. Observando que a memória "é matreira como uma raposa", "pois o seu papel é fazer do homem um construtor de novas ideias e não um mero repetidor de acontecimentos do passado" (Mateus, 2006:5), a autora afirmou:

> Podemos, entretanto, afirmar que os testemunhos recolhidos nestas entrevistas, gravadas, transcritas, e corrigidas, de modo a suprimir repetições e marcas da oralidade, constituem um documento histórico de inegável valor. Confirma-o o facto de, em momentos e espaços diferentes, termos ouvido relatos semelhantes, quase idênticos. E confirma-o, ainda e sobretudo, a circunstância de certas afirmações terem sido depois, confirmadas por outros registros, como relatórios de personalidades e organizações internacionais, informações de arquivos policiais, boletins oficiais das colônias, contos, romances, poemas e, inclusive, desenhos ou até pinturas [Mateus, 2006:5-6].

Diferentes disciplinas e autores têm discutido as implicações da utilização crescente dos relatos orais na produção do conhecimento científico, abordando as relações entre realidade e representação, memória e história, veracidade e imaginação, versão e factualidade, fontes escritas e fontes orais. Incorporamos nas pesquisas informações provenientes de diferentes fontes (orais, escritas, imagéticas etc.) por meio de abordagem metodológica hoje também denominada "história oral", sem perder de vista o objetivo de esclarecer determinados problemas de investigação (Demartini, 2020).

Consideramos, entre vários outros autores, as reflexões de Schwarzstein sobre a memória dos sujeitos entrevistados, principalmente porque trabalhou com memórias traumáticas, que são objeto de nossas pesquisas. A autora observou:

> A memória, como interpretação dos acontecimentos passados, mistura-se com silêncios, erros e contradições. Isso não aponta para a falta de confiabilidade da memória como fonte histórica, mas explica a complexidade e a riqueza da experiência humana. [...] A memória como documento histórico tem um caráter peculiar, é retrospectiva e tem um caráter fluido. Ela não produz dados fixos em um momento no passado, que permanecem de uma maneira estável. Não há memória pura, mas recordação, reminiscência, a memória sempre começa do presente para o passado. As diferentes dimensões do tempo parecem ter diferentes impactos na memória. [...] O testemunho, cuja matéria-prima é a memória, não é a história. Portanto, não basta recuperar a memória e transmiti-la, mas é essencial refletir sobre sua natureza para entendê-la, analisá-la e incorporá-la plenamente à narrativa histórica. Essa é a única maneira de transformar a memória em história [Schwarzstein, 2001:74-79; trad. livre].

Dessa forma, com os relatos colhidos pelos pesquisadores, os sujeitos foram ganhando vida, suas memórias se fortaleceram, indicando uma mudança no campo geral da investigação e da reflexão contemporânea nas ciências humanas e, principalmente, na produção do conhecimento (Ferraroti, 1983; Chirico, 1992; Bertaux, 1980; Grele, 1991; Thompson, 1988; Pollak e Heinich, 1986; Ferreira e Amado, 1994).

Trabalhamos com o que denominamos "histórias de vida resumidas" (Demartini, 1988, 2005), em que o relato oral é coletado num processo de interação sujeito/entrevistador em que este se coloca numa posição de escuta atenta e paciente para que o entrevistado se coloque em situação de querer falar. Nesse processo, o pesquisador não apenas constrói os documentos com os entrevistados, mas elege os informantes da história e os relatos que pretende analisar, incorporando as possíveis visões existentes, principalmente quando se trata de imigrantes. Assim, nesse estudo qualitativo, as narrativas obtidas nunca são conclusivas sobre as questões abordadas.

Focalizamos as famílias que vieram principalmente de Angola e Moçambique nas décadas de 1970 e 1980, abordando também as gerações sucessivas das mesmas no tocante aos projetos familiares e às vivências de seus diferentes membros nos campos econômico, político, educacional, cultural e de lazer. Procuramos verificar como foram orientados os projetos futuros dos filhos por famílias que se deslocaram entre contextos muito distintos; analisar as trajetórias escolares de crianças e jovens da segunda e terceira gerações; verificar as escolhas e trajetórias profissionais no contexto paulista e compará-las com as profissões familiares anteriores; apreender as representações da segunda e terceira gerações sobre a história e a situação dos contextos de origem familiar, e como pensam um "possível" retorno, considerando a situação atual de reconstrução de Angola e Moçambique e as novas possibilidades de trabalho que aí foram surgindo, e comparar com as aspirações e expectativas dos pais.

O trabalho com as biografias dos imigrantes provenientes da África apresentou-se como um caminho mais adequado para a abordagem de questões sobre esses períodos de mudança, e as histórias de vida "resumidas" pareceram mais adequadas para o tratamento do período considerado. A princípio, não sabíamos o que os imigrantes iriam relatar, e, ao optarmos pelas histórias de vida, foi possível aprofundar ao longo das entrevistas as temáticas que pareciam mais importantes ao esclarecimento das questões. As memórias dos entrevistados, obtidas na forma de narrativas orais, nos remeteram a lugares, pessoas e acontecimentos e permitiram verificar como os continentes se cruzavam na construção dessas memórias, construídas individual e socialmente.

Incorporamos as orientações de Ferraroti (apud Jobert, 1984:29) interrogando sobre os temas significativos que surgiam dos relatos sobre os momentos cruciais, sobre as tomadas de decisões dos entrevistados. No caso das famílias abordadas, suas histórias remeteram a momentos de crise aguda do sistema colonial português, que as levou à migração para o Brasil.

Considerando, como Balandier (1951, 1976), a importância dos momentos de crise para a apreensão dos fenômenos sociais e das relações que se estabelecem na sociedade em determinadas épocas, a análise das histórias de vida das diferentes gerações que vivenciaram as crises pelas quais passaram as nações e os sujeitos indicou como as famílias reelaboraram os projetos para seus filhos durante seus processos de deslocamento e novas inserções, assim como cada geração vivenciou e representou tais acontecimentos.

As cerca de 30 entrevistas, integralmente transcritas, são consideradas neste texto fontes primárias, tendo sido algumas delas em parte publicadas em outros momentos, sob outros enfoques. Aqui, são focalizadas pela perspectiva das memórias dos deslocamentos dos sujeitos durante e após o término do império colonial português.

Como é impossível arrolar todos os relatos, recorremos a trechos de algumas entrevistas para exemplificar o que a análise a partir do conjunto coletado permitiu observar, procurando sempre levar em conta as inserções de cada sujeito no contexto social abordado.

Relatos sobre deslocamentos para a África e a saída nos períodos pré e pós-independência das colônias portuguesas

As narrativas são marcadas pelos deslocamentos para a África dos sujeitos e famílias em diferentes períodos do século XX, mas todos dentro do mesmo contexto de dominação portuguesa. De algum modo, os deslocamentos iniciais eram determinados ou controlados pelos interesses do Estado português, por motivos militares, por demandas do aparato administrativo das colônias e muito pelos interesses em expandir a colonização dos territórios por meio da fixação de pessoas de origem portuguesa.

Por outro lado, a saída, nos anos 1970, desses sujeitos e famílias de origem portuguesa ocorreu no momento de esfacelamento desse império colonial, que, de um lado, deixou de representar o Estado para esses colonos, mas sem que outro Estado, fruto dos movimentos de independência, tivesse se estruturado.

As narrativas permitem afirmar que, para os que saíram, os deslocamentos são definidos pelo rompimento: de um lado, com os ditames da política colonial portuguesa; de outro, com as pressões sentidas e vivenciadas antes e após as independências. São, assim, marcadas por deslocamentos de naturezas completamente diferentes: no primeiro caso, para muitos, a busca de uma vida nova nas colônias em território que julgavam seu, uma continuidade enquanto cidadãos;

no segundo, a fuga desse território em que haviam se estabelecido, agora não mais como cidadãos, embora se considerassem parte do mesmo.

As idas para a África de alguma maneira foram marcadas por pertencimento e esperanças; a saída, pelo desespero, pelo medo e incertezas.

Os deslocamentos para as colônias em diferentes momentos do século XX

Os relatos indicam que variavam os motivos e os períodos em que os próprios entrevistados ou suas famílias chegaram aos territórios africanos de Angola e Moçambique. Algumas famílias chegaram há quatro gerações, portanto em um momento em que havia relativamente poucos colonos, que se localizaram geralmente em algumas regiões específicas, não por todo esse território. Nesse período, segundo alguns autores, até a convivência entre os colonos e vários grupos que habitavam tais regiões parecia ser mais "pacífica" (Cosme, 1978). Alguns falaram sobre a chegada de seus bisavós maternos e/ou paternos nessas terras africanas, portanto muito antes da colonização mais dirigida e forte das décadas de 1950 e 1960.

Um entrevistado que saiu em 1975 de Angola relatou:

> O meu pai e a minha mãe já são angolanos. Os meus avós, tanto paternos quanto maternos, é que eram portugueses, de Portugal, nascidos lá na Europa. [...] O que a gente sabe, que eles foram para lá, foi da seguinte forma: Portugal na época, começou, Angola precisava colonizar, então o que que aconteceu? Escolheram algumas pessoas que iam para lá, chegou um determinado momento que para ir para lá, para ir para Angola, só ia para lá quando o governo determinava que ia para lá para prestar serviços ou para morar mesmo lá, ou então quando já tinha alguém mesmo lá que, por exemplo, parentes que chamavam e alguém se responsabilizava pela pessoa lá em Angola. [...] A minha família, a maior parte estava toda em Angola.

A ida dos avós para colonizar terras consideradas portuguesas em Angola permitiu que as gerações seguintes levassem uma vida que consideravam boa e conseguissem bons empregos, como o pai, que trabalhou para uma empresa de aviação do governo, permitindo que continuassem a ter contatos até frequentes com Portugal:

> Em Angola, todas as pessoas que serviam o governo, de quatro em quatro anos, tinham o direito a passar, não sei se eram cinco ou seis meses de férias lá e com os salários pagos para... curtir Portugal mesmo, não é? [...] quando o meu pai tinha direito a esse prêmio, que o pessoal chamava de licença, ia para lá e normalmente levava a família inteira.

Também outra entrevistada relatou o mesmo processo de deslocamento para a África, ainda realizado pelas gerações anteriores:

> As minhas bisavós já foram para a África. As minhas avós eram crianças e os meus avós é que eram já adultos quando foram. Então os meus pais já são africanos, eu sou africana e, se não tivesse vindo para cá, provavelmente os meus filhos seriam africanos.

Outros entrevistados relataram a chegada nos anos de 1950 e 1960, quando houve intensificação do projeto de colonização do Estado português. Um deles, nascido em Portugal, lembrou:

> Eu nasci em Portugal, em novembro de 49. Tenho 54 anos [...] E quando eu tinha 10 anos de idade o meu pai foi obrigado, pelas circunstâncias, das dificuldades, a emigrar para Angola. Foi para Angola e como ele nunca tinha tido uma profissão [...] ele foi trabalhar como funcionário público, nos portos e caminhos de ferro de Angola.

Outro entrevistado conta como sua família procurou a África no pós-Segunda Guerra Mundial como forma de melhorar de vida; Angola era considerada, por eles, como parte da nação portuguesa. A ida foi, portanto, resultado de um projeto familiar, que envolveu a chegada à Angola, primeiro do pai, e só depois da mãe e dos filhos – o entrevistado nasceu logo depois da chegada da família:

> Os pais são do norte de Portugal, perto do Porto [...]. E esse tio meu, ele tinha estado na tropa, no exército, em Angola, nos anos 40, final da guerra, depois da guerra, por aí. Então, ele conhecia Angola, e quando voltou para Portugal, Portugal estava no

> pós-guerra, não era uma situação boa. A maioria dos portugueses, jovens, naquela ocasião, se lançou para a imigração, porque a questão era "como sobreviver", então ele criou na cabeça do meu pai essa coisa pela África, só que ele veio para o Brasil e meu pai foi para Angola. Eu fui gerado em Portugal e fui nascer lá e minha mãe foi para lá grávida e quando ela chegou lá, passados uns meses, eu nasci. Tinha parentes, pessoas da mesma aldeia de Portugal que estavam lá, que naquela época havia muita imigração portuguesa; embora lá fosse proibido e pusessem entraves grandes, para que as pessoas não imigrassem, eles faziam todo esforço para saírem do país [...] Portugal não entrou na Segunda Guerra, mas ficou pior do que os que entraram na guerra, então eles resolveram arriscar tudo...

De algum modo, a família estabeleceu-se bem em terras de Angola, econômica e socialmente. Por ocasião da independência, em 1975, os filhos já tinham obtido a formação de nível superior e a família nunca havia pensado em sair de Angola.

A trajetória de outra família também justificou como os laços familiares foram importantes na escolha dos destinos imigratórios quando as dificuldades eram grandes em Portugal:

> A vida na Europa no pós-guerra, após 45, era uma vida muito difícil. Mesmo Portugal não tendo entrado na guerra, sofreu o pós-guerra, que o plano Marshall foi mais aplicado aos países diretamente envolvidos na guerra e aos perdedores do que propriamente aos países que não participaram, então Portugal e Espanha passavam momentos muitos difíceis, e acredito que meus pais, almejando um futuro melhor, emigraram para Angola, como podiam tê-lo feito aqui para o Brasil. Essa emigração para Angola se deu aqui na altura, o meu pai tinha um irmão já em Angola, que prestava serviço militar. Na altura, o governo português obrigava um documento intitulado "Carta de chamada", ou seja, um documento em que a pessoa que chamava o ente familiar ou amigo se responsabilizava pelos atos do mesmo até um certo número de anos. Então meu tio, irmão do meu pai, emitiu esta "Carta de chamada" que originou a ida dos meus pais para Angola.

Os relatos citados e outros indicam que, mesmo quando a ida das famílias para as colônias implicava, para os de menores recursos, dificuldades na chegada, estas foram sendo superadas, permitindo a melhora da vida dos membros das famílias, que contavam com educação e trabalho, geralmente facilitados pelo governo português.

As memórias traumáticas sobre a saída das ex-colônias e a vinda para o Brasil e São Paulo

O abalo e derrubada do governo ditatorial instalado havia décadas em Portugal provocou o rompimento das relações entre a metrópole e as colônias, tradicionalmente reconhecidas como parte da "nação portuguesa". Ao contrário dos eventos entre as nações europeias, que assumem os territórios das nações vencidas, como havia ocorrido na Primeira e na Segunda Guerra Mundial, nesse caso do império português as colônias ficaram praticamente "soltas", podendo assim escolher seus caminhos. Aparentemente, não havia um interesse imediato do movimento que assumiu o governo em Portugal de voltar-se para a situação e problemas criados pelo colonialismo na África. Havia preocupação com a retirada das tropas, com os interesses econômicos e com os cidadãos portugueses em postos administrativos, mas não com aqueles que haviam ido para lá como colonos. Como comentou um entrevistado que veio de Angola para o Brasil:

> Até hoje, a grande maioria do pessoal não aceita a maneira como Portugal tratou a emigração, a descolonização. Portugal não levou em consideração quem era angolano, que estava em Angola ou Moçambique ou Guiné-Bissau, em qualquer lugar. Passou, até porque era o Partido Comunista que estava gerenciando Portugal, na época. Passaram a considerar como únicos elementos para negociar a descolonização, os movimentos ditos de libertação. A população local nunca foi escutada, nem branca, nem população local, mesmo. Nunca foi ouvida no processo.

Foi um período de indefinição para os que moravam nas colônias, agora sem a tutela do Estado português.

A derrubada do governo português tornou visíveis as desigualdades que haviam sido instituídas nas colônias, permitindo que os questionamentos aflorassem em todas elas por meio dos vários movimentos de libertação que atuavam havia anos. Vários caminhos foram discutidos entre os próprios africanos, para definir a forma de governo desejada, mas cada ex-colônia acabou escolhendo um percurso próprio.

Ao contrário das narrativas sobre a chegada, os relatos sobre os momentos que levaram aos deslocamentos de saída das ex-colônias são marcados pelas tensões e traumas enfrentados, indistintamente, pelos entrevistados que tinham chegado há mais tempo, muitos nascidos na África, com uma inserção mais continuada e bem-sucedida.

Também saíram em 1975 tanto os que eram mais alinhados à política colonial portuguesa e seus ditames, como outros que estavam vinculados às ideias e lutas pela independência das colônias.

Havia, segundo as narrativas, muitas dúvidas e ambiguidades com relação à situação que passaram a vivenciar, pois não havia clareza quanto às medidas vindas de Portugal, nem às propostas dos movimentos de libertação em cada colônia. Para muitos entrevistados, as maiores tensões que acabaram levando à decisão pela saída das ex-colônias ocorreram nos anos que se seguiram à revolução de abril em Portugal, até a consolidação de um novo poder. Foram meses de incertezas, pois, como narraram com riqueza de detalhes alguns deles, que acompanhavam as discussões diárias dos vários movimentos de libertação, um deles até gravando os discursos das lideranças, ocorreram mudanças nos posicionamentos que pareciam conduzir à exclusão dos brancos, até dos mais antigos, que se consideravam angolanos ou moçambicanos.

Assim, o entrevistado angolano que assistia aos comícios de Jonas Savimbi, de quem havia sido colega de escola e de brincadeiras, observou que os discursos tinham uma intenção de conciliar, cativando muita gente, ao contrário dos de Agostinho Neto. Segundo ele, a fala de Savimbi era improvisada e "aceitável para nós, para a população branca". Como o político fazia os discursos em quimbundo e em português, surgiram dúvidas quanto às suas intenções, pois se dizia que para a população negra a mensagem era outra.

> Pelo que dizem ele tinha realmente duas conversas e isso realmente às vezes nos deixava em dúvida em relação às intenções dele. O discurso dele para a população branca, o discurso que ele fazia em português eram discursos que faziam crer que ele realmente tinha boas intenções, que ele pedia inclusive para a população ficar, que

> a intenção dele era que todo mundo participasse da Independência de Angola. [...] O Savimbi pelos discursos dava a impressão que a intenção dele era que a população branca permanecesse em Angola e continuasse a vida em Angola normalmente, ao contrário do Agostinho Neto, que incitava a revolta contra a população branca. [...] Inicialmente nós acreditávamos que [o MPLA] era um partido com mais capacidade, mas depois justamente por causa dos discursos do Agostinho Neto é que a gente começou a ficar em dúvida das intenções dele. [...] No princípio talvez houvesse um pouco de simpatia da parte deles, mas depois essa simpatia foi se desvanecendo justamente por causa da conversa dele. Que eu tenho quase certeza que essa mudança, isso foi geral em relação à população branca, a população branca começou a ver que o discurso dele era um discurso pesado, era um discurso bem contra a nossa presença em Angola.

As desconfianças foram levando à insegurança quanto à permanência e à opção pela saída.

Outro entrevistado, que servira, por obrigação, no Exército português em Angola, onde morava com a família (havia participado de emboscadas contra opositores e também do projeto do governo português para aproximar as populações nativas, chamado Psicossocial), acompanhava os acontecimentos desde a adolescência (pois seu pai era jornalista e comunista) e detalhou o que apreendeu:

> [...] teve um período antes da independência, depois da Revolução dos Cravos, e depois daquele acordo que foi feito, que Angola virou uma terra de ninguém. Ah, então nesse período foi criado um poder popular e esse poder popular, que era também do MPLA, esse poder popular, como o nome já diz, tudo o que era organização, tudo o que fosse empresa e etc. e tal, foi absorvido, foi incorporado por este poder popular, não o governo ainda, mas esse poder popular. Depois da independência... foi um período de vácuo, em que tinha um alto comissário [...] com essa revolução, realmente, bom, vamos ter que dar independência às colônias, isso eu ainda estava em Angola, na época do 25 de abril, havia um manifesto das forças armadas e um dos itens lá desse manifesto dizia que Angola ia ter sete anos para se recompor, para criar um governo, não é, e então prover a independência, prover essa transição e que dava sete anos também para que quem vivia em Angola, os portugueses colonos,

como eram chamados, para quem vivia em Angola sair de Angola e se estabelecer onde quisesse, não é, que também acho que Portugal não tinha condições de, como não teve, de receber lá todo mundo. Então, havia esses sete anos de preparação, coisa que não foi cumprida, mais pela introdução dessa junta militar que tomou posse após o 25 de abril, não, logo após, talvez a segunda junta militar, porque essa junta militar, ela se foi, os membros se foram substituindo uns aos outros, consoante a ideia mais esquerda ou menos esquerda, não é, então daí é que veio o Rosa Coutinho, e com o Rosa Coutinho, realmente, é que desestruturou a pouca estrutura que ainda existia em Angola.

As incertezas foram sentidas também por aqueles que, por origem, eram muito ligados e descendentes da população negra local em Angola, como foi relatado por uma entrevistada cuja família materna era profundamente vinculada à cultura local. Relatou como se sentiram com as mudanças que o 25 de Abril provocou:

Mexeu com a estrutura de Angola, por quê? Porque a partir daquele momento nós angolanos sentimos que nós não tínhamos mais espaço, nem como angolanos, nem como portugueses, nós teríamos que ter uma saída, então eu me lembro que nessa ocasião o meu pai tinha sofrido um acidente e estava acamado, eu estava na escola e uma amiga minha chorava muito, e juntou todo mundo e ela falou: "O meu pai é da Pide, e tá preso", então todos os que eram da Pide – que era uma polícia secreta, não é? – foram descobertos naquele dia e foram presos então, e aí o que acontece?, nesse momento o país está desgovernado, porque não tem nem governo... [...] nesse momento começaram as guerras, que aconteciam nos matos, vieram para as cidades, porque daí os angolanos começaram a levantar bandeira e falar "a terra é nossa", a partir desse momento eu chego em casa e falo "pai, aconteceu isso, isso, isso", ele ligou o rádio, e aí a rádio falava que tinha acontecido a Revolução dos Cravos, aí meu pai falou: "Pronto, agora nós temos que tomar uma posição", e ficou pensando no que fazer, nisso continuou o trabalho, mas muita guerra dentro da cidade... Foi em 1975, em 25 de abril, que começou tudo, todo esse movimento... Nós não podíamos mais ir para a escola, porque quando nós voltávamos a nossa cidade estava em guerra, passando míssil em cima, então o que que aconteceu?... Foi muito agitado...

Ela relatou como o irmão, que era mulato, sofreu perseguição:

> Ele já tinha saído do exército; agora, como ele era mulato, ele estava sendo perseguido, teve que fugir pra Luanda, porque o Lobito não aceitou, tudo que era mulato era morto, então ele teve que fugir para Luanda, onde tinha mais mulatos... mas quem não aceitava o mulato era o negro, então meu irmão foi um dos que precisaram ir embora, depois daquela ocasião eu não vi mais o meu irmão, ele teve que fugir pra Luanda, porque lá estavam matando mulatos, quem era mulato tinha que se esconder, estavam matando; ou era branco ou era negro, quem era meio a meio, ou se eu fosse pega conversando com um negro eu era espancada pelos negros, meu irmão viu essa situação, uma negra sendo morta na frente dele, por negros, porque ela estava com um colega branco, que era comum... Os relacionamentos que havia antes se rompem da parte dos negros, não dos brancos, os negros passaram a não aceitar o negro amigo do branco e o mulato que era filho de branco, você entende?, foi uma coisa diferente, não foi o branco, pelo contrário...

Fatos semelhantes ocorreram com outros que residiam em Moçambique. Uma entrevistada, cujos pais foram para o país nos anos 1950, pois o pai passou em um concurso, relata que foram muitos anos de guerra e que a família queria a liberdade e ficar lá; porém, precisou sair em 1975 durante a disputa entre os grupos, antes de o governo revolucionário assumir, e passou por situações perigosas:

> Então nós ficamos dentro da igreja, meu pai, como era uma pessoa que ajudava, sabe, naquele bairro ele era uma autoridade [...] então nesse momento foram chamar meu pai para ficar ali tomando conta, coordenando as coisas na igreja, então era assim mulheres e crianças, me lembro perfeitamente a gente sentava nos bancos da igreja e os homens todos fora, fazendo barricadas, porque nós não tínhamos armas. Antes de haver a revolução, o governo [português] tirou as armas. Meu pai tinha uma coleção de armas [...] O governo revolucionário foi depois que nós viemos embora. Então deixa contar desses dias que ficávamos na igreja, os homens ficavam do lado de fora para proteger e de vez em quando chegava uma pessoa ferida, não sei de onde eles traziam, e colocavam dentro da igreja, vinha alguém, fazia curativo, alguém trazia comida e nós estávamos dentro, nós não podíamos ir lá fora olhar, a gente ficava

> dentro, e os homens ficavam ali e o meu pai estava coordenando, não sei o que ele estava coordenando lá, mas estava do lado de fora. E ele tinha contato, que estava relativamente perto com o quartel dos fuzileiros navais, e tinha as casinhas e um espaço enorme que era cercado e aí alguém se comunicou com eles para eles virem retirar a população civil que estava lá (ficaram lá dois dias).

De lá, essas pessoas foram deslocadas para um quartel, e só conseguiram escapar com o apoio do embaixador brasileiro, amigo do pai da entrevistada:

> Tututututu, aí eu lembro que a gente se jogou no chão, alguém gritou "vai para o chão". Aí fomos ligar para o embaixador e ele falou "eu vou tentar chegar aí para buscar vocês, vou colocar a bandeira brasileira no carro". [...] E ele falou "*Vou colocar a bandeira brasileira e vou sozinho e vou ver se eu consigo passar*". Aí ele demorou, demorou, demorou e nós ligamos de novo e ele falou "Olha, não consegui passar, eu coloquei a bandeira do Brasil mas eles não respeitam nada". [...] E ele falou "Venham, venham para cá de qualquer jeito, a minha casa está à disposição", aí a mãe e o pai ficaram tentando descobrir um jeito de conseguir. Fomos numa ambulância, o pai não foi. [...] Então o pai arrumou uma kombi toda cheia de cruz [...] Tinha um motorista vestido de enfermeiro, primeiro a minha mãe se vestiu de enfermeira e nós com esparadrapos e coisas assim e tínhamos a ordem de não levantar a cabeça e não olhar nada pela janela, porque tinha aquelas barricadas, tinha carros incendiados, e na hora que eles mandavam parar o carro, porque eles paravam, mandavam parar e olhavam, viam que a gente estava com mercúrio, toda enfaixada. E eu lembro que uma hora levantei a cabeça e olhei, tinha carros incendiados na estrada, sabe. Você não via ninguém, não tinha nada, mas na estrada tinha carros pegando fogo e aqueles grupos de homens armados, negros, pardos ali na estrada, e nós paramos duas vezes, não foi? Só nós, as mulheres, a minha mãe e as cinco filhas e o motorista, e conseguimos passar e fomos para a casa do embaixador, meu pai acho que chegou uns dois dias depois. E nós ficamos todos em casa do embaixador e assim de noite os dois homens saíam para fazer compras, comida, tentar descobrir um lugar que vendesse alguma coisa, não é, mãe? [...] Um mês depois alugamos uma casa, o pai alugou uma casa.

O embaixador cuidou da saída para o Brasil, que foi o destino escolhido:

> Cuidou de toda nossa documentação, porque nossa família era bem grande, sete filhos. [...] Eu tinha uma amiga cujos pais eram muito amigos dos meus pais, que era o embaixador brasileiro, e isso foi uma motivação. Ele falou "vão para o Brasil que eu posso ajudar, a língua é a mesma", meu pai veio e minha mãe ficou um mês na casa dele com todos nós.

O pai veio antes para São Paulo, onde logo arrumou emprego e voltou para buscar a família.

Para outros entrevistados, que se consideravam portugueses e que aceitavam a política colonial, a surpresa com os acontecimentos foi maior, como relatou um deles:

> [...] porque nós vivíamos sempre na esperança de poder continuar em Angola. Então nós não tínhamos a mínima orientação, a maioria da população branca não tinha a mínima orientação de abrir a porta para esses partidos, porque esses partidos na realidade não representavam aquilo que era o nosso interesse o nosso ideal, não é. E eles formavam barreiras e uma das coisas que eles exigiam é que o pessoal apresentasse um cartão de filiação. E isso se um dia eu passasse por essas barreiras e não tivesse esse cartão de filiação, inclusivemente podia ser morto. Então se criou um clima de insegurança total... E foi uma decisão que eu tive que tomar de forma rápida, não é? Devido ao clima de insegurança que se criou; essa insegurança foi motivada pelo fato de começarem a haver conflitos entre os três movimentos. Chegou-se a um ponto em que nós ficamos... (cerceados)... Isso foi um pouco antes da Independência [...].

Sobre o período anterior às tensões mais fortes que levaram à decisão de deixar as colônias, não há em nenhum relato menção ao fato de que os que aí haviam se estabelecido quisessem sair. Ao contrário, sentiam-se acomodados com a situação, pois conseguiram ter boas condições de vida, com possibilidades reais de estudo para os filhos, nas colônias e até em Portugal (tinham veículos próprios e formas de lazer das quais geralmente participavam só os brancos). As hierarquias estabelecidas pelo Estado português eram reproduzidas nas esferas domésticas, em que os nativos trabalhavam como empregados nas casas, e nas escolas, com a exclusão das crianças negras das melhores instituições e de uma escolaridade mais elevada (Demartini, 2020).

Até os que eram favoráveis ao término da tutela portuguesa esperavam continuar com a vida que levavam, mesmo que sob novo regime político, como foi relatado por alguns.

Uma entrevistada que veio de Angola ainda jovem para o Brasil, onde ficou por 16 anos e depois foi para Portugal, sintetizou sua percepção sobre os portugueses naquele período:

> Mas qual é a minha interpretação dessas pessoas hoje? É que no fundo eles tinham uma mentalidade portuguesa num país um pouco diferente, para eles aquele *status quo*, aquele estado das coisas era o que eles queriam, eles não queriam mudar nada, eles não queriam que as coisas mudassem, eles não tinham consciência de que era insustentável manter uma colônia naquela fase... E eu já tinha essa consciência lá, não tão bem organizada como hoje. E o que eu vejo dessas pessoas é que, apesar de eles terem uma mentalidade diferente, porque estavam em um país diferente, eles têm essa mentalidade naquilo que lhes convém. Porque eu não os vejo voltarem para Angola a serem mandados, entre aspas, a terem como patrão um negro. É a mentalidade que eles têm hoje. Você entendeu? Não vejo isso, porque, mesmo aquele pessoal que veio de Angola, tem gente muito racista. Muito racista! Para eles, e muitos deles foram para a África do Sul, foram para uma terra chama de Rodésia e era o modelo de colonização que eles queriam, certo, e quem ousou falar, que tem aquela ideia ingênua de adolescência e não tem consciência nenhuma da brutalidade que é um país ser colonizado. E eu acho que vem daí eu não ter saudades, entendeu?

Os entrevistados das gerações mais jovens aparentemente eram mais atentos às desigualdades impostas pelo sistema colonial; influenciados por outros jovens, questionavam a situação em que viviam os nativos. Havia, assim, latente na sociedade, questionamentos por parte dos movimentos de libertação, conduzidos pelos africanos, mas também o apoio de muitos descendentes de portugueses, que até se identificavam como africanos.

A mesma entrevistada acima, quando cursava o ensino médio, participava de um jornal, *O Vento Novo*, juntamente com alguns jovens mais velhos que ela, e relatou sobre a militância engajada dos mesmos e como, embora sem ter uma consciência clara sobre o colonialismo, percebia as desigualdades e injustiças existentes:

> Alguma coisa não estava bem. Não é? Alguma coisa não estava bem. Não vivíamos num regime tipo África do Sul, que era brancos e negros para outro lado, mas tínhamos certeza de que era uma relação diferente que existia entre os brancos e os não brancos. Embora houvesse muita gente de cor que já tivesse alguma posição, mas a maioria vivia em senzalas. [...] A noção de injustiça tinha perfeitamente.

Alguns entrevistados explicitaram sua ligação a movimentos de libertação em Angola e as influências que tiveram, principalmente quando jovens:

> E eu fui ideologicamente do MPLA. Então eu fiz o que fiz, absolutamente coerente com a minha ideologia porque eu não era membro, mas era um simpatizante deles... Aos 24 anos, todos somos comunistas, não é? Eu era realmente uma pessoa que tinha fortemente influências marxistas. A minha literatura daquela época era fundamentalmente de esquerda.

Outro entrevistado também relatou a situação vivenciada enquanto era adolescente:

> Em Angola, todo mundo conspirava pela independência, não sei em Moçambique, não posso falar, porque não conheço, mas imagino que seria a mesma coisa. Essa conspiração, ela existia. As pessoas queriam, sabiam que Angola tinha muito mais potencial que Portugal, como país... [...] Era assim, algo que estava latente que em algum momento, se fosse via Marcelo Caetano ou fosse qualquer outro, que o pessoal iria brigar por uma independência em Angola, não tenha a menor dúvida. A separação com relação a Portugal era mais do que esperada, e sonhada pelo pessoal que morava lá, porque ficava evidente que Portugal naquele momento, pelo regime que tinha em Portugal, era um freio a Angola como se desenvolver. Era um desejo de liberdade, mesmo, de dizer assim: "Olha, esse país é grande demais para ficar ligado a Portugal".

Os jovens foram também mais resistentes à saída, pois queriam a independência das colônias e a reconstrução do território, como explicitado pelo mesmo entrevistado:

> Tentando fazer um pouco a análise do que aconteceu: quando você emigra por vontade, como eu vejo meu sogro aqui em Santos, meus tios que vieram, meus pais mesmo quando foram para Angola, eles não tinham essa ligação afetiva do querer voltar à terra porque eles saíram da terra porque realmente lá não estava dando o que eles queriam. O nosso caso que fomos praticamente obrigados a sair, embora tenha sido uma decisão de: "Está! Nós vamos". Mas foi um "nós vamos" à custa de uma situação de guerra. A sensação de que alguma coisa foi quebrada, para você. E quebrou uma trajetória de vida que você tinha planejado, você tinha sonhado, de repente ela se quebrou.

As decisões sobre a necessidade de saírem foram tomadas geralmente pelos mais velhos, pais de família, sem que participassem de grupos de oposição aos movimentos.

Os destinos "escolhidos" não foram os mesmos. O mais frequente, entre os que moravam nas ex-colônias, era procurar abrigo em Portugal, para onde foram aos milhares. Segundo alguns gerentes de hotéis do centro de Lisboa que entrevistamos, todos os hotéis da cidade foram ocupados pelos que chegavam da África.

Também alguns dos que vieram para o Brasil optaram pela ida para Portugal, pois eram cidadãos portugueses. Mas decidiram vir depois para o Brasil porque acharam que as oportunidades para trabalhar eram maiores, também porque já tinham parentes no Brasil ou porque não se adaptaram.

Optamos por anotar aqui alguns casos dos que fizeram primeiro o deslocamento para Portugal, vindo depois para o Brasil. Alguns, como o entrevistado a seguir, não viam perspectivas de ficar em Portugal, mas sim no Brasil:

> Quando eu cheguei à conclusão que não podia permanecer em Angola por questões de segurança, eu fui ao consulado brasileiro para que conseguisse obter o visto de permanência aqui no Brasil, que a minha ideia era não ir para Portugal, minha ideia era vir diretamente para o Brasil. Eu cheguei à conclusão que em Portugal se houvesse a necessidade de sair de Angola, eu se tivesse que ir para Portugal, eu não teria condições de sobrevivência em Portugal, porque Portugal não tinha condições de absorver todo aquele pessoal que estava saindo de Angola. E até porque nessa altura a população que estava indo para Portugal estava sendo mal recebida. Houve

> até manifestações nessa altura contra a nossa ida para Portugal, isso criou em mim uma ideia de que eu não deveria ir para lá, eu não queria ir para Portugal. A minha ideia desde o princípio foi que se tivesse que sair de Angola eu teria que vir para o Brasil. Então, para eu poder vir legalmente eu fui ao consulado para obter o visto de permanência, fui no consulado brasileiro em Angola e notei, nessa altura, que havia uma certa preocupação do consulado brasileiro em dar o visto às pessoas que tivessem uma qualificação; pessoas que não tivessem um tipo de qualificação eles não davam.

Conseguiu, assim, arrumar emprego com facilidade, dada sua experiência profissional.

Entre os que saíram de Angola, um deles tinha mantido uma relação grande com Portugal, durante seus estudos, mas mesmo assim decidiu ir para o Brasil. Deixou Angola quando a situação lá piorou, segundo ele: "Luanda vivia em campo de batalha [...], o período que vai de março de 75 a outubro de 75 realmente foi um inferno em Luanda".

Portugal foi o primeiro destino, e o entrevistado levou também a mãe, que estava muito doente. Passados seis meses, entretanto, surgiu a opção pelo Brasil: "[...] a minha mulher ficou grávida do primeiro filho e eu falei: 'Precisamos de trabalhar', e aí viemos para o Brasil". Contou com o apoio de amigos e das redes de apoio do governo brasileiro, o que lhe permitiu rápida inserção no mercado de trabalho no estado de São Paulo; a mulher veio um mês depois, e seu filho já nasceu no novo contexto.

Outro entrevistado veio com a família de Moçambique, passando por Portugal e depois chegando a São Paulo – o pai veio primeiro, para arrumar emprego:

> Então, quando se deu a independência, por um ano as tropas portuguesas ficaram desarmadas e as da Frelimo armadas, então foi um ano difícil porque todo mundo ficou com medo, todos os brancos desarmados e todos os pretos armados. Então não é que fosse acontecer alguma coisa, mas uma situação de insegurança [e a família foi para Lisboa], mas naquela altura foi na época da Revolução dos Cravos em Portugal, não existia emprego, então meu pai não conseguiu.

O pai veio para o Brasil primeiro, escreveu uma carta para uma grande empresa, pedindo emprego, e eles responderam positivamente; mas ofereceram um salário baixo e ele acabou procurando outro emprego, começando a trabalhar em outra empresa.

Também uma entrevistada que passou por Portugal, apesar de ter morado em Moçambique por mais de 20 anos, mas nascida em Portugal e sentindo-se parte da nação portuguesa ampliada, expressou suas mágoas com relação à forma como foram recebidos, chamados de "retornados", de modo agressivo e desqualificador:

> E se tem uma coisa que tenho mágoa com o governo português é terem nos virado as costas, porque enquanto foi interessante receber dinheiro pelos negros que trabalhavam nas minas de ouro na África do Sul, tudo bem, mas... (fica emocionada) te digo que eu mesma vi várias vezes no aeroporto pilhas e pilhas de barras de ouro que eram enviadas a Portugal.

As mágoas com relação à forma como foram recebidos em Portugal explicitaram essa identidade portuguesa, que é, ao mesmo tempo, diferenciada:

> Usaram um termo que considero inapropriado. Chamaram-nos de "retornados", mas nós não éramos retornados. Eu vivi toda a minha vida em Moçambique, e Portugal para mim era uma coisa distante. A relação com a minha sogra foi difícil porque não tínhamos intimidade e, para quem estava em Moçambique, chegar em Portugal é estranho, aquela deferência toda.

Outra entrevistada e sua família, plenamente inseridas no contexto angolano, embora apoiassem os movimentos pela independência de Angola, foram obrigadas a deixar o país em 1975. Segundo ela, porque eram "brancos" fugiram para Portugal; aí foram recebidos com agressões pela população local. Decidiram, assim, vir logo em seguida para o Brasil, onde reconstruíram suas vidas. A família sentiu-se rejeitada quando procurou abrigo em Portugal, ao sair da África:

> Nós não éramos aceitos pelos portugueses, éramos retornados, e eu não conseguia entender o que era este "retornado", que eu não tinha saído de lá, como é que eu era retornada? Eu era refugiada, retornada jamais! Talvez alguns que fossem portugueses que morassem em Angola estivessem retornados. Eu não estava retornada para coisa

nenhuma, não é? Então eu estava uma apátrida, a gente não sabia, não tinha emprego, em Portugal, não tinha lugar para ficar. [...] eu cheguei a Portugal e eu fui execrada, no sentido que, logo na minha recepção, quando eu desembarquei no aeroporto em Lisboa, foi ter uma manifestação de comunistas, do PC, partido comunista português, uns baderneiros, porque isto eu sei que eram, não é, em que gritavam: "Roubaram os negros, agora vão roubar os brancos! Vão embora para vossa terra!" Eu não tinha roubado ninguém, e eu não era retornada. [...] Um choque, decepção total, porque nós estávamos sendo colocados de uma determinada forma que não batia, eu dizia: "Gente, o que é isto? O que é que está acontecendo?"

As origens familiares não foram suficientes para retê-los em Portugal. A entrevistada conta como em São Paulo houve uma rede de apoio para providenciar emprego para os que vinham da África, o que foi logo conseguido.

Outra entrevistada, cuja família angolana foi para Portugal, não se acostumou com a cultura e com as pessoas:

Saímos em 1975 de Angola e chegamos aqui em 1976... Paramos em Portugal três meses, ficamos um pouco lá pra ver se... Lisboa... Os parentes do meu pai são portugueses, o meu pai é brasileiro, filho de portugueses da cidade da Guarda, lá na fronteira com a Espanha... Aí ficamos um pouco, porque o meu pai queria ver se nós nos adaptávamos e iniciamos até os estudos lá, demos continuidade por um período curto, mas eu e o meu irmão do meio, o mais velho tá na África ainda, não nos adaptamos, não é?, então como o meu pai era brasileiro, e ele sempre viveu muito as raízes dele lá na África, então nós conhecíamos o Brasil por conta do meu pai, porque o meu pai era assinante daquela revista... me fugiu agora... *O Cruzeiro*, e era uma revista maravilhosa, tinha tudo, desde a cultura, a culinária... e a música, então como nós não nos adaptamos às pessoas também, porque o português em geral é grosso, é rude, e nós nascidos na África, nós éramos diferentes, nós estávamos criando uma nova cultura, entendeu? Porque era gritante a diferença entre os meninos e meninas que vinham de Portugal, e nós que havíamos nascido lá. [...] Então, chegando lá nós vimos que a cultura deles era pior do que aquilo que a gente imaginava, ainda associado ao frio e aquela coisa toda, e eles não riam e a gente ria muito... e aí foi muito complicado, nós chegamos até o nosso pai e nós falamos [...]: "Paizinho, está muito complicado aqui, não dá", e os professores também, os professores eram rígidos demais [...].

Não é possível detalhar as várias formas de vida encontradas pelos sujeitos em sua inserção em São Paulo. É preciso lembrar, entretanto, que a ditadura militar apoiou a vinda desses imigrantes, não fazendo restrições do ponto de vista da fiscalização alfandegária à entrada dos que chegavam, mesmo que sem documentação regular, apesar da seleção dos mais bem qualificados. Também foram organizadas em São Paulo redes de recepção aos imigrantes dos voos diários que vinham da África, por parte dos portugueses e seus descendentes que já estavam nessa cidade havia muitas décadas, que providenciavam alojamentos e principalmente postos de trabalho para os homens e também para mulheres. Outros entrevistados contaram com o apoio de familiares que já residiam em São Paulo ou em cidades próximas. Mas todos afirmaram com muita emoção e reconhecimento que desde sua chegada sentiram-se bem recebidos e amparados, pois em algumas semanas já estavam trabalhando e podendo se sustentar. A representação que apresentaram sobre a recepção que tiveram é oposta à daqueles que, saindo da África, dirigiram-se para Portugal antes de virem para o Brasil.

Uma entrevistada, em seu relato, sintetizou a acolhida que tiveram de desconhecidos, para ela inesperada e excepcional:

> Quando chegamos, ficamos em casa de umas pessoas que eu nunca vi lá de Moçambique, que eu nunca conheci lá em Moçambique. [...] Tinha esse casal português que não deixou, que a gente ia para um hotel, até que o meu pai alugasse um apartamento e eles não deixaram o meu pai com seis filhos ficar num hotel. Então, "o senhor fica em nossa casa com nossas três filhas, enquanto o senhor vai procurar um apartamento, a hora que achar o apartamento que o senhor quer, o senhor muda". [...] Mas, detalhe: esse casal não nos conhecia, o meu pai tinha feito algum favor para ele lá, tinham um contato profissional, eles não conheciam minha mãe, não nos conheciam, e esse casal que era jovem, muito mais jovens do que meus pais, e eles abriram as portas, e moravam na Alameda Franca, abriram as portas da casa.

A família não tinha nenhum conhecido português em São Paulo.

Das famílias que vieram para São Paulo, além de inserção rápida no mercado de trabalho, também os filhos continuaram seu processo de escolarização, em escolas particulares ou públicas, atingindo geralmente o nível superior.

Algumas anotações finais

Muitas outras questões podem ser abordadas e analisadas a partir das narrativas dos entrevistados, que estiveram de certa forma presentes nos trechos citados, mas que mereceriam um aprofundamento analítico, tais como: o racismo, as famílias mestiças, a construção de uma cultura diferenciada nas colônias, as memórias de homens e mulheres, as memórias dos que eram jovens e crianças nos deslocamentos, os capitais culturais e sociais dos sujeitos nos deslocamentos, entre outras.

Considerando o foco do texto, retomamos dois aspectos para algumas anotações: o retorno e a memória.

Quanto ao retorno, a pergunta que se coloca no caso desses entrevistados que se deslocaram é: retornar para onde? Para Portugal? Para as ex-colônias? Como encararam essa questão, sempre presente para os imigrantes?

Como vimos, o retorno aos lugares pelos quais se deslocaram envolveu, para os entrevistados que vieram para São Paulo, dois territórios e momentos distintos: (1) logo que decidiram sair das ex-colônias, para muitos, colocou-se a questão de deslocarem-se para a metrópole; afinal, eram cidadãos portugueses, o que concretizou-se para os milhares que se dirigiram para Portugal, mas não para os que lá não permaneceram e vieram para o Brasil – como ficou claro nas narrativas, o desejo da maioria era que as colônias se tornassem independentes, e não morar em Portugal; (2) o outro retorno pensado seria, passados alguns anos, para Angola ou Moçambique, onde viviam bem – esse aparentemente mais difícil para a maior parte dos entrevistados.

Em quase todas as famílias de ex-colonos entrevistadas, as primeiras gerações mantêm um maior ou menor, mas sempre presente, ressentimento em relação à história dos países africanos dos últimos 40 anos. No geral, não têm interesse em retornar nem mesmo em caráter provisório, embora, em um caso específico, o pai de família tenha viajado diversas vezes (para ambos os países), por motivações diversas, de turismo de aventura (em Angola) a atividades humanitárias (em Moçambique). No caso das segundas e terceiras gerações de todas as famílias, é recorrente a curiosidade pelo retorno (para os que de lá vieram nas primeiras idades) ou pela ida para os países de onde seus pais vieram, mas quase sempre sem interesse por estadia permanente. Em todos os casos, todavia, há um acompanhamento constante das notícias tanto sobre Angola como sobre Moçambique, e sobre o continente africano em geral, e em todas as gerações das famílias.

É preciso notar que a segunda e a terceira gerações dessas famílias não necessariamente concordam com as opiniões políticas de seus pais e, em alguns casos, fazem oposição às posições ideológicas dos mesmos, embora digam que ainda não possuem uma opinião formada sobre os acontecimentos históricos naqueles países e as situações enfrentadas.

Como bem observou Sayad, o retorno está sempre relacionado aos deslocamentos, de forma viável ou imaginária, e, segundo ele, pode ser considerado elemento constitutivo da condição do migrante. Mas, parece-nos, os deslocamentos ocorridos dentro do então império colonial português tiveram uma motivação pautada no trabalho e segundo os interesses do Estado, enquanto os deslocamentos da década de 1970 foram devidos a circunstâncias essencialmente políticas, diferenciando, segundo Sayad, o retorno para as pessoas que se envolvem nos mesmos.

É o caso dos entrevistados. O autor traz reflexões que permitem pensar sobre o que foi observado nas entrevistas, ao diferenciar as migrações de trabalho das migrações políticas:

> Certamente, nem todas as migrações apresentam as características aqui apontadas. É o caso notadamente dos deslocamentos de população devidos a circunstâncias essencialmente políticas. Com efeito, dificilmente se concebe que as migrações, que constituem fugas diante dos riscos políticos, que podem até mesmo incluir ameaças de morte e não somente de privação de liberdade, obedeçam a uma lógica eletiva de mesma natureza que as migrações de trabalho [Sayad, 2000:90].
>
> Os exilados desse tipo – cujo exílio ou êxodo é devido a deslocamentos de fronteiras e, por conseguinte, a supressões (politicamente falando) de territórios inteiros, a supressões de nacionalidades, ou ainda, a operações concertadas e sistemáticas de banimento e expulsão, a medidas de discriminação regional, étnica, religiosa, linguística... e de submissão cultural em especial – não podem senão pertencer a todas as frações da mesma população, a todos os sexos, classes de idade, categorias sociais, e assim sendo, referir-se ao conjunto da população vítima desse estado de coisas. A relação ao mesmo tempo com o país de imigração – que é aqui o país de refúgio ou o país de asilo político, sem dúvida a única forma de exílio verdadeiro – e com

> o país natal do qual se foi expulso, banido e do qual se é o fugitivo e não somente o emigrante comum, coloca-se então de maneira totalmente diferente.
>
> E, consequentemente, é também o retorno ou a eventualidade do retorno que não podem ser considerados da mesma maneira que no caso dos outros emigrantes. O retorno está à espera, ao menos em teoria, de uma eventual mudança de contexto político, um retorno provável ao *status quo ante* ou, no mínimo, uma modificação que seja radical e, evidentemente no sentido que se estima favorável, do regime político que se considera responsável pela expatriação. Segue-se a isso que os deslocados e os refugiados desta categoria teriam a tendência a ser mais favoravelmente dispostos – a despeito das intenções políticas que podem continuar a animá-los, a despeito do fato de que podem continuar a lutar politicamente pelas mudanças políticas em seus países – por uma instalação definitiva, logo sem espírito, e não somente sem esperança, de retorno ao país de origem [Sayad, 2000:23].

Os entrevistados que vieram para São Paulo, diretamente das ex-colônias ou tendo passado por Portugal, não demonstravam naquele momento interesse em retornar a esses territórios em que moravam. Pelo contrário, com raras exceções, o retorno não era desejado, sendo até deliberadamente recusado, em virtude das situações enfrentadas, das mortes, das perdas sofridas com a saída e pelo medo do que poderiam encontrar no lugar que consideravam como seu e da vida confortável que antes levavam. O retorno, mesmo que imaginado, era quase impossível.

Mesmo passados mais de 30 anos, as memórias das situações vivenciadas remetem a ressentimentos, mágoas, tristezas por lembrar de tudo que lá construíram e ficou para trás, medo do que irão sentir quando voltarem para um país diferente daquele em que viviam e, principalmente, sem a convivência social que tinham. A negação do retorno nem sempre é explicitada de modo racional, mas é carregada de emoções. Às vezes, o retorno é pensado para um futuro ainda distante, mesmo entre aqueles que continuam em contato contínuo com o que acontece nos "seus territórios".

As gerações dos filhos dos entrevistados, alguns que lá nasceram, demonstram interesse e curiosidade em conhecer as novas nações, pela sua história e pelas histórias da família.

É possível pensar que os deslocamentos não terminaram para algumas famílias, e em que direção serão concretizados.

A análise do conjunto das entrevistas nos conduziu a uma questão mais ampla sobre as memórias dos sujeitos que saíram da África nesse período e que anotamos como reflexão final: houve (ou há) um contexto social para que esses imigrantes pudessem transmitir suas memórias? Só temos, por enquanto, algumas hipóteses provisórias.

Acreditamos que no Brasil (e talvez em Portugal) não parece ter existido um contexto social que permitisse transmitir e veicular as memórias dos sujeitos que saíram das ex-colônias; não parece que tenha havido uma experiência compartilhada entre os mesmos, que permitisse criar um espaço público para contar sua história.

A reflexão sobre tais aspectos relacionados à memória de situações tão complexas nos leva a pensar na existência não só de memórias de experiências traumáticas, mas em memórias "escondidas", pela frustração com relação aos projetos de vida, pelo não reconhecimento como cidadãos de primeira linha, pela inviabilidade do retorno, entre outras razões.

Podemos afirmar que, por meio das pesquisas anteriores, passamos a descortinar situações para nós antes em parte desconhecidas, das complexas problemáticas decorrentes do colonialismo e suas implicações em processos de deslocamento, das tensas condições de vida até hoje enfrentadas e dos processos de reconstrução de nações como Angola e Moçambique. Novas pesquisas sobre os deslocamentos tornam-se necessárias.

Referências

BALANDIER, G. La situation coloniale: approche théorique. *Cahiers Internationaux de Sociologie*, v. 11, p. 44-79, 1951.

_____. *Sociologie actuelle de l'Afrique noire*: dynamique des changements sociaux en Afrique centrale. Paris: PUF, 1971.

_____. *As dinâmicas sociais*: sentido e poder. São Paulo: Difel, 1976.

_____. A noção de situação colonial. *Cadernos de Campo*, São Paulo, v. 3, n. 3, p. 107-131, 1993.

BERTAUX, D. L'approche biographique: as validité méthodologique, ses potentialités. *Cahiers Internationaux de Sociologie*, 1980.

CASTELO, C. A migração de metropolitanos para Angola e Moçambique (1945-1974). In: CONGRESSO LUSO-AFRO-BRASILEIRO DE CIÊNCIAS SOCIAIS, VIII., 2004. Coimbra. *Actas*... CES-FEUC, 2004. Disponível em: <www.ces.uc.pt/lab2004/pdfs/ClaudiaCastelo.pdf>. Acesso em: 11 fev. 2022.

_____. *Passagens para África*: o povoamento de Angola e Moçambique com naturais da metrópole (1920-1974). Porto: Afrontamento, 2007.

CHIRICO, M. (Ed.). *Los relatos de vida, el retorno a lo biográfico*. Buenos Aires: Centro Editor de América Latina, 1992.

CORREIA, P. P. *Descolonização de Angola*: a joia do império português. Luanda: Editorial Inquérito/Ler & Escrever, 1991.

COSME, L. *Cultura e revolução em Angola*. Porto: Afrontamento, 1978.

DEMARTINI, Z. B. F. Histórias de vida na abordagem de problemas educacionais. In: SIMSON, O. V. (Ed.). Experimentos com histórias de vida: Itália-Brasil. São Paulo: Vértice, 1988. p. 44-105.

_____. Relatos orais, documentos escritos e imagens: fontes complementares na pesquisa sobre imigração. In: ROCHA-TRINDADE, M. B.; CAMPOS, M. C. S. S. (Org.). *História, memória e imagens nas migrações*: abordagens metodológicas. Oeiras: Celta, 2005. p. 99-133.

_____. Oral history approaches in education in Brazil. In: OXFORD UNIVERSITY PRESS. (Org.). *Oxford Research Encyclopedia of Education*. Oxford: Oxford University Press, 2019.

_____. Educação de crianças e jovens negros e brancos durante o colonialismo: práticas pedagógicas discriminatórias e racistas. *Revista Brasileira de Pesquisa (Auto)Biográfica*, v. 5, p. 1247-1264, 2020.

_____; CUNHA, D. O. Nacionalistas e colonos do "ultramar" português e sua presença no Brasil durante as guerras de independência. In: GATTAZ, A.; FERNANDEZ, V. P. R. (Org.). *Imigração e imigrantes*: uma coletânea interdisciplinar. Salvador: Pontocom, 2015.

_____; _____; DOPPENSCHMITT, E. C. S. Desafios da pesquisa com fluxos migratórios recentes: portugueses e luso-africanos em São Paulo. *Cadernos Ceru*, São Paulo, série 2, n. 16, p. 41-54, 2005.

FERRAROTI, F. *Histories et histories de vie*: la méthode biographique dans les Sciences Sociales. Paris: Librarie des Meridiéns, 1983.

FERREIRA, M. M.; AMADO, J. *Usos & abusos da história oral*. Rio de Janeiro: FGV Ed., 1994.

GRELE, R. J. *Envelopes of Sound*: the art of oral history. 2. ed. rev. enl. Nova York: Praeger, 1991.

JOBERT, G. Entretien avec... Franco Ferrarotti. *Éducation Permanente*, n. 72-73, p. 25-31, mar. 1984.

LOURENÇO, E. *Mitologia da saudade*: seguido de Portugal como destino. São Paulo: Companhia das Letras, 1999.

MATEUS, D. C. *Memórias do colonialismo e da guerra*. Porto: ASA, 2006. (Col. Arquivos Históricos).

MEREDITH, M. *Fate of Africa*: from the hopes of freedom to the heart of despair. Nova York: Perseus Books, 2005.

MOURÃO, F. A. A. *A sociedade angolana através da literatura*. São Paulo: Ática, 1978.

PAULO, J. C. Vantagens da instrução e do trabalho: "escola de massas" e imagens de uma "educação colonial portuguesa". *Educação & Culturas*, Porto, n. 5, p. 99-128, 1996.

PIMENTA, F. T. Ideologia nacional dos brancos angolanos (1900-1975). In: CONGRESSO LUSO-AFRO-BRASILEIRO DE CIÊNCIAS SOCIAIS, VIII., 2004. Coimbra. *Actas*... CES-FEUC, 2004. Disponível em: <www.ces.uc.pt/lab2004/inscricao/pdfs/painel35/FernandoPimenta.pdf>. Acesso em: 2 fev. 2022.

______. *Angola, os brancos e a independência*. Porto: Afrontamento, 2008.

POLLAK, M.; HEINICH, N. Le temoignage. *Actes de la Recherche en Sciences Sociales*, v. 62-63, p. 3-29, jun. 1986.

RIBEIRO, J. T. L. Migração internacional Brasil-África: Angola em destaque. In: PATARRA, N. L. (Coord.). Emigração e imigração internacionais no Brasil contemporâneo. Campinas: Fnuap/Nesur/Nero, 1996. p. 122-132.

ROCHA, E. *Angola*. Contribuição ao estudo da génese do nacionalismo moderno angolano (período 1950-1964). Luanda: Kilombelombe, 2002. v. 1 e 2: Testemunho e estudo documental. (Col. Ciências Humanas e Sociais. Série História de Angola; 1 e 2).

RODRIGUES, D. *Cartas de Langidila e outros documentos*. Luanda: Nzila, 2004.

SANTOS, F. B. *Angola, na hora dramática da descolonização*. Lisboa: Prelo, 1975.

SANTOS, J. F. *Movimento Afro-Brasileiro Pró-Libertação de Angola (Mabla), "um amplo movimento"*: relação Brasil e Angola de 1960 a 1975. Dissertação (mestrado em história) – Departamento de História, PUC-SP, São Paulo, 2010.

SAYAD, A. A noção de retorno na perspectiva de uma antropologia total do ato de emigrar. *Travessia*: revista do migrante, São Paulo, v. 13, p. 11-19, jan. 2000. Ed. especial.

SCHWARZSTEIN, D. História oral, memória e histórias traumáticas. *História Oral*, v. 4, p. 73-83, 2001.

SERRANO, F. B. Etnicidade, mobilização e recrutamento da luta de libertação de Angola. In: NEVES, F. S. (Org.). *A globalização societal contemporânea e o espaço lusófono*: mitideologias, realidades e potencialidades. Lisboa: Universitárias Lusófonas, 2000.

THOMPSON, P. *La voz del passado*: história oral. Valencia: Alfons El Magnànim Institución Valenciana D'Estudis I Investigatión, 1988.

5. Ascensão e queda do Terceiro Império: migrações e cidadania em dois atos

Marina Simões Galvanese

> *A invocação do passado constitui uma das estratégias mais comuns nas interpretações do presente. O que inspira tais apelos não é apenas a divergência quanto ao que ocorreu no passado e o que teria sido esse passado, mas também a incerteza se o passado é de fato passado, morto e enterrado, ou se persiste, mesmo que talvez sob outras formas*
> Said (2011:34).

Em 1961, eclodiu a guerra entre Portugal e os movimentos que almejavam libertar os territórios africanos da dominação colonial. Salazar, seguido por Marcello Caetano, insistiu teimosamente na manutenção da guerra em três frentes e mobilizou jovens do país e das colônias para um conflito cujo objetivo era garantir a continuidade de um império anacrônico. O longo esforço bélico esteve na origem da formação do Movimento das Forças Armadas, que, em 1974, pôs fim ao Estado Novo, razão pela qual Mustafah Dhada (2018) afirma que a África libertou Portugal.

O fim do fascismo e do Terceiro Império não significou, contudo, a completa ruptura com o imperialismo sobre o qual o Estado nacional português se forjou, tampouco promoveu o fim de antigas hierarquias imperiais que organizaram a pertença dos indivíduos à nação lusitana. A mística do império ganhou uma nova roupagem, conferiu aos emigrantes os atributos dos heróis das grandes navegações e reforçou a pertença de seus descendentes à comunidade nacional. No entanto, as permanências imperiais no Portugal pós-colonial se tornaram gritantes quando, na década de 1990, o antigo império se internalizou na ex-metrópole, transformada em ponto de chegada de imigrantes provenientes do Brasil, de Angola, Moçambique, Guiné-Bissau, Cabo Verde e São Tomé e Príncipe. Os governos de Portugal, agora inserido na Comunidade Europeia, foram colocados frente a frente com o passado colonial e buscaram promover uma inserção parcial e condicionada desses indivíduos na nação, a despeito do discurso que enfatizava a partilha de uma mesma história, língua e cultura.

Os diferentes níveis de inserção dos indivíduos na comunidade nacional e a ideia da necessidade de um período de transição para a aquisição da cidadania plena (entendida como um devir a ser atingido sob tutela estatal) remontam ao século XIX. O liberalismo oitocentista acomodou diferentes categorias de cidadãos ao princípio da igualdade e elaborou uma escala de cidadania que separava os portugueses europeus dos "outros", formalmente inseridos na nacionalidade portuguesa, mas efetivamente excluídos de quaisquer direitos. Esse processo de categorização foi decorrente da necessidade de definir os membros da nação e de estipular a melhor forma de representá-los, mas foi também consequência da perda do Brasil, da formação do Terceiro Império e dos desafios colocados pela emigração à doutrina liberal.

As formas desiguais de inserção na cidadania conferiram consistência e concretude à "nação portuguesa", justificaram mecanismos que aprofundaram o monopólio estatal dos meios legítimos da emigração oitocentista e possibilitaram, no século XX, a criação de uma política positiva de assimilação dos nativos da África, o Estatuto do Indigenato. O primado da transitoriedade e da ideia de que havia portugueses que não reuniam "ainda" as condições necessárias à cidadania plena garantia, aos nascidos na metrópole, uma posição superior àquela ocupada por africanos, tanto no Brasil – destino principal da emigração portuguesa ao longo do século XIX – quanto nas colônias em África, para onde algumas autoridades almejavam encaminhar os emigrantes.

O exame dos diversos níveis de cidadania criados para separar cidadãos plenos dos demais permite observar a persistência de concepções imperiais no Portugal pós-colonial. Por isso, este texto se apresenta em dois atos. O primeiro aborda a criação, pelo liberalismo oitocentista, de diferentes categorias e níveis de cidadania, bem como as formas pelas quais, em diferentes momentos, o Estado português se relacionou com emigrantes e nativos das colônias de modo a assegurar um estatuto privilegiado aos metropolitanos. O segundo se inicia na década de 1980, quando da aprovação de uma nova lei de nacionalidade, e apresenta a forma como as autoridades de um Portugal democrático e europeu lidaram com o ingresso de imigrantes provenientes das ex-colônias no país.

Ato I: emigração e colonização no Terceiro Império

Em 1820, a palavra nação entrou com força no vocabulário político e revolucionário português, sempre associada à ideia de soberania, que não mais emanava do rei, mas da união de todos os cidadãos. Era necessário, contudo, definir e delimitar a nação e seus cidadãos, esforço presente nas três constituições oitocentistas. Pela Constituição de 1822, a nação era a "união de todos os portugueses de ambos os hemisférios",[1] sendo todos os portugueses considerados cidadãos. Por portugueses, entendiam-se os "filhos de pai português nascidos no Reino Unido [de Portugal, Brasil e Algarves] ou que, tendo nascido em país estrangeiro, vierem a estabelecer domicílio no mesmo reino".[2] Ao direito de sangue acrescentava-se, assim, o domicílio como critério para a aquisição da nacionalidade.

Já pela Carta de 1826, o Reino de Portugal era "a associação política de todos os cidadãos portugueses".[3] Eram cidadãos portugueses (1) "os que tiverem nascido em Portugal, ou seus Domínios",[4] ainda que o pai seja estrangeiro, (2) os filhos de pai português nascidos em país estrangeiro e que estabeleçam domicílio no reino e (3) os estrangeiros naturalizados, independentemente da religião. Por fim, a Constituição de 1838 definiu a nação como a associação política dos portugueses e determinou serem cidadãos portugueses os filhos de pai português nascidos em território português ou no exterior e os filhos ilegítimos de mãe portuguesa nascidos em território português ou no exterior e que se domiciliassem em Portugal.[5]

---

1 Art. 20º da Constituição de 23 de setembro de 1822. Disponível em: <www.parlamento.pt/Parlamento/Documents/CRP-1822.pdf>. Acesso em: 17 jan. 2022.

2 Art. 21º da Constituição de 23 de setembro de 1822. Disponível em: <www.parlamento.pt/Parlamento/Documents/CRP-1822.pdf>. Acesso em: 17 jan. 2022.

3 Art. 1º da Carta Constitucional de 28 de abril de 1826. Disponível em: <www.fd.unl.pt/Anexos/Investigacao/1533.pdf>. Acesso em: 17 jan. 2022.

4 Art. 7º da Carta Constitucional de 28 de abril de 1826. Disponível em: <www.fd.unl.pt/Anexos/Investigacao/1533.pdf>. Acesso em: 17 jan. 2022.

5 Constituição de 1838. Disponível em: <www.fd.unl.pt/Anexos/Investigacao/1058.pdf>. Acesso em: 17 jan. 2022.

Não cabe comparar pormenorizadamente essas definições. Importa, contudo, sublinhar que pela Carta de 1826, a de mais longa vigência, o *jus soli* era preponderante. Quer isso dizer que, formalmente, todos os indivíduos nascidos no império português eram portugueses. Como a Carta não diferenciava portugueses de cidadãos, eram todos contemplados com a cidadania. Uma leitura rápida do texto outorgado por D. Pedro I do Brasil permitiria, portanto, identificar um universalismo igualitário na Carta, que teria assimilado os nativos das colônias aos portugueses da metrópole. Segundo Cristina Nogueira da Silva, no fim do século XIX essa leitura precipitada gerou críticas vorazes à política colonial previamente adotada. No entanto, de acordo com a mesma autora, essas definições se contradiziam com o disposto em outros artigos da Carta, que contribuíram para manter essas populações numa posição indefinida e contraditória, que variava em função da conjuntura e da discricionariedade das autoridades (Silva, 2009).

A discussão elaborada por Cristina Nogueira da Silva em torno do estatuto das populações do ultramar durante a monarquia constitucional portuguesa é fundamental à reflexão proposta por este texto, razão pela qual importa apresentá-la com mais vagar. Conforme observou a autora, em muitos momentos predominou no debate sobre a nação e a cidadania lusitana um completo silêncio sobre os nativos da África. Esse silêncio, longe de significar a inclusão desses indivíduos nos direitos de cidadania, os relegava a uma profunda exclusão. Ele reflete a "incapacidade para conceptualizar a diversidade cultural" (Silva, 2009:278). Esse silêncio pode, ainda, ser interpretado a partir da ideia do impensável, trabalhada pelo historiador Michel Trouillot (2016), sendo possível afirmar que a inserção de indivíduos tidos como incivilizados e selvagens na cidadania portuguesa pertencia à esfera do impensável. Isso porque o ser cidadão pressupunha um certo grau de civilidade que, medido a partir de parâmetros europeus, permitia aos indivíduos escolherem participar da nação. Importa ressaltar que, ao entendimento voluntarista da nação,

> acrescentou-se, logo nos primórdios da época contemporânea [...] um sentido histórico-cultural concreto, no qual a nação surgia como uma coletividade unida por um passado comum e uma memória partilhada desse passado, pela comunhão da mesma língua, dos mesmos costumes, da mesma religião, uma coletividade cuja identidade era independente de qualquer contrato ou adesão voluntários [Silva, 2009:146].

Por isso, a Carta exigia dos estrangeiros que se queriam naturalizar o domicílio em território português. Também por isso, a prática de religiões que não a católica remetia os nativos ao "princípio da incerteza" quanto à sua inserção na nação. E não eram apenas critérios culturais e religiosos que determinavam a posição do indivíduo na pirâmide da cidadania, mas também o nível de autonomia. O liberalismo oitocentista, influenciado pela teoria de Benjamin Constant, entendia a sociedade como "um corpo constituído por indivíduos variados, com diversas possibilidades de contribuição para o todo" (Hespanha, 2004:166), razão pela qual havia cidadãos ativos, com plenos direitos de participação política, e cidadãos passivos, com acesso apenas aos direitos civis.

Os critérios que determinavam a cidadania ativa foram, num primeiro momento, a independência sociológica e econômica, às quais se somou, depois, a independência intelectual. Pela Carta de 1826, os direitos políticos eram atribuídos em função da renda, que media a possibilidade de o indivíduo ser proprietário. Em 1852, o Ato Adicional expandiu o direito de voto aos indivíduos habilitados por títulos literários, dispensados da prova de censo. Ambos os critérios (econômicos e literários) excluíam uma grande parcela da população da participação nas decisões acerca dos rumos da nação e tinham por fundamento a autonomia do indivíduo, mas também "'o estádio civilizacional' ou o lugar hierárquico ocupado na antropologia dos gêneros" (Silva, 2009:155).

A necessidade de autonomia, somada ao estágio civilizacional, justificou, por exemplo, a exclusão dos libertos (mesmo daqueles que possuíssem renda ou as requeridas habilitações literárias), tidos como desprovidos de capacidade de formular vontades livremente em decorrência da recente experiência escrava. Além disso, houve quem alegasse que os libertos eram dependentes de quem os libertou, o que os colocava "numa situação de gratidão e dívida pessoal" (Silva, 2009:352). No mais, eles estariam em transição para a cidadania e, por isso, deveriam ser assemelhados aos menores de idade.

Importa ressaltar que os indivíduos livres nativos das colônias não estavam apenas excluídos dos direitos políticos, mas também dos direitos civis. Como demonstrou Nogueira da Silva, o decreto de 25 de fevereiro de 1869, que estendeu o Código Civil às províncias ultramarinas, possuía uma série de ressalvas que erigiram uma barreira entre os portugueses da metrópole e os das colônias. O diploma reconheceu a vigência dos "usos e costumes" das populações nativas, permitindo que parte delas "permanecesse sujeita [...] a normas de direito civil (e criminal) diferentes das do(s) Código(s) metropolitano(s)" (Silva, 2009:213).

O reconhecimento desses "usos e costumes", como bem ressaltou a historiadora, em nada se relaciona a um qualquer reconhecimento da diversidade cultural. Pelo contrário: a codificação dos hábitos desses povos pelo filtro da ordem estabelecia uma fronteira civilizacional entre indivíduos considerados portugueses pela Carta e denotava um desejo de modificar os "usos e costumes" tidos como próprios de povos "selvagens". O objetivo, portanto, não era preservar a pluralidade, mas distinguir os indivíduos sujeitos ao direito civil português dos "outros", aos quais ele não se aplicava, e promover uma transformação dos hábitos dos nativos e sua futura inserção na cidadania portuguesa.

Percebe-se, assim, que o universalismo liberal acomodou a desigualdade entre os indivíduos formalmente considerados portugueses e encontrou estratégias para delimitar "a doutrina jusnaturalista da 'anterioridade' dos direitos". Segundo Nogueira da Silva (2009:150), nas três constituições portuguesas oitocentistas "a lei foi entendida como a condição da realização dos direitos e, simultaneamente, como um limite legítimo à liberdade natural dos homens". Era necessário, portanto, que os direitos fossem reconhecidos pelo legislador

> de acordo com o grau de maturidade (civil, política, económica) das sociedades relativamente a uma meta para qual a humanidade caminhava, mas de forma progressiva, que era uma sociedade liberal na qual seria finalmente possível a realização plena das liberdades civis e políticas [Silva, 2009:151].

Em suma, os "usos e costumes" dos nativos eram reconhecidos e tolerados até que eles estivessem aptos a receber os mesmos direitos civis garantidos a todos os cidadãos passivos da metrópole ou, ainda, a participar dos rumos políticos da nação. Quer isso dizer que a divisão dos indivíduos entre cidadãos ativos, passivos, estrangeiros, libertos e nativos cujos "usos e costumes" divergiam dos hábitos culturais portugueses (e sobre os quais recaía o "princípio da incerteza") não deveria ser permanente, mas transitória. A cidadania plena era um devir, um objetivo a ser atingido por todos mediante um processo civilizatório desejável e tutelado pelo Estado. Era necessário, no entanto, um período de preparação para que a assimilação cultural e a aquisição da autonomia se completassem e todos os membros da nação tivessem os mesmos direitos civis e políticos.

Como demonstraram Nogueira da Silva (2009) e Cláudia Castelo (2007), ao longo da monarquia constitucional, autoridades como o visconde de Sá da Bandeira e Paiva Couceiro defenderam que o contato dos nativos com os europeus aceleraria o progresso civilizacional dos primeiros. Sá da Bandeira era, sem dúvida, um "quimérico" (Marques, 2008), e um ferrenho propagador do "mito do Eldorado" (Alexandre e Dias, 1998) que não hesitou em afirmar a cidadania dos povos nativos do ultramar em seus atos administrativos.

Apesar de considerar cidadãos os nativos das colônias, Sá da Bandeira também defendia uma "missão civilizacional que envolvia não apenas a conversão cultural, linguística e económica (esta visando transformar as populações colonizadas em agricultores ou trabalhadores disciplinados), mas também a conversão religiosa" (Silva, 2009:209). Seu objetivo era transformar os nativos, formalmente considerados portugueses pela Carta, em "verdadeiros portugueses". Para tanto, Sá da Bandeira esteve à frente de experiências que visavam aumentar a população branca das colônias. Em 1839, promoveu o transporte de portugueses emigrados no Brasil para Angola, onde foram instalados numa guarnição militar. Apesar de fracassada, a experiência se repetiu entre 1849 e 1850, quando emigrantes portugueses radicados em Pernambuco foram transportados para Moçâmedes, de modo a escapar da lusofobia que marcou a Revolta da Praieira de 1848.

Há que sublinhar que a ideia de fomentar o povoamento branco das colônias vinha frequentemente acompanhada de uma boa dose de ceticismo e desconfiança daqueles que duvidavam da possibilidade de sobrevivência dos europeus na África. Essa ideia foi questionada e combatida também por aqueles que, como Oliveira Martins e António Eanes, defendiam uma colonização impulsionada por grandes empreendimentos que utilizassem a mão de obra local e duvidavam dos projetos de colonizar a África com famílias de camponeses do reino (Castelo, 2007). Além da existência de projetos coloniais divergentes, era recorrente também um temor de que um povoamento mal planejado encaminhasse indivíduos miseráveis, incapazes de promover a civilização dos nativos e que ameaçariam o *status* do colonizador.

Por essas razões, na prática, as medidas para incentivar os portugueses a povoarem territórios africanos foram tímidas e se limitaram a ações dispersas "de criação de colônias agrícolas e ao transporte de algumas centenas de colonos a título gratuito" (Castelo, 2007:54). Em 1863, a lei que aboliu os passaportes de interior[6] (exigidos daqueles que se deslocavam de uma região para outra do reino) nada dispôs sobre os passaportes para as colônias. O fato demonstra, por um lado, que, apesar de Portugal e seus domínios comporem um só território, as leis que valiam para o continente e ilhas adjacentes não necessariamente eram válidas no ultramar. Por outro, evidencia a desconfiança em uma migração desenfreada para as províncias ultramarinas e os limites à execução do projeto colonial por décadas propagado por Sá da Bandeira.

Houve momentos, contudo, em que pareceu haver uma vontade maior de incentivar o povoamento branco das colônias. Em 1877, numa "nova fase de euforia colonial" (Alexandre e Dias, 1998:93), a lei de 28 de março[7] determinou a gratuidade dos passaportes para as colônias e destinou uma verba para a concessão de passagens gratuitas para a África. Elaborada a partir de um projeto redigido pelo deputado José d'Ávila[8] a pedido da Comissão Parlamentar sobre a Emigração, a lei foi regulamentada pelo diploma de 16 de agosto de 1881, que concedia transporte gratuito, instrumentos de trabalho e uma quantia de 30$000 réis em dinheiro para quem se comprometesse a residir em qualquer das províncias ultramarinas por cinco anos. No entanto, seus resultados ficaram aquém do desejado.

Em 1891, a seguir ao Ultimato Britânico, foi dado um novo incentivo ao povoamento do ultramar e centenas de colonos foram enviadas para Angola e Moçambique. A experiência foi criticada pelos governadores-gerais dessas províncias, que "se queixaram do [...] triste espetáculo que brancos miseráveis e sem saúde ofereciam aos habitantes das colônias" (Castelo, 2007:56). Por isso, a portaria de 13 de março de 1897 estabeleceu a concessão de passagens para a África por conta do Estado a "emigrantes que se possam tornar elementos de civilização e prosperidade econômica e financeira das províncias ultramarinas" (Castelo, 2007:57). Percebe-se, assim, a vontade de bem selecionar os colonos de modo a evitar que as fronteiras que os separavam dos nativos fossem ameaçadas.

---

6 Lei de 31 de janeiro de 1863. *Diário de Lisboa*, n. 75, 7 abr. 1863.

7 Lei de 28 de março de 1877. *Diário do Governo*, n. 74.

8 Projeto nº 41-A. Arquivo Histórico Parlamentar/Projeto de Lei 42/XXII/2ª, seção I/II, cx. 506-A.

A exigência do passaporte para quem se destinasse às colônias só foi abolida pela lei de 25 de abril de 1907, aprovada a seguir a uma campanha promovida pela Sociedade de Geografia de Lisboa e pela Associação Comercial de Lisboa. Os clamores pela extinção do documento levaram o Ministério do Reino a organizar uma comissão composta por representantes das associações que reivindicavam uma liberdade maior de circulação e por membros do governo e do Parlamento. A comissão "por unanimidade entendeu que, sendo o território colonial equiparado ao nacional, devia ser permitida, sem o menor embaraço, a saída para as colônias, não havendo lugar para nenhuma exigência documental".[9]

Esse entendimento foi mantido durante o debate do Projeto nº 4[10] (que originou a lei de 25 de abril), ainda que tenha sido lembrada a necessidade de se "melhorar a qualidade desses elementos [os colonos]", de modo a se promover o transporte para as colônias de "indivíduos com certa educação e algum capital".[11] O deputado Jayme de Sousa propôs, então, a manutenção de passaportes não gratuitos para os analfabetos, de modo a impedir que os domínios ultramarinos fossem um "cemitério de incapazes".[12] A proposta foi vencida, mas evidencia o ceticismo que pairava sobre o povoamento desenfreado das colônias.

Outros dispositivos reforçavam as barreiras que separavam os "verdadeiros portugueses" dos nativos além da desigualdade na atribuição de direitos e da tentativa de bem selecionar os colonos para manter a imagem de superioridade civilizatória dos europeus nas províncias ultramarinas. Aos nativos eram resguardadas condições de vida inadmissíveis aos portugueses do continente e das ilhas adjacentes. Tais condições eram justificadas como sendo um mal necessário à transição civilizacional dos nativos. Assim, segundo Nogueira da Silva, na década de 1860 o sucesso da colonização surgia como dependente de

---

9 Ata da quarta sessão da comissão nomeada por portaria de 14 de julho para estudar a questão dos passaportes, 28 de julho de 1905. Arquivo Nacional da Torre do Tombo/MR/DGAPC – 3ª Rep., livro 55, maço 5409, processo 269.

10 Projeto nº 4, elaborado pela comissão de administração pública a partir da proposta nº 8-C apresentada pelo governo. *Diário da Câmara dos Deputados*, n. 26, 19 fev. 1907.

11 Deputado Jayme de Sousa. Discussão do Projeto de Lei nº 4. *Diário da Câmara dos Deputados*, n. 27, 20 fev. 1907, p. 13.

12 Deputado Jayme de Sousa. Discussão do Projeto de Lei nº 4. *Diário da Câmara dos Deputados*, n. 27, 20 fev. 1907.

uma legislação capaz de dominar as "'influências do clima e os hábitos tradicionais da ociosidade'" para que fosse possível civilizar os nativos e trazê-los "'às condições gerais do gênero humano'".[13] O trabalho forçado e, em alguns casos, a escravização eram, por isso, legítimos e aceitáveis, entendidos como parte do longo caminho a ser percorrido até que essas populações pudessem desfrutar dos mesmos direitos garantidos aos europeus.

É evidente, portanto, que o disposto no artigo 7º da Carta Constitucional – pelo qual todos os nascidos em Portugal e seus domínios eram portugueses – estava longe de significar a inserção das populações das colônias nos direitos de cidadania. O povoamento das províncias ultramarinas, a codificação dos "usos e costumes" dos povos nativos e a instituição do trabalho forçado eram entendidos como parte da missão civilizatória portuguesa. Eram estratégias que demarcavam a linha que separava os portugueses ditos "civilizados" dos "selvagens" de modo a não haver dúvidas quanto à superioridade dos colonizadores, aos quais deveriam ser assegurados direitos civis básicos, como a liberdade de trabalho, negada aos africanos.

A vontade de demarcar a barreira civilizatória entre europeus e africanos e de garantir aos primeiros direitos e privilégios negados aos segundos impactou também as políticas emigratórias adotadas durante a monarquia constitucional. Na década de 1830, iniciou-se um fluxo emigratório de tipo novo (Alves, 1994), bastante distinto da emigração de rapazes minhotos encaminhados às casas de comércio das cidades brasileiras. A partida de açorianos despossuídos que hipotecavam suas vidas, bens e herdeiros aos capitães dos navios que aceitassem transportá-los aos portos do Brasil, onde aguardavam embarcados até que alguém lhes adiantasse o valor da passagem em troca de serviços futuros, gerou indignação entre as autoridades portuguesas após o término da guerra civil, em 1834.

As semelhanças com os mercados de escravizados, a privação de liberdade quando da chegada ao destino, as condições das viagens e de contratação e a realização de trabalhos braçais, muitas vezes ao lado de africanos ou em substituição a estes, levaram o fenômeno a ser chamado de "escravatura branca". O termo, utilizado pela primeira vez num documento oficial em 1835 (Galvanese,

13 Consulta do Conselho Ultramarino, 1861 apud Silva (2009:293).

2021:93), se generalizou, e o discurso acerca do "tráfico da escravatura branca" perdurou por todo o século XIX. Esse discurso foi entendido, pela historiografia portuguesa, como uma estratégia retórica, cujo objetivo era legitimar medidas restritivas da emigração. No entanto, a expressão "escravatura branca", provida de densidade e substância, permitia aos oradores da época captarem o impensável:

> Perante a constatação do improvável, de fatos deslocados do horizonte de possibilidades de então, foi criada a categoria do "escravo branco" como forma de expressar o inexpressável, de pensar sobre o impensável e manifestar a indignação face à inversão da ordem conhecida. Assim, as engrenagens do racismo que naturalizaram a escravidão de africanos geraram indignação com o tratamento dispensado a portugueses [Galvanese, 2021:87].

Em outras palavras, as analogias traçadas entre a escravidão e a emigração de açorianos contratados num contexto de busca de alternativas à mão de obra escravizada no Brasil (Galvanese, 2022) eram inadmissíveis às autoridades e invertiam a ordem do mundo construída pelo colonialismo. Era, por isso, necessário criar dispositivos que demarcassem as fronteiras entre portugueses europeus e escravizados africanos também na antiga colônia. Coube, uma vez mais, a Sá da Bandeira a primeira iniciativa de formular um projeto de lei para encerrar o "tráfico da escravatura branca".[14]

Os detalhes desse projeto (que originou a portaria de 19 de agosto de 1842)[15] e do debate por ele provocado não são aqui relevantes. Importa, contudo, sublinhar que a proposta apresentada ao Parlamento se inseria no projeto colonial mais amplo defendido por Sá da Bandeira, o qual, como já mencionado, previa o povoamento branco das províncias ultramarinas. O projeto servia, ainda, como escudo para a estratégia abolicionista promovida por Sá da Bandeira na década de 1830, ao permitir que se defendesse de ataques que o acusavam de se

---

14 Projeto de Decreto, 3 nov. 1836. AHP. Proposta de Lei nº 22-A/III/3ª, livro 3263, seção VI, cx. 136, maço 5.

15 Portaria de 19 de agosto de 1842, providenciando a restrição do tráfico da escravatura branca. *Diário do Governo*, n. 196, 20 ago. 1842. Sobre o projeto de Sá da Bandeira e a portaria de 1842, ver Galvanese (2019).

preocupar mais com a escravidão dos negros do que com aquela a que supostamente estavam sujeitos os portugueses no Brasil.

Importa, contudo, ressaltar que o projeto visava garantir aos emigrantes portugueses melhores condições de viagem e de inserção no Brasil, de modo a manter intacta a linha que separava os europeus dos indivíduos provenientes da África – sujeitos à escravização mesmo depois de a Lei Feijó, de 1831, decretar serem livres os africanos que ingressassem no país. Assim, o projeto previa um limite no número de passageiros que podiam ser transportados a bordo dos navios inferior àquele autorizado a bordo dos negreiros pelo alvará de 24 de novembro de 1813, proporcionando aos emigrantes portugueses um conforto negado aos africanos. Além disso, o projeto responsabilizava os cônsules dos portos de destino por garantir contratos de trabalho vantajosos aos emigrantes e por fiscalizar o cumprimento dos ditos contratos. Dessa forma, diminuíam os riscos de serem os portugueses reduzidos a "escravos brancos".

A despeito da insistência de Sá da Bandeira, o projeto só entrou em debate da Câmara dos Pares do Reino em 1843.[16] A essa altura, uma disputa em torno do termo "emigrante" já havia interditado parcialmente o discurso da "escravatura branca" e a discussão da proposta foi adiada. Foi apenas em 1855, a seguir a uma série de escândalos ocorridos no transporte de emigrantes para o Brasil, que se criou o consenso em torno da necessidade de serem aprimorados os mecanismos que garantiam o monopólio estatal dos meios legítimos de emigração.

A lei de 20 de julho de 1855,[17] cujo alvo era a emigração clandestina e aqueles que promoviam ou consentiam com a clandestinidade, dispôs também sobre os contratos de locação de serviços a serem realizados no principal país de destino dos emigrantes portugueses: o Brasil. Pelo artigo 11º da lei, os contratos precisavam especificar o contratante e não poderiam ser cedidos a terceiros, de modo que se conhecesse o paradeiro do emigrante e que fosse possível auferir as condições laborais a que estava obrigado. Dessa forma, ficavam reduzidos os riscos de privação da liberdade dos emigrantes e assegurados os direitos civis dos portugueses na antiga colônia. Há que notar que a liberdade de trabalho de que deveriam fruir os emigrantes era negada aos africanos, tanto aqueles

---

16 *Diário da Câmara dos Pares do Reino*, n. 116, 22 nov. 1843.

17 Lei de 20 de julho de 1855, Ministério do Reino, livro de 1855.

escravizados no Brasil quanto os que posteriormente foram sujeitos ao trabalho forçado nas colônias.

A lei de 1855, ao acionar mecanismos que deveriam coibir a emigração clandestina e regulamentar os contratos de locação de serviços, criou a linha mestra da política emigratória oitocentista: a distinção entre emigrantes legais/clandestinos e livres/contratados. Aqueles que desejassem emigrar sem contratos, com as passagens previamente pagas (e, portanto, de forma livre) e em posse dos documentos exigidos podiam deixar o país sem quaisquer constrangimentos; afinal, a Carta de 1826 consagrara a liberdade de emigrar. Quem não cumprisse os requisitos para emigrar legalmente deveria ser coibido de o fazer clandestinamente e, por fim, os portugueses que emigrassem com contrato de locação de serviços precisavam ser tutelados para não correrem o risco de serem rebaixados à condição de escravizados no Brasil.

Do que ficou dito até aqui, percebe-se que os dispositivos que aprofundavam o monopólio dos meios legítimos de emigração tinham, entre outros objetivos,[18] a função de garantir aos emigrantes (muitos deles, cidadãos passivos, não ativos) os direitos consagrados na Carta Constitucional e, assim, assegurar aos portugueses no Brasil uma posição distinta daquela reservada aos africanos. A proteção estatal dos emigrantes deveria, ainda, lhes proporcionar uma inserção laboral vantajosa, que lhes possibilitasse retornar enriquecidos à pátria, completando a transição para a cidadania plena.

De volta à questão da cidadania dos povos colonizados, foi apenas durante a república que a distinção entre nativos e cidadãos portugueses de plenos direitos se consolidou. As expectativas "de muitos dos naturais das colónias [...], desejosos de partilhar os ideais republicanos de liberdade, igualdade e dignidade, abertos a todos" (Meneses, 2010:74) mostraram-se frustradas. A república prosseguiu a exploração do trabalho africano e consagrou a diferença entre "indígenas" e "cidadãos". Como mostrou Nogueira da Silva (2009:23), "a primeira lei portuguesa onde foi finalmente pensado um estatuto pessoal (civil, político e criminal) próprio para o *indígena*" data de 1914.

18 Esses objetivos devem ser entendidos por meio da consideração da conjuntura específica em que cada diploma foi aprovado. Eles foram desenvolvidos por Galvanese (2021).

Pela lei, seria considerado

> "cidadão da República", com todos os direitos civis e políticos, o *indivíduo de cor* que falasse português ou qualquer outra "língua culta", que não praticasse os usos e costumes característicos do meio *indígena*, que exercesse profissão, comércio ou indústria ou que possuísse bens de que se mantivesse [Silva, 2009:23].

Os que não satisfizessem esses requisitos seriam apenas súditos da república. A lei estabeleceu, portanto, critérios para que os indígenas completassem a transição para a cidadania e aprofundou uma hierarquia em que portugueses brancos eram indubitavelmente cidadãos e pela qual os indivíduos negros das colônias podiam ou não ter a cidadania em função do nível de civilidade atingido – medido a partir de uma métrica europeia.

Com o advento da ditadura, em 1926, foi promulgada a primeira versão do Estatuto do Indigenato, pelo qual não eram atribuídos aos indígenas "os direitos relacionados com as nossas [portuguesas] instituições constitucionais".[19] Pelo diploma, não eram válidos aos nativos das colônias os códigos administrativos, civis, comerciais e penais, sendo mantida "uma ordem jurídica própria do estado das suas faculdades, da sua mentalidade de primitivos, dos seus sentimentos, da sua vida".[20]

Três anos depois, o estatuto foi reformulado de modo a definir a categoria de "indígena", composta por

> indivíduos de raça negra ou seus descendentes que, tendo nascido ou vivendo habitualmente [nas colônias], não [possuíam] ainda a ilustração e os hábitos individuais e sociais pressupostos para a integral aplicação do direito público e privado dos cidadãos portugueses.[21]

---

19 Estatuto Político, Civil e Criminal dos indígenas de Angola e Moçambique, aprovado pelo Decreto nº 12.533, de 23 de outubro de 1926 apud Meneses (2010:84).

20 Ibid.

21 Estatuto Político, Civil e Criminal dos indígenas das colônias portuguesas de África, aprovado pelo Decreto nº 16. 473, de 6 de fevereiro de 1929 apud Meneses (2010:84).

Mantinha-se na república o entendimento de que os direitos seriam garantidos pela lei e de que cabia ao legislador definir a quem esses direitos eram aplicáveis em função do estágio civilizacional. No caso dos indígenas, a liberdade de trabalho não se aplicava ainda, razão pela qual podiam ser recrutados compulsoriamente para diversos serviços.

O Estatuto do Indigenato criou uma terceira categoria, a dos assimilados, composta por indígenas que adquiriram a cidadania portuguesa. Para ascenderem a essa categoria, os indígenas precisavam: ser maiores de 18 anos, falar português corretamente, exercer profissão que garantisse o sustento próprio ou possuir bens suficientes para tal, ter bom comportamento, ter adquirido a ilustração e os hábitos necessários à integral aplicação do direito público e privado dos cidadãos portugueses e não ser refratário nem ter sido dado como desertor. Em outras palavras, precisavam provar ser autônomos e ter adquirido hábitos "civilizados".

Há que sublinhar que, mesmo cumprindo esses requisitos, o indivíduo não ingressava na categoria dos cidadãos portugueses, mas em outra, a de assimilado, o que o mantinha numa posição diferente daquela dos "verdadeiros portugueses" (os brancos europeus). No mais, os assimilados nunca foram maioria, mesmo porque o povoamento branco das colônias como meio capaz de promover a "civilização" dos nativos seguiu sendo alvo de dúvidas e ceticismo provocados pelos eventuais efeitos deletérios de uma colonização feita por portugueses miseráveis para a imagem do colonizador.

Esses receios se esvaíram com a eclosão da guerra em Angola em 1961, em decorrência da qual foram finalmente abolidos o Estatuto do Indigenato e o trabalho forçado. O povoamento das colônias ganhou defensores como o deputado Burity da Silva, que, numa sessão da Assembleia Nacional de 14 de fevereiro de 1962, discursou a favor da canalização, para Moçambique, de "uma parte dos emigrantes que continuam a deixar, todos os anos, aos milhares, a nossa Mãe-Pátria com destino ao estrangeiro".[22] Reproduzindo a ideologia lusotropical formulada por Gilberto Freyre e apropriada pelo Estado Novo,[23] o deputado

22 Deputado António Burity da Silva. Assembleia Nacional. *Diário das Sessões*, n. 33, p. 740, 15 fev. 1962.

23 Sobre o assunto, ver Castelo (1998).

afirmou que, nas colônias (então chamadas de "províncias ultramarinas"), os portugueses seriam recebidos

> de braços abertos como filhos da mesma casa paterna, terra onde os seus descendentes cresceriam ouvindo falar a doce língua portuguesa, num ambiente português, rodeados da nossa maneira de viver e das nossas tradições, arquitetando, na mistura com os autóctones dessas regiões, uma verdadeira sociedade multirracial, de amplo futuro nos destinos da nacionalidade e no revigoramento da nossa cultura lusotropical, criadora de novas expressões de vida.[24]

Proposta semelhante foi defendida pelo deputado Jacinto Medina, para quem era urgente que se promovesse uma "maior interpenetração étnica que conduzirá a uma sociedade multirracial mais equilibrada, fator decisivo na consolidação da nossa presença no ultramar".[25] Perante o iminente risco da perda do império tornava-se urgente dar substância ao discurso lusotropical propagado por Freyre. No entanto, naquela mesma década, milhares de portugueses preferiram emigrar "a salto" para a França, fugindo da miséria e da guerra em África. O volume da emigração tornava patente a insatisfação com o regime e a falta de interesse de muitos portugueses em contribuir com a já ultrapassada utopia imperial salazarista.

Em resumo, ao longo dos séculos XIX e XX, uma série de medidas foi tomada no sentido de manter a distância entre cidadãos portugueses de plenos direitos e os povos africanos, assegurando a posição superior dos europeus na hierarquia imperial por eles construída. Para tanto, era necessário também que, por meio do monopólio estatal dos meios legítimos de emigração, fossem garantidos aos emigrantes portugueses os direitos civis (como a liberdade de trabalho) negados aos "indígenas" e atenuada a ameaça representada pelos "escravos brancos" ao *status* dos colonizadores. A exclusão de nativos das colônias dos direitos de cidadania tão caros ao liberalismo foi apresentada sempre como passageira e transitória, e a cidadania plena como um devir a ser concretizado tão logo esses indivíduos atingissem um determinado estágio civilizacional. Iniciada a guerra

24 Deputado António Burity da Silva. Assembleia Nacional. *Diário das Sessões*, n. 33, p. 740, 15 fev. 1962.

25 Deputado Jacinto Medina. Assembleia Nacional. *Diário das Sessões*, n. 33, p. 746, 15 fev. 1862.

em África, os estatutos que demarcavam a fronteira entre europeus e indígenas foram abolidos, de modo a conferir substância ao discurso do lusotropicalismo. A medida, contudo, veio tarde e foi incapaz de frear os movimentos de libertação.

Ato II: imigração e cidadania no Portugal pós-colonial

Como já indicado em outra ocasião (Galvanese, 2021), no romance *As naus*, António Lobo Antunes narra o retorno dos heróis das grandes navegações a Portugal, após a conquista da independência pelas colônias. No livro, o autor imagina Camões sentado no cais de Alcântara, agarrado aos restos mortais do pai, à espera da chegada de seus bens (uma geladeira, um fogão e um antigo Chevrolet):

> Era uma vez um homem de nome Luís a quem faltava a vista esquerda, que permaneceu no Cais de Alcântara três ou quatro semanas pelo menos, sentado em cima do caixão do pai, à espera que o resto da bagagem aportasse no navio seguinte. Dera aos estivadores, a um sargento português bêbado e aos empregados da alfândega, a escritura da casa e o dinheiro que trazia, vira-os içar o frigorífico, o fogão e o Chevrolet antigo, de motor delirante, para uma nau que aparelhava já, mas recusou separar-se da urna apesar das ordens de um major gorducho (Você nem sonhe que leva essa gaita consigo), um féretro de pegas lavradas e crucifixo no tampo, arrastando tombadilho fora perante o pasmo do comandante que se esqueceu do nónio e levantou a cabeça, tonta de cálculos, para olhá-lo no momento em que o homem de nome Luís desaparecia no porão e encaixava o morto sob o beliche, como os restantes passageiros faziam aos cestos e às malas [Antunes, 2011:15].

O trecho é uma instigante metáfora de um país que, sem o império, vivia as incertezas do futuro agarrado a um passado tão glorioso quanto incômodo. Era preciso acomodar aqueles que haviam feito a vida nas colônias e se viram obrigados a abandonar os antigos territórios coloniais, onde já não eram bem-vindos. Havia que pensar na inserção mundial de um país, outrora grandioso, que se via reduzido ao retângulo europeu. Era necessário, ainda, decidir se dar as costas para o Atlântico e virar-se para a Europa era o melhor caminho a seguir.

O percurso rumo à integração europeia foi pavimentado por Mário Soares, que vislumbrava um papel de destaque a ser ocupado por Portugal na nova ordem mundial, como elo entre a Europa, a África e a América. Para Soares (1991:308), o "universalismo" era uma marca identitária dos portugueses, sempre abertos "ao diálogo e ao entendimento sem preconceitos entre todos os homens independentemente de suas raças, religiões ou culturas". A seu ver, a integração à Europa consolidaria a posição euro-atlântica lusitana, asseguraria que o país cumprisse sua vocação universalista e garantiria a "coesão dos territórios separados pelo mar" (Soares, 1986 apud Sebastião, 2010:100).

Essa posição não foi unânime. Para Joaquim Barradas de Carvalho, se ingressasse na Comunidade Econômica Europeia, Portugal perderia a independência e, logo, estaria de volta à situação de 1580. O historiador defendia a formação de uma "autêntica comunidade luso-brasileira, que poderá vir a estender-se à África" (Carvalho, 1974:78), formando uma grande comunidade luso-afro-brasileira. Seria essa a única via para que o país encontrasse "sua individualidade, sua especificidade" (Carvalho, 1974:78).

No entanto, os agentes políticos de Portugal parecem ter confiado na inexistência de uma bifurcação em que ou se caminhava rumo à Espanha ou se navegava pelo Atlântico. Nesse sentido, é emblemática a síntese construída por Adriano Moreira (ex-ministro do Ultramar): a

> adesão a grandes espaços tem como consequência [...] que a fronteira geográfica deixou de coincidir com a fronteira de segurança, que é a da Nato, e com a fronteira económica, a evoluir para a política, que é a da União Europeia. Diferente daquelas duas, é a fronteira cultural emergente, com apoio na língua [Moreira, 2000:319].

Pode-se, assim, dizer que foi vitorioso o entendimento de que seria possível a Portugal pertencer a diversos blocos com fronteiras distintas.

A despeito do discurso universalista de Mário Soares, num contexto de reposicionamento de Portugal no mundo, o país passava de "metrópole imperial" a "nação pós-colonial" (Bianco, 2010:58). Assim como outras antigas metrópoles europeias, os agentes estatais portugueses redesenharam "a pertença à nação pós-colonial por meio da concessão de direitos de nacionalidade a [...] emigrantes e/ou descendentes" e dificultaram "cada vez mais a entrada de novos imigrantes, inclusive aqueles originários de suas ex-colônias na 'fortaleza da Europa'" (Bianco, 2007:412). Em 1981, foi promulgada uma nova lei de nacionalidade e publicado um decreto que regulamentou a entrada, permanência, saída e expulsão de estrangeiros do território nacional.

A Lei nº 37/1981, de 3 de outubro,[26] reforçou o direito de sangue e enfraqueceu o direito de solo, ainda predominante na lei de 1959. Pelo novo diploma, eram portugueses os filhos de portugueses nascidos no território nacional ou no exterior (mediante declaração de vontade). Os filhos de estrangeiros nascidos em Portugal poderiam ser nacionais se assim o desejassem, desde que os pais residissem no país há pelo menos seis anos. Poderiam se naturalizar os estrangeiros maiores de idade que residissem há pelo menos seis anos no país, conhecessem suficientemente a língua portuguesa, tivessem idoneidade moral e civil e fossem capazes de assegurar a própria subsistência.

A nova lei de nacionalidade aprovada no contexto pós-colonial português integrou na nação os descendentes daqueles que haviam deixado o país, não mais tidos como cidadãos incompletos que precisavam ser tutelados, mas como os continuadores da expansão lusitana. Com isso, os milhares de portugueses que saíram do país conferiam materialidade a uma nação imaginada como maior que seu pequeno território. Como bem resumiu Bela Feldman Bianco (2010:61), a diáspora portuguesa foi incorporada na recriação de uma nação pós-colonial, "substituindo as ex-colônias na reimaginação do antigo espaço imperial".

Além disso, a lei manteve o sentido histórico-cultural da nação, presente nas constituições oitocentistas. A esse sentido histórico, somou-se a vontade do indivíduo, que poderia se naturalizar caso conhecesse a língua portuguesa e pudesse se sustentar e desde que residisse no país pelo tempo entendido como necessário à completa transição para a cidadania plena. Por esses critérios, percebe-se que antigos dispositivos imperiais do Estatuto do Indigenato eram reaproveitados no Portugal pós-colonial. Vale sublinhar, ainda, que o conhecimento da língua portuguesa foi insuficiente para assegurar a nacionalidade e o direito de adentrar as fronteiras portuguesas, o que afastou os cidadãos provenientes das ex-colônias, definitivamente inseridos na categoria de "imigrantes" (Baganha, 1998-9).

---

26 Art. 1º da Lei nº 37/1981. *Diário da República*, Série I de 3 out. 1981. Disponível em: <https://dre.pt/dre/detalhe/lei/37-1981-564050>. Acesso em: 17 jan. 2022.

Na década de 1990, a imigração entrou para a agenda política portuguesa, em parte devido ao aumento do número de indivíduos que procuraram o país para viver e trabalhar, em parte devido à adesão de Portugal à Comunidade Econômica Europeia (CEE) e à assinatura da Convenção de Schengen. Por um lado, o ingresso de Portugal na CEE, o aumento das desigualdades entre países centrais e periféricos, o avanço da globalização e a emergência de um ciclo de conflitos nos antigos espaços coloniais portugueses após as independências funcionaram como fatores propulsores da imigração, que se tornou mais visível. Por outro, o paradigma securitário pelo qual o tema vinha sendo adotado no restante da Europa foi incorporado pelo XII Governo Constitucional, o que conferiu importância política ao assunto.

No programa do governo liderado por Aníbal Cavaco Silva, do PSD (partido à direita no espectro político-partidário lusitano), foi assumido o compromisso de "afirmar Portugal no mundo" e de serem reforçados "os mecanismos de vigilância nas fronteiras exteriores" por meio da "reestruturação do Serviço de Estrangeiros e Fronteiras" e da elaboração de "propostas legislativas sobre direitos de estrangeiros".[27]

O governo se propunha a "preservar os valores nacionais e consolidar a identidade nacional",[28] a "incentivar e promover a ligação do Ocidente a outras zonas de interesse para Portugal" e "aprofundar o já excelente relacionamento político entre Portugal e os países africanos de língua oficial portuguesa". Tudo isso sem descurar da consolidação das "comunidades europeias como núcleo essencial da construção europeia assente na solidariedade e na coesão económica, social e política dos doze [países-membros]".[29] Assim, o universalismo de que falava Mário Soares era reafirmado como "a permanente abertura a outros povos e culturas e o dever de solidariedade activa, especialmente para com o Sul".[30]

No entanto, não tardou para que os limites ao "universalismo" português se evidenciassem e para que emergissem as contradições entre a manutenção de boas relações com as antigas colônias e a defesa da "Europa-fortaleza".

---

27 Programa do XII Governo Constitucional, p. 14. Disponível em: <www.historico.portugal.gov.pt/pt/o-governo/arquivo-historico/governos-constitucionais/gc12/programa-do-governo/programa-do-xii-governo-constitucional.aspx>. Acesso em: 18 jan. 2022.

28 Ibid., p. 3.

29 Ibid., p. 18.

30 Ibid., p. 19.

Em 1992, o governo apresentou a Proposta de Lei nº 22/VI,[31] pela qual seria autorizado a rever o regime de entrada, permanência, saída e expulsão do território nacional. No projeto, pela primeira vez aparece a menção a Portugal como "país de imigração" com obrigações comunitárias. Aprovada, a proposta originou a Lei nº 13/1992,[32] que autorizou o governo a publicar o Decreto nº 59/1993.

Esse decreto endureceu os direitos de estrangeiros de países terceiros em Portugal, tornando a imigração mais burocrática. Foram ampliadas as razões para a interdição da entrada de estrangeiros – pelo artigo 10º seriam suficientes "*indícios* de que [os estrangeiros] *tencionam* praticar delitos graves".[33] O decreto facilitou a expulsão de estrangeiros em situação ilegal no país e determinou que a concessão de vistos de trabalho dependia de parecer favorável da Inspeção Geral do Trabalho. Os dispositivos do novo diploma funcionavam como barreiras que compartimentavam e hierarquizavam os cidadãos residentes em Portugal em função do grau de direitos a eles concedidos. O monopólio estatal dos meios legítimos de imigração substituía, assim, o monopólio estatal dos meios legítimos de emigração na garantia do estatuto privilegiado dos portugueses, além de causar uma crise diplomática com o Brasil.[34]

Antes de as novas normas entrarem em vigor, o governo promoveu um processo de regularização extraordinária de imigrantes em situação ilegal no país que comprovassem exercer atividade profissional remunerada. O Decreto-Lei nº 212/1992 concedeu um tratamento diferenciado aos "cidadãos originários de países de língua oficial portuguesa" justificado por "razões históricas",[35] suficientes apenas para a concessão de uma autorização de residência válida por um ano. Na hierarquia pós-colonial que se criava, os membros das ex-colônias com

---

31 Proposta de Lei nº 22/VI, de 6 de março de 1992. Disponível em: <www.parlamento.pt/ActividadeParlamentar/Paginas/DetalheIniciativa.aspx?BID=4182>. Acesso em: 18 jan. 2022.

32 Lei nº 13/1992, de 23 de julho de 1992. Disponível em: <www.parlamento.pt/ActividadeParlamentar/Paginas/DetalheDiplomaAprovado.aspx?BID=2727>. Acesso em: 18 jan. 2022.

33 Art. 10º do Decreto nº 59/1993, de 3 de março de 1993. Disponível em: <https://dre.pt/dre/detalhe/decreto-lei/59-1993-626471>. Acesso em: 18 jan. 2022, grifos meus.

34 A detenção de brasileiros no aeroporto de Lisboa em 1993 e a crise diplomática que se seguiu foram estudadas por Bela Feldman Bianco (2007). Interessa sublinhar que, na ocasião, a despeito de todo o discurso de aproximação com as ex-colônias, o então embaixador de Portugal no Brasil, Leonardo Mathias, caracterizou os brasileiros de "vagabundos" e "mulatinhas de minissaia".

35 Decreto-Lei nº 212/1992, de 30 de setembro de 1992. Disponível em: <https://dre.pt/dre/detalhe/decreto-lei/212-1992-225999>. Acesso em: 18 jan. 2022.

capacidade de se sustentar ficariam numa situação um pouco menos precária. A apregoada partilha de uma história comum produzia semelhanças consideradas insuficientes para que esses indivíduos fossem considerados aptos a exercer a cidadania plena.

Os limites da política de discriminação positiva perante as populações das antigas colônias – as quais "funcionavam como incômodos 'lembretes' do império" (Hall apud Bianco, 2007:412) – ficaram mais evidentes em 1994, com a proposta de alteração da lei de nacionalidade. As mudanças sugeridas foram justificadas pelo processo de integração europeia, que teria "atraído cidadãos dos mais diversos países do mundo que aqui vêm chegando ou têm procurado criar laços, motivados quase em exclusivo por interesses econômico-sociais".[36] Esses estrangeiros estariam recorrendo à aquisição da nacionalidade portuguesa para melhorar de vida. No entanto, para os autores da proposta, a nacionalidade seria "o vínculo político-jurídico que liga um indivíduo ao respectivo Estado", não sendo "legítimo procurar adquirir aquele vínculo com objetivos meramente utilitários".[37]

Os autores do projeto argumentaram que o vínculo jurídico da nacionalidade seria "a tradução de um efectivo laço de pertença a um conjunto humano historicamente sedimentado".[38] Mantinha-se, então, o entendimento da nação como uma coletividade unida pela partilha de um mesmo passado e de certos costumes. O nível de inserção dos indivíduos na "comunidade imaginada" dependeria do grau de aproximação a um certo entendimento da "portugalidade". Assim, o governo sugeriu que os cidadãos provenientes de ex-colônias pudessem se naturalizar após seis anos de residência, enquanto dos demais seriam exigidos 10 anos para que a transição se completasse.

Além do tempo de residência, eram obrigatórios: conhecimento do português, idoneidade cívica, capacidade para assegurar a subsistência e existência de uma "ligação efetiva à comunidade nacional, aferida, nomeadamente, pelo cultivo de hábitos, usos e tradições de raiz nacional, pela comunhão de valores

36 Proposta de Lei nº 91/VI, de 24 de fevereiro de 1994. Disponível em: <https://debates.parlamento.pt/catalogo/r3/dar/s2a/06/03/024/1994-02-24/376?pgs=376-378&org=PLC>. Acesso em: 18 jan. 2022.

37 Ibid.

38 Ibid.

designadamente culturais, com o cidadão nacional médio".[39] Novamente, eram recuperados dispositivos do Estatuto do Indigenato. Ao contrário do Terceiro Império, quando a assimilação dos africanos deveria acontecer no espaço colonial mediante a criação de uma zona de contato com "verdadeiros portugueses", no Portugal pós-colonial o processo deveria acontecer no antigo espaço metropolitano.

O projeto gerou polêmica no Parlamento. O principal ponto de discórdia foi a referência aos hábitos e costumes do cidadão nacional médio. O deputado José Vera Jardim, do Partido Socialista, ironizou:

> Olhando para a bancada do governo, cheguei à conclusão que talvez uma de vossas excelências pudesse ser o cidadão médio. Porventura não o Sr. Ministro, mas talvez o secretário adjunto do Ministro da Administração Interna. A altura é do cidadão médio, naturalmente a face também, mas faltam-me uma série de coisas... Não sei se gosta de bacalhau com batatas, de cozido à portuguesa, se aprecia o fado, se é do Benfica ou do Sporting, o que me parece constituírem algumas das características fundamentais para o cidadão nacional médio.[40]

Deixando a ironia de lado, o mesmo deputado observou que o texto do projeto lembrava aquilo a que se chamava antigamente "os assimilados". João Amaral, do Partido Comunista Português, ponderou que o governo visava restringir a nacionalidade portuguesa por meio de exigências que transportariam "uma carga xenófoba acentuada"[41] e que procuravam definir uma "etnia" portuguesa, introduzindo preconceitos inadmissíveis.

Devido às críticas, a alínea que falava dos hábitos do cidadão nacional médio foi excluída. No entanto, manteve-se a necessidade de os estrangeiros comprovarem residência legalmente por seis ou 10 anos e existência de uma efetiva ligação à comunidade nacional. Modificado, o texto foi aprovado com votos favoráveis de CDS-PP, PSD e PS. Importa observar que a exigência de seis anos de residência legal a indivíduos considerados cultural e historicamente mais próximos da identidade portuguesa não foi questionada por nenhum dos partidos.

---

39 Ibid.

40 Deputado José Vera Jardim. *Diário da Assembleia da República*. Série I, 57/VI/3, p. 1910, 14 abr. 1994.

41 Deputado João Amaral. *Diário da Assembleia da República*. Série I, 57/VI/3, p. 1911, 14 abr. 1994.

A ideia de que a suposta partilha de uma mesma história, língua e cultura era suficiente para fazer com que esses imigrantes se mantivessem num estágio intermediário e transitório por menor tempo, mas não o bastante para serem considerados cidadãos de plenos direitos, foi unânime. A inclusão automática na nação de indivíduos provenientes das ex-colônias pertencia, ainda, ao âmbito do impensável, muito embora o discurso lusotropical recuperado insistisse na existência de uma fronteira histórico-cultural comum e num "universalismo" tipicamente lusitano.

A política que colocava os imigrantes provenientes das ex-colônias numa posição intermédia entre os cidadãos portugueses e os imigrantes de outras procedências perdurou por mais de uma década. Em 1995, o governo do socialista António Guterres propôs um novo processo de regularização extraordinária de indivíduos em situação ilegal. A proposta previa condições mais favoráveis aos cidadãos de países de língua portuguesa com argumentos de caráter lusotropicalistas.

De acordo com o ministro da Administração Interna, "Portugal é um nome que faz sentido, é uma referência histórica que diz alguma coisa a muitas pessoas".[42] Segundo o ministro, "aquilo que os nossos antepassados fizeram de bom e que talha hoje a memória positiva deste país deve ser acrescentado com o que soubermos fazer em relação àqueles que acolhemos".[43] Novamente, a ênfase num passado comum e o silêncio acerca da violência colonial serviram apenas para garantir a esses imigrantes alguma visibilidade, mas não os mesmos direitos de cidadania assegurados aos "verdadeiros portugueses".

Em 2006, chegou ao fim a política de discriminação positiva adotada previamente. No início do século, imigrantes provenientes do Leste Europeu chegaram a Portugal e já não era possível ignorar que nem todos que escolhiam viver no país compartilhavam um "passado comum" com os portugueses. Adequando-se a normas comunitárias que condenavam discriminação decorrente de origem étnica ou nacional, o Parlamento aprovou a Lei Orgânica nº 2/2006, de 17 de abril,[44] pela qual seriam portugueses os filhos de estrangeiros nascidos em

---

42 Alberto Costa, ministro da Administração Interna. *Diário da Assembleia da República*. Série I, 53/VII/1, p. 8, 29 mar. 1996.

43 Ibid.

44 Lei Orgânica nº 2/2006, de 17 de abril. Disponível em: <https://files.dre.pt/1s/2006/04/075a00/27762782.pdf>. Acesso em: 19 jan. 2022.

território nacional desde que um dos progenitores residisse legalmente no país há cinco anos. Além de reforçar o direito de solo, a lei estabelecia um período mínimo de seis anos de residência para a naturalização de qualquer estrangeiro, independentemente da origem.

De lá para cá, tanto o direito de solo quanto o de sangue foram reforçados, de modo que a nação portuguesa tem abrangido um número cada vez maior de indivíduos. Pela Lei Orgânica nº 2/2020, de 10 de novembro,[45] são portugueses os filhos de estrangeiros nascidos em Portugal desde que um dos progenitores tenha residência legal no país ou nele resida, independentemente do título, há um ano. Quanto à naturalização, o último diploma manteve a determinação da lei de 2018,[46] pela qual os estrangeiros poderiam se naturalizar depois de cinco anos de residência legal.

Resta saber se, num futuro não muito longínquo, portugueses com sotaques diferentes do português europeu e/ou pele negra continuarão a ouvir que devem "voltar a seus países", e se a pertença desses indivíduos à nação continuará a fazer parte do impensável. Resta, enfim, saber se a sociedade portuguesa enfrentará seu passado colonial ou se continuará a reproduzir um discurso de caráter lusotropical, mascarando a violência imperial e criando diversas barreiras para distinguir "portugueses verdadeiros" dos outrora "assimilados".

Referências

ALEXANDRE, V.; DIAS, J. (Coord.). *O império africano (1825-1890).* Lisboa: Editorial Estampa, 1998.

ALVES, J. F. *Os brasileiros*: emigração e retorno no Porto oitocentista. Porto: Ed. do Autor, 1994.

ANTUNES, A. L. *As naus.* Rio de Janeiro: Objetiva, 2011.

BAGANHA, M. I.; GÓES, P. Migrações de e para Portugal: o que sabemos e para onde vamos? *Revista Crítica de Ciências Sociais*, n. 52-53, p. 229-280, 1998-1999.

45 Lei Orgânica nº 2/2020, de 10 de novembro. Disponível em: <https://files.dre.pt/1s/2020/11/21900/0000200015.pdf>. Acesso em: 19 jan. 2022.

46 Lei Orgânica nº 2/2018, de 5 de julho. Disponível em: <https://files.dre.pt/1s/2018/07/12800/0289502902.pdf>. Acesso em: 19 jan. 2022.

BIANCO, B. F. Entre a "fortaleza" da Europa e os laços afetivos da "irmandade" luso-brasileira: um drama familiar em um ato só. In: BASTOS, C.; ALMEIDA, M. V.; BIANCO, B. F. *Trânsitos coloniais*: diálogos críticos luso-brasileiros. Campinas: Ed. Unicamp, 2007. p. 411-444.

_____. Brasileiros em Lisboa, portugueses em São Paulo, construções do "mesmo" e do "outro". In: _____. (Org.). *Nações e diásporas*: estudos comparativos entre Brasil e Portugal. Campinas: Ed. Unicamp, 2010. p. 57-106.

CARVALHO, J. B. *Rumo de Portugal*: a Europa ou o Atlântico? Lisboa: Livros Horizonte, 1974.

CASTELO, C. *O modo português de estar no mundo*: o lusotropicalismo e a ideologia colonial portuguesa (1933-1961). Porto: Afrontamento, 1998.

_____. *Passagens para a África*: o povoamento de Angola e Moçambique com naturais da metrópole (1920-1974). Porto: Afrontamento, 2007.

DHADA, M. Massacre de Wiriamu, Moçambique (1972). In: CARDINA, M.; MARTINS, B. S. (Org.). *As voltas do passado*: a guerra colonial e as lutas de libertação. Lisboa: Tinta da China, 2018. p. 232-239.

GALVANESE, M. S. Criação e fracasso de um projeto: Sá da Bandeira e a tentativa de regulamentar a emigração portuguesa para o Brasil (1835-1843). *Varia História*, v. 35, n. 69, p. 825-856, 2019.

_____. *Os sentidos da emigração portuguesa*: discursos, diplomas e políticas entre Portugal e Brasil (1835-1914). Tese (doutorado) – Faculdade de Filosofia, Letras e Ciências Humanas, USP, São Paulo, 2021.

_____. Imigrantes açorianos na transição da escravatura para o trabalho livre no Brasil (décadas de 1830 e 1840). *Revista de História*, n. 181, 2022.

HESPANHA, A. M. *Guiando a mão invisível*: direitos, Estado e lei no liberalismo monárquico português. Coimbra: Almedina, 2004.

MARQUES, J. P. *Os sons do silêncio*: o Portugal de Oitocentos e a abolição do tráfico de escravos. Lisboa: ICS, 2008.

MENESES, M. P. O "indígena" africano e o "colono" europeu: a construção da diferença por processos legais. *E-cadernos do CES*, n. 7, p. 68-93, 2010.

MOREIRA, A. Situação internacional portuguesa. *Análise Social*, ano XXXV, n. 154-155, p. 315-326, 2000.

SAID, E. *Cultura e imperialismo*. São Paulo: Companhia de Bolso, 2011.

SEBASTIÃO, D. S. N. *Mário Soares e a Europa*: pensamento e acção. Dissertação (mestrado) – Faculdade de Letras, Universidade de Coimbra, Coimbra, 2010.

SILVA, C. N. *Constitucionalismo e império*: a cidadania no ultramar português. Coimbra: Almedina, 2009.

SOARES, M. Consolidar o desanuviamento internacional. In: _____. *Intervenções 5*. Lisboa: Imprensa Nacional da Casa da Moeda, 1991. Discurso proferido no Palácio da Ajuda, em 31 de março de 1990, no banquete de honra ao presidente da República da Índia.

TROUILLOT, M-R. *Silenciando o passado*: poder e a produção da história. Curitiba: Huya, 2016.

6. A ideologia do salazarismo veiculada num livro escolar: breve estudo de caso*

Onésimo Teotónio de Almeida

Nas últimas décadas, os cientistas sociais têm desdenhado do papel das ideias na história. Os interesses económicos ganharam força explicativa na interpretação dos fenómenos sociais. A história intelectual perdeu imenso prestígio. Basta um olhar de relance por algumas das principais revistas académicas para nos apercebermos disso. Mas são muitos os indicadores que nos deveriam fazer reconsiderar o exagero da mudança do pêndulo.

Não vou aqui entrar em debate teórico com os cientistas sociais nem com os historiadores acerca dessa questão. Fi-lo já noutros lugares.[1] Neste momento, limitar-me-ei apenas a uma análise de caso que exemplifica como o poder consegue, dada uma convergência de fatores favoráveis, controlar a mentalidade coletiva de uma comunidade imprimindo nela uma visão dominante usando o sistema educativo como veículo de transmissão de valores de fundo que virão depois condicionar a vida dos cidadãos.

O exemplo de que aqui me vou ocupar é o do regime salazarista e do uso de um livro único, imposto a todos os alunos do país e das colónias. Trata-se do *Livro da terceira classe*, usado por crianças que já sabiam ler bem e estavam em idade de poder absorver ideias subliminares através de aparentemente inocentes escritos fáceis.

Uma análise comparativa do conteúdo dos manuais escolares de leitura e estudos sociais de qualquer época revelam a que ponto eles reflectem as ideolo-

* Foi mantida a grafia original do texto em português de Portugal pré-Acordo Ortográfico. (N.O.)

1 "O debate entre Max Weber e Marx sobre o papel das ideias: uma revisitação", comunicação à Academia das Ciências de Lisboa (28 de outubro de 2021), ainda inédito; e uma conferência na Universidade Lusófona, Lisboa, em 13 de dezembro de 2021, parcialmente publicada com o título "Progresso: uma ideia em decadência" no *Jornal de Letras, Artes e Ideias*, em 15 de dezembro de 2021.

gias dominantes do tempo que serviram. É fácil detectar, na maioria das páginas desses compêndios, intenções sub-reptícias (seja ao nível do consciente, seja do inconsciente) para modelar a estrutura mental do estudante e prepará-lo para aceitar os valores e as ideologias de um determinado grupo ou classe, ou pelo menos dos poderes que supervisionam os ditos currículos.[2] É o que se chama doutrinar.

Antes de prosseguir, porém, importa ver o que se entende por *doutrinar*, distinguindo-o, se possível, de *instruir*. De acordo com Plamenatz (1971:134), instruir é

> transmissão de competências as quais, em geral, são úteis (por exemplo, ler e escrever) ou ocupação em actividades específicas, comunicando informação factual, útil em situações semelhantes, explanando teorias de explicações históricas reconhecidamente provisórias (a serem aceites apenas durante o tempo em que resistem à crítica), em particular de especialistas ensinando as pessoas a acatar as regras estabelecidas. Doutrinar é o ensino de crenças (que podem ser, ou não, partilhadas pelo professor) para garantir, não que as pessoas sejam capazes de desempenhar o seu papel social e as ocupações, ou as actividades por si escolhidas, ou auto-avalizarem-se das oportunidades que a sociedade tem para dar, ou de que se comportam conforme os padrões geralmente aceites na comunidade ou nos seus círculos, mas antes que pensam e actuam dos modos que o professor julga desejáveis ou que seguem os seus próprios propósitos.

A distinção é imperfeita e a separação dos dois domínios é mais difícil do que parece. Plamenatz, convicto disto, anota ser por vezes quase impossível decidir se o professor (ou persuasor, ou informador) está doutrinando ou instruindo. E aduz que "certas pessoas diriam que há um elemento de doutrinação não permitido em algumas formas de instrução" (Plamenatz, 1971:134).

No caso português, um olhar de relance sobre um livro de leitura das décadas de 50, 60 e 70 do século passado permitir-nos-á, à distância, estabelecer mais facilmente um confronto com os valores hoje dominantes em Portugal. Escolhi

---

[2] O presente texto é a adaptação de uma tradução de Maria Elisa Costa de um texto originalmente escrito em inglês e publicado há mais de três décadas (Almeida, 1978:32-49). De então para cá, vários estudos têm sido publicados em Portugal sobre a ideologia do sistema educacional salazarista, mas desconheço que algum tenha levado a cabo a análise aqui feita.

precisamente *O livro da terceira classe* (Ministério da Educação, 1958). Era o *livro único, aprovado oficialmente*, usado em todo o Portugal, nas ilhas e nas colónias ultramarinas, naquele grau do ensino primário elementar. Várias gerações utilizaram este livro, que sobreviveu até os inícios dos anos 1970, bastante depois de a reforma educativa de Veiga Simão ter começado a produzir novos manuais. Sob um regime político que via a mudança social como perigosa, percebe-se que um livro de leitura tenha permanecido inalterado durante tanto tempo, em especial por desempenhar na perfeição o papel *doutrinador* para que fora elaborado. Seleccionei-o porque quase todos os portugueses da minha geração, de uma ou de outra forma, o reconhecem. É até de admitir que haja quem ainda saiba de cor algumas lições ou, pelo menos, retenha dele imagens fortes.

Poderá argumentar-se, e com razão, que mesmo a ideologia durante a vigência desse livro único não foi única. Portugal nunca foi um país assim tão monolítico. Na verdade, se nem sequer a moral pregada nas igrejas correspondia ao comportamento dos cristãos, muito menos a ideologia veiculada por um livro escolar poderia ter obtido esse efeito. É, pois, necessário ter consciência de que lidamos aqui com "ideários" e não com "retratos da sociedade" propriamente dita. Não se poderá negar certo grau de correlação. Todavia, não é um estudo sociológico que aqui se pretende.

Proponho-me mostrar como é que um livro de língua, inofensivo na aparência, está impregnado da visão do mundo que o regime, com sua ideologia doutrinária, queria transmitir às crianças, e quão eficiente foi seu desempenho. Na página de abertura há uma ilustração a cores, que adiante se reproduz. Ela é uma mina de elementos simbólicos merecedores de um olhar atento e de bisturi na mão. É isso precisamente que gostaria de levar a cabo neste texto.

No centro, o escudo português simbolizando a pátria. A imagem tem duas áreas distintas: a metade superior para os heróis nacionais e a metade inferior para a gente comum. Em cima, como que tendo atingido o céu pelos serviços prestados ao país, estão o rei Afonso Henriques, o infante D. Henrique (ícone do império ultramarino), Nuno Álvares Pereira, Camões, Vasco da Gama e Pedro Álvares Cabral.

Com a excepção de Afonso Henriques, os restantes integram a idade de ouro da história de Portugal e, portanto, são todos figuras míticas da época. Em fundo, podem ver-se uma igreja e um castelo, associação nada fortuita e que fora

Fonte: Ministério da Educação Nacional (1958).

resumida por Camões no verso "dilatando a fé e o império", divisa suprema do grandioso empreendimento das descobertas, usada à exaustão. A persistência da ideia é inequívoca. Entre as duas partes, à direita do escudo, há uma caravela e um padrão, combinação que, de novo, associa a ideia de conquista de terras e de expansão da fé cristã e de civilização. À esquerda, há um trio de soldados de três épocas históricas importantes, segurando bandeiras. A consabida frase "terra de heróis e de santos" está aqui bem retratada.

A metade inferior tem força por si. A atenção recai numa figura central: uma mãe com seu bebé e o pai junto, de pé, mas olhando-os ao mesmo tempo que saúda a bandeira. A cena é em tudo semelhante às versões populares do Nascimento de Cristo, nas quais o Menino está no regaço de Maria, enquanto José, de pé, mantém uma atitude protectora. A saudação respeitosa do pai à bandeira, em simultâneo com o olhar que dirige ao filho, dá a ideia de ter tido seu filho para a pátria e que os soldados, à esquerda, e o missionário, à direita, espalhando educação sobre as crianças desta geração, são, por seu lado, a matéria de que são feitos os heróis do cimo do desenho.

O missionário tem uma atitude santa e piedosa (é velho e tem aspecto ascético), apresentando a cruz a dois pretos em atitude servil (um deles ajoelhado). Estou hesitante em tecer mais comentários sobre estes elementos. Creio que a descrição do quadro, pela simples menção do seu conteúdo explícito, diz mais do que o suficiente. O que significa é evidente, surgindo com naturalidade ao observador atento.

Assinalarei, ainda assim, os elementos que completam a metade inferior da imagem. A mãe, dona de casa, habita numa aldeia, foi ao campo com um cesto (à sua esquerda) levar o *jantar* ao marido, o *pater familias*. São pobres, ele é um trabalhador rural esforçado e saudável. Pode ver-se uma junta de bois, trigo (com um moinho de vento em fundo) e uma videira com cachos. A foice, que segura na mão direita, simboliza sua virtude de trabalhador árduo e, claro, não possui qualquer outra conotação política.

Bem centrada na metade inferior está também a torre da igreja da aldeia, cujos sinos espalham a alegria e a paz por um pequeno aglomerado de casas pobres, habitadas por gente ordeira, laboriosa, obediente às leis de Deus e da nação.

A ideia de paz fica reforçada pelas duas rosas, no chão, que parece terem sido trazidas pelo jovem negro (a sua posição é dupla – ajoelhado perante a cruz e ante o bebé), o qual, à semelhança dos Magos que trouxeram oferendas a Jesus, o Menino, presta homenagem ao bebé, um possível herói e/ou santo. As duas pombas, símbolo da paz, rematam o quadro, marcando-o com a ideia pacífica que se respira num ambiente assim.

Este quadro diz, num ápice, o que o resto do livro prega, de forma mais explícita, através do conteúdo das lições. De resto, é um resumo perfeito da ideologia que todo ele contém.

Uma análise cuidadosa de todas as páginas mostraria quão perfeito é o conteúdo e as ligações a todos os segmentos da vida, mas é impossível citar aqui todos os textos significativos. São demasiados e bastante extensos. Escolherei alguns a título exemplificativo.

O aldeão simples, trabalhador vigoroso, honesto e pobre é o modelo do melhor *filho da pátria*; a figura central de todas as lições é idealizada de modo constante e insistente, elogiada e glorificada através de poemas como este, da autoria de um ideólogo artístico do regime salazarista, António Correia d'Oliveira (1878-1960):

Portugal

Minha terra, quem me dera
Ser humilde lavrador,
Ter o pão de cada dia,
Ter a graça do Senhor!
Cavar-te por minhas mãos,
Com caridade e amor.[3]

Por vezes, conforme sucede nestas linhas do mesmo autor, o elogio é indirecto e centrado na beleza da *pobreza honrada*:

Canção da candeia acesa

Humilde candeia acesa
em casa do cavador;
luz da pobreza bendita!

---

3 Ministério da Educação Nacional (1958:31).

luz infinita do Amor!
Vem p'la noite negra adiante
um homem que se perdeu...
[...]
E ele chega àquela porta,
nela bateu...
Abre-se a porta, e ei-la acesa
– parece o Sol! –
em casa do cavador;
luz da pobreza – bendita!
luz infinita do Amor![4]

Esta insistência na perfeição da "boa" vida dos pobres aldeãos em oposição ao mau "progresso" citadino é subtil. Transcrevo integralmente a lição:

A vida no campo

O Manuel António desde pequenino começou a gostar da vida no campo. Ainda no berço muitas vezes adormeceu à sombra das árvores, arrulado pelo canto dos passarinhos, enquanto a mãe lidava no amanho da terra.

Mais tarde, quando já andava na escola, aproveitava as horas livres para ir fazer companhia ao pai e ajudá-lo nas fainas da lavoura. De caminho, levava para o pasto um cordeiro que o padrinho lhe dera de presente no dia dos seus anos.

Às vezes, na hora da labuta, ouvia a voz do pai a cantar atrás dos bois enquanto o arado ia rasgando a terra. As arvéolas acudiam a catar a bicharia nos regos da lavrada. As margaças e o terrunho ainda fresco lançavam no ar tépido aromas sadios; e nessas ocasiões o Manuel António, extasiado e pondo os olhos no pai, sentia crescer lá dentro de si uma grande vontade de ser lavrador.

Quando chegou à idade, foi para soldado. Voltou à sua terra cheio de saudades do pai, dos bois e das lavradas. Casou. Tem hoje um rancho de filhos. Trabalha e é feliz. Na aldeia todos o respeitam.[5]

---

4 Ibid., p. 188.
5 Ibid., p. 12.

De notar, a aprovação dada à preferência inicial de Manuel António pela vida campestre e a cena bucólica de ele ter de dormir ao ar livre, cujos motivos não podem aparecer em tão idílica prosa.

O parágrafo imediato insiste em nunca ter perdido o contacto com o campo, nem sequer durante os anos de escolaridade. Magnânimo, seu padrinho ofereceu--lhe um cordeiro como prenda de aniversário (quantos Manueis Antónios teriam um assim tão generoso, ou pelo menos um que se pudesse dar a esse luxo?).

O terceiro parágrafo sublinha a alegria que dá trabalhar no campo. O pai do Manuel António enquanto arava a terra cantava em harmoniosa consonância com o passaredo. A mistificação atinge o auge quando Manelinho olha, extasiado, para o pai, e o texto revela seus desejos mais profundos: quer ser lavrador! O final indica ao leitor que Manelinho, como bom cidadão, teve de deixar a aldeia para ser soldado (o posto foi referido – o mais baixo!), mas, e está explicitado, devido às saudades dos pais, dos bois e do trabalho, tornou à aldeia. Casou-se e teve uma prole, trabalha com perseverança e é feliz. Para Manuel, o círculo está completado; todavia, seus filhos irão reconstituí-lo. A ideia de que a mudança é possível, ou desejável, fica exorcizada.

Tornando aos méritos da vida rural, eis outro exemplo perfeito:

> Serões da aldeia
>
> O Inverno não permite os trabalhos no campo. A chuva alaga as terras, e o frio cresta as plantas. As noites são longas e a família reúne-se então na lareira em volta do lume. Comida a ceia, avós, pais e filhos dão graças a Deus por todos os benefícios que receberam, e pedem eterno descanso para as almas de todos os seus parentes, amigos e benfeitores. Depois, enquanto a mãe fia o linho ou conserta as roupas, se a avó não está disposta a contar mais contos, o pai ou algum dos filhos mais velhos lê o jornal da região, ou algumas páginas dos livros que ensinam a cultivar melhor as terras e a aumentar o rendimento doméstico pelo exercício de indústrias caseiras.
>
> Por fim, o lume vai amortecendo e as brasas vão-se reduzindo a cinza. O sono convida a descanso e cada um recolhe-se ao seu quarto, encomenda-se a Deus e mete-se na cama. A casa fica em silêncio. Toda a família dorme na paz do Senhor.[6]

6 Ibid., p. 114.

As frases iniciais não deixam perceber como pode uma família numerosa sobreviver durante o inverno, quando é impossível trabalhar. O texto descreve, aprovando, os deveres e os papéis que incumbem a cada membro do agregado familiar. A reter que as vestes estão arranjadas (são usadas) e que a construção da frase tem a forma lógica "se –, então" para permitir destinar, de maneira sub-reptícia, todos os papéis que estão delimitados: caso à avó não lhe apeteça contar histórias, o pai ou os filhos mais velhos, que não filhas, há-de ler o jornal local (não um nacional ou um de uma cidade) e livros acerca de (1) como melhorar o cultivo da terra e (2) como aumentar o orçamento da família, através de pequenas indústrias caseiras.[7]

O derradeiro parágrafo realça, com veemência, a paz de Deus que domina aquela habitação e não há qualquer abertura para se pensar em doenças, problemas familiares, falta de comida adequada, instalações deficientes ou aquecimento insuficiente.

A última transcrição é um forte manifesto anti-Malthus. É subliminal no sentido mais estrito da palavra:

> Orgulho de mãe
>
> A Maria da Várzea chegava da horta. Trazia à cabeça uma cesta com feijão verde, cenouras, pimentos, couves e nabos, e, ao colo, um filhinho ainda de leite. Na sua frente corria, já em direcção a casa, o Manuel, de cinco anos.
>
> Ao vê-la chegar cheia de cansaço e logo rodeada pelos outros quatro filhos, que tinham ficado em casa sob a direcção da mais velha, a senhora D. Arminda, de Lisboa, que estava a passar as férias na aldeia, não pôde conter-se que não dissesse:
>
> — Que pena me faz, senhora Maria da Várzea! Ainda tão nova e já com tantos filhos e tantas fadigas! Eu tenho um, e já me dá que fazer.
>
> Resposta pronta:
>
> — Pois eu, com tanto trabalho e tantos filhos, sinto-me muito feliz, minha senhora. É a vida das mulheres casadas cá da nossa aldeia. Os filhos e as canseiras que eles nos dão é que são a nossa riqueza. É por eles que nós somos felizes.[8]

---

7 Também houve uma colecção de livros para a educação de adultos, muito lida, recomendada para os serões em família, nas longas noites de inverno. Um deles, dos mais conhecidos, versava apicultura, matéria querida para histórias e lições, dando exemplo do esforço das massas, as abelhas, sob a autoridade duma única (a obediência era uma das virtudes mais queridas a Salazar).

8 Ministério da Educação Nacional (1958:43).

Sempre que leio este trecho a quem quer que seja e pergunto pelo número de filhos de Maria da Várzea, as respostas obtidas variam entre quatro e cinco. Aqueles a quem pergunto ficam sempre surpreendidos quando os corrijo, assinalando que, de acordo com o conteúdo, ela tem sete filhos: um, o do colo; outro, de cinco anos, o Manuel (no parágrafo inicial); mais quatro que a aguardavam em casa; e mais um, a filha mais velha cuidadora de todos. A hipocrisia do texto não dá a saber se há ou não um oitavo a caminho. Inteligentemente, também o desenho não permite tal dedução.

A *má* da peça é a senhora citadina, a qual, influenciada pelas modas urbanas, sente ser um filho o suficiente. O parágrafo final acentua que a razão e a finalidade da vida de uma mulher é, tão-só, gerar e criar filhos.

E poderíamos continuar a analisar estes instrumentos de eficaz doutrinação, nos quais se encontram, em abundância, conforme uma estudiosa da educação refere:

> o familialismo untuoso, o bucolismo decrépito, a terna colaboração de classes, o irracionalismo patrioteiro, o culto da ordem e asseio, a vocação da assépcia que evita a catástrofe sempre iminente, o academismo pedante, a sufocação pedagógica [Bivar, 1975:25].

A ideologia, consentindo em tal sistema educativo exemplificado nestes textos de um livro representativo, é reaccionária. Podemos associá-la com a afirmação sobre a ideologia fascista de Jean Baechler (1976:254):

> O fascismo não é uma ideologia-mãe, mas sim o arquétipo das ideologias de reacção. Ele é fundamental e visceralmente a antimodernidade, o antipluralismo. Vomita o regime parlamentar, as liberdades, o capitalismo, a técnica, a democracia, a pacificação, a agitação, a contestação, as facções, o laxismo, a mudança, o individualismo, a ciência, a razão, a burocratização, a racionalização.

A crítica destes exemplos de doutrinação levada ao extremo, através de um livro de leitura (poderia ter escolhido, de pronto, casos análogos de estudos sociais), não significa que defenda que os livros escolares devam estar isentos de ideologia. Atendendo ao que considero ser ideologia,[9] estou em absoluto convencido de que tal nunca acontecerá. Nem sequer aqui está implícito que os

[9] Ver, por exemplo, o meu "Ideologia: revisitação de um conceito" (Almeida, 1975:69-79).

manuais devam ser despojados dos valores que lhes estão subjacentes. Também isso é impossível. As escolas, por definição, transmitem-nos, que mais não seja por propagarem conhecimento. Não há dúvida de que elas promovem sempre alguns valores. O problema é por que é que são uns e não outros.

Em tempos, li um artigo (Franks, s.d.)[10] no qual a autora, supondo que os professores não estavam a desempenhar seu papel de ensinar valores, opinava em título que "Valores *podem* ser ensinados na escola". Embora o texto omita um ponto importante, a verdade é que os valores *são* sempre ensinados na escola. Até quem defende a anarquia está a ensinar o valor da liberdade individual absoluta por oposição e, com prioridade, sobre qualquer outro.

De acordo com o que afirmei de início, a análise de compêndios de textos escolares de várias décadas (para não dizer gerações) propicia provas insofismáveis de que eles ensinam sempre valores. Alterem-se estes e os manuais hão-de reflectir essas mudanças. Nos Estados Unidos da América, por exemplo, onde os currículos não são determinados pelo Estado, mas pelas populações dos distritos, abundam conflitos abertos entre grupos étnicos, religiosos e sociais em torno das decisões sobre os valores a transmitir em livros escolares.

Salazar, homem que viu a escola primária como poderoso instrumento de doutrinação, referiu uma vez, no seu estilo incisivo e preclaro, que "a escola é uma fábrica sagrada de almas" (Salazar, s.d.:42). Este "livro único" obrigatoriamente usado durante décadas na formação de todas as crianças (com uma média de nove anos) do império merece figurar como exemplo prototípico de doutrinação das massas produzido por um regime autoritário e controlador.

Referências

ALMEIDA, Onésimo Teotónio. Ideologia: revisitação de um conceito. *Revista de Comunicação e Linguagens*, n. 21-22, p. 69-79, 1975.

_____. Values and ideology in the school curriculum: culture education and community. *Proceedings of the Second National Portuguese Conference*. Cambridge, MA: NADC, 1978. p. 32-49.

10 No recorte que guardei deste artigo, publicado na década de 1970, não se consegue distinguir a data.

BAECHLER, Jean. *Qu'est-ce-que l'idéologie?* Paris: Gallimard, 1976.

BIVAR, Maria de Fátima. *Ensino primário e ideologia*. Lisboa: Seara Nova, 1975.

FRANKS, Rosalie. Values *can* be taught in school. *Rhode Islander (Providence Sunday Journal)*, [s.d.].

MINISTÉRIO DA EDUCAÇÃO NACIONAL. *Livro da terceira classe*. 4. ed. Lisboa: Livraria Sá da Costa, 1958.

PLAMENATZ, John. *Ideology*. Londres: MacMillan, 1971.

SALAZAR, António de Oliveira. *Salazar says*. Lisboa: SPN Books, [s.d.].

7. As veredas da independência de São Tomé e Príncipe*

Augusto Nascimento

Introdução

Neste texto, ensaia-se uma reflexão sobre as narrativas e os dizeres acerca dos caminhos conducentes à independência de São Tomé e Príncipe – que até 1974 muitos ilhéus não antecipariam possível –, reflexão de algum modo também influenciada pela ulterior deriva do arquipélago. De que modo os desenvolvimentos da sociedade islenha confirmaram, ou não, as promessas dos independentistas? Em que medida o que não foi dito, por ter sido proibido ou politicamente derrotado após o 25 de Abril, se afigura hoje mais avisado do que as empolgantes certezas no advento da independência?

De que forma a "luta" ou militância pela independência condicionou o rumo do país? Não se sugere que o pós-independência foi estritamente determinado por ações pregressas dos militantes independentistas, mas considera-se que estas, durante anos desconhecidas, já indiciavam o desfasamento entre os lemas revolucionários e a prática após 1975. Esse desfasamento foi igualmente prenunciado pelas narrativas enviesadas e truncadas da "luta".

Retorquir-se-á que a magnitude das mudanças no mundo explica o falhanço do grosso das profecias. Mas a imprevisibilidade e a aceleração das mudanças bastam para justificar a negação das promessas? Aceitar, sem mais, tal justificação significaria esquecer aquilo a que se obrigaram as pessoas em nome de causas maiores. Mais relevante, tal tornaria os mandantes como que vítimas de erros escolhidos por eles, dos quais, a despeito da ideologia igualitarista e em prejuízo de parte significativa da população hoje reduzida à miséria, são atualmente os

* No presente texto, foi mantida a ortografia original (português de Portugal). (N.O.)

beneficiários, por comporem a "burguesia nacional", supostamente empreendedora, quando é, sobretudo, predadora...

Ainda à guisa de justificação para o que se toma como uma deriva inelutável, poderia convir-se na universalidade da dominação, da desigualdade e da injustiça para que um capitalismo desregrado, de diferentes feições, parece dragar o mundo, dinâmica a que África e, em particular, um arquipélago vulnerável têm dificuldade em escapar. Porém, anuir agora à perenidade da dominação e render-se às incontornáveis alienação e sujeição significará que as promessas de libertação, quando já não o fossem à época, se tornaram numa mentira. Note-se, há quase meio século, com maior ou menor consciência, foram acenadas para construir uma nova dominação...

Se, alijando a adesão aos propósitos de emancipação política, nos situarmos num horizonte temporal mais amplo do que o da "luta" contra o insanável colonialismo e analisarmos criticamente os processos de independência, forçosamente constataremos a faceta instrumental de promessas. Assim o indicia, por exemplo, a apartação dos princípios ideológicos e dos ideais para ir ao encontro do ressentimento que os independentistas sabiam existir e quiseram potenciado nas populações.[1] Ora, o (justificado) ressentimento para com os colonos empurraria os colonizados para a aceitação impensada de um poder orientado por fins distintos dos apregoados desígnios igualitários e que, a cada passo, encontraria justificações para firmar a dominação (Nascimento, 2010).

A respeito de processos emancipatórios, emergem mais dúvidas do que aquelas que o conhecimento ajudará a resolver. Irremediavelmente, debater-nos-emos com a imperfeição da análise das condutas humanas, não raro mais orientadas pela irracionalidade do que por valores políticos, ideológicos e éticos. Admitida a pertinência destes considerandos, assinale-se o quanto os lemas ideológicos e as promessas dos independentistas estavam desfasados da realidade, costumeiramente relapsa a confirmar predições, o que seria de somenos se não

1 Nas ilhas, apesar das palavras de Pinto da Costa acerca do impróprio das represálias sobre brancos, porquanto a luta nunca tivera carácter racista, apesar da condenação das represálias sobre "homem ou mulher de raça branca, só por ser branco" (Costa, 1978:27, v. I), sucedeu que, dirigindo-se à luta contra o colonialismo, os colonos foram aviltados e escorraçados após quedarem desamparados pelas autoridades coloniais demissionárias. Tal importava numa propositada duplicidade? A rejeitar-se em absoluto tal hipótese, concordar-se-á que os protagonistas tinham visões ingénuas sobre o devir do mundo e as relações sociais, mormente na sua terra.

tivessem dado azo a desigualdades e a sujeições comparáveis, salvo no tocante à clivagem racial, às do tempo colonial. Posta em perspetiva, esta realidade – que nos primeiros anos incluiu a privatização do poder a coberto de intuitos revolucionários – não é passível de ser ignorada para a elaboração de explicações históricas críticas e profícuas.

Certamente devido à aprioristicamente indisputada importância da independência,[2] há questões menos afloradas: por exemplo, não seria acurado distinguir o objetivo da independência do da conquista do poder por uns tantos? Afinal, sob roupagens revolucionárias, a "independência verdadeira" não era, ou não se transformou, numa privatização do poder?[3]

Obviamente, a dissociação desses objetivos redundará na imputação de intenções não declaradas (mais, rejeitadas) e na sinalização da prevalência do desiderato da conquista do poder sobre o da independência, uma dificuldade para narrativas históricas comprometidas – veículo de empatia política, conquanto distantes da realidade –, por implicar a atribuição de menor generosidade de propósitos do que a que irrefletidamente se infere a partir das enunciações sobre a emancipação dos povos.

Nos casos em que à independência sucedeu uma guerra civil, a dissociação entre a independência e a conquista de poder impôs-se como evidente. À independência, todos quereriam somar o poder. Por força dos conflitos prontamente se evidenciou a desvalorização, enviesada, dos movimentos de libertação apodados de inimigos, "tribais" e joguetes de neocolonialismos e de neoimperialismos. Já em São Tomé e Príncipe, a dissociação entre a independência e o poder, tão simbioticamente ligados, não foi equacionada devido à suposta irmandade dos ilhéus, à inquestionada generosidade dos propósitos dos dirigentes e, logo no período de transição, à interdição de manifestações avessas ao Movimento de

2 Essa importância política começou a ser relativizada em estudos que assinalaram várias continuidades (Nascimento, 2013) e, daí, propuseram cronologias não atidas à data de independência. Em termos comparativos, dada a proeminência do MPLA em Angola, Mabeko-Tali (2018) fala num ciclo de 1962 a 1977. De outra perspetiva, a relativização da independência é notada por quem defende que, afinal, África não se teria libertado do jugo externo até ao fim da Guerra Fria ou, ainda, até ao presente, na medida em que a globalização não seria senão uma forma de colonialismo disfarçado.

3 Em São Tomé, esse diagnóstico certeiro, avançado como uma possibilidade, foi desvalorizado por ter sido enunciado por quem seria contrário à independência. De facto, era avesso à independência "familiar". Ver Nascimento (2021).

Libertação de São Tomé e Príncipe (MLSTP), veladamente consideradas atentados sacrílegos contra o "povo".[4] Na verdade, contra o chefe (Nascimento, 2021).

Aos independentistas, não se imputará somente duplicidade. Mas, de outro ângulo, como não escrutinar a "independência verdadeira" de que se julgavam intérpretes fiéis? Aplique-se, pois, à sua atuação um apriorismo razoável, o de que dificilmente se possui consciência plena de todas as motivações e implicações das decisões, assim como amiudadamente se reorientam as prioridades, sempre evocando boas intenções. Nessa medida, preservar o poder também passava a ser uma missão. Tal implicou que os ilhéus se tinham de dispor a uma nova "luta", de algum modo a benefício de quem assinalava seus "verdadeiros interesses". Por causa da duplicidade no tocante a desígnios políticos, operava uma visão ambivalente do povo, pois que, ao mesmo tempo que o sabiam animado pelo ressentimento contra o colono, desconfiariam do seu empenho revolucionário e, tal como as autoridades coloniais, da sua obediência. A desconfiança e a consequente visão instrumental do "povo" obrigariam os dirigentes a arrogar-se a prerrogativa de interpretar – isto é, de delimitar à medida da sua conveniência – os interesses desse "povo". Assim, se impôs às pessoas de um "povo" uma "luta", cujo resultado era o exercício do poder por um grupo restrito, quando não por uma pessoa.

Se não se admitir como plausível a distinção entre um desígnio político coletivo – a independência alcançada pelo MLSTP, ao contrário da narrativa, com o concurso das autoridades coloniais demissionárias (Nascimento, 2019) – e objetivos políticos pessoais ou de um grupo – entre eles, a preservação do poder –, não se perceberão as rivalidades e, de consequências bem mais danosas, as perseguições e uma morte, indizivelmente injustas por já à época ser consabidamente falso seu motivo. E o povo tinha de convir na mentira por ter de viver com o medo.

Portanto, à margem da indiscutível valia da independência dos povos contra a insana opressão colonial, a assunção apriorística da superioridade moral de

---

4 A adoção do lema do progresso, reivindicado pelos regimes capitalista e socialista, desdobrou-se na desqualificação das formas de consciência não referidas ao "Estado-nação", por obstarem ao progresso e ao desenvolvimento, cuja falta lesava África. Acriticamente, intelectuais repetiram as desqualificações usadas pelos vencedores para combater os rivais, apodados de inimigos do povo. Em São Tomé, inventou-se o "povo" e, previsivelmente, seus "inimigos".

quem protagonizou a "luta" constituiu-se numa ilusão, própria de uma época pautada por uma dicotomia ideológica entre socialismo e capitalismo, a que, ao tempo, as narrativas históricas deviam prestar homenagem.

Por fim, o colapso da hegemonia das ideologias ou, mais precisamente, do socialismo – no arquipélago, colapso indiciado pela corrosão do regime de partido único em meados da década de 1980 – não significou a eliminação de sujeições, hoje observáveis em lealdades pessoais que, sem mote ideológico nem desígnio político aparente, mapeiam o espaço público. Com efeito, sobreveio uma maré de verdades de circunstância, atidas a interesses sem profundidade social, que se escusam ao cotejo com diferentes pontos de vista, a pretexto, se deste houvesse necessidade, da democratização do conhecimento, do direito à subjetividade e do espaço para sentenças convenientemente enganadoras, amiúde corrosivas do conhecimento coletivo.

Previsivelmente, no tocante à ainda parca produção historiográfica sobre São Tomé e Príncipe, sobram muitos nós para desatar.

A idealização da "luta"

Dada a odiada hegemonia das roças, apesar de não ter havido "luta", talvez São Tomé e Príncipe tenha sido das sociedades onde o sentimento de aversão aos colonos, embora contido e assaz variável no tempo, mais se disseminara entre os colonizados (diga-se, a espaços, também os colonos e, até, as autoridades exprobraram os roceiros). Mas tal aversão não se evidenciou após o 25 de Abril, decerto pelas mudanças dos anos precedentes e por receio de qualquer iniciativa política. A partir de junho, para romper a aparência de conformismo face ao colonialismo, os jovens da Associação Cívica Pró-MLSTP (doravante, Cívica) empreenderam uma "luta", a destempo, aparentemente contra o colono conquanto decisiva e efetivamente contra os mais velhos, elementos da dita pequena burguesia islenha. Logo, impuseram seus intentos revolucionários a pretexto de uma "independência verdadeira", que, simultaneamente a coberto e a despeito desse lema, trazia no bojo o intento de poder de alguns sobre a maioria dos ilhéus (Nascimento, 2019). Acrescente-se o engodo dos trabalhadores das roças com promessas implícitas de acesso à terra, que depois não se concretizaram.

Além da influência dos ideários da conjuntura, a anuência (impensada) à ideia da "luta" também adveio da narrativa da sua prossecução fora do território,[5] divulgada pelos seus atores – os autodenominados dirigentes do MLSTP, quase resumido aos próprios (Nascimento, 2021) –, pressupostos intérpretes dos sentimentos do "povo". No arquipélago, por força dos efeitos deletérios da preponderância dos roceiros e do colonialismo ditatorial na vida coletiva, o MLSTP imporia sua visão da "luta" e induziria uma espécie de amnésia[6] sobre os eventos de décadas anteriores.[7] Aliás, ainda no período de transição, depois de proscrita a Cívica,[8] também se apagaram as ações dos jovens cívicos (Nascimento, 2021).

Esse apagamento não se fez mais notório porque o ambiente se pautava pela rarefação da criação cultural, pela subordinação do saber à ideologia e, ainda, pela redução da narrativa histórica à veemente condenação do colonialismo. E, igualmente, pelo hábito do acatamento da autoridade (Nascimento, 2013).

Antecipando o desempenho de um Estado historiador (Mbembe, 2013:83), o MLSTP facilmente ditou um discurso sobre a "luta" (Nascimento, 2021), obnubilando tudo o mais: sinteticamente, o MLSTP lutara pelo povo oprimido, cujos anseios conhecia. Com isso, escusou-se ao confronto da sua prática política ou da sua visão ideológica, imobilista e redutora do "povo", com a memória,[9] mesmo se residual, de lutas precedentes, em que o povo estivera presente. Apagada tal memória, do passado enfatizava-se a tragédia de 1953.

A invenção da "luta" – desdobrada na resistência passiva do povo e na única luta politicamente profícua, a do MLSTP – não teve contradita, como não a

---

5 Assinale-se que esta tal perspetiva, amiúde relacionada com especificidades arquipelágicas, não era unanimemente aceite por outros africanos, para quem luta equivalia a confrontação no terreno.

6 Esse apagamento das memórias deveu-se à combinação de duas condições: a imposição da valia da palavra do chefe – figura cimeira de um Estado feito tosco historiador – e sua aceitação pelos mais diferenciados, obrigados à fidelidade aos novos dirigentes em troca de pequenas benesses que, inacessíveis ao comum das pessoas, eram valiosas num quotidiano pejado de crescentes dificuldades.

7 O não reconhecimento das lutas nas primeiras décadas de Novecentos não é único. Por exemplo, em Angola, o nacionalismo do pós-Segunda Guerra ignorou as "organizações nacionalistas modernistas do século XX" compostas por uma "elite africana que sonhava com a igualdade e a integração sociais no contexto do sistema colonial, mas não com a independência" (Mabeko-Tali, 2018:86-87).

8 As palavras ambíguas a propósito da proscrição da Cívica (Nascimento, 2021) não serão indício da ambiguidade acerca da "luta"?

9 Memórias de algumas famílias, a quem a ditadura colonial interditava a evocação pública e a prática política. Todavia, a situação não se alterou substantivamente no pós-independência.

tivera a caracterização simplista da sociedade colonial, amiúde quase caricatural, com que se validava o acerto quer do igualitarismo, implicitamente assente na revanche da oposição racial, quer do projeto vagamente socializante, conveniente e deliberadamente camuflado. Essa "luta" foi a alavanca para o MLSTP tomar o poder.

Hoje, muitos jurarão nunca ter partilhado tais ideários, nem imaginado a perda de liberdade das pessoas após a independência. Porém, assim sucedeu. Tais derivas, relacionáveis com a conjuntura, resultavam de dinâmicas (incontroladas) das convulsões políticas e sociais, em que se relativizaram princípios em nome de ganhos futuros ou se usaram justificações à medida para a adesão, por medo e por entusiasmo impensado, a quem detinha o poder, por não restar melhor alternativa para a sobrevivência.

Não seria deliberadamente contra o "povo" e podia não ter sido para infortúnio do "povo", mas importaria perguntar ao "povo" se a "luta" não desembocou neste desfecho... Ou, retornando à questão inicial, a emancipação político-social não quedou prejudicada por ter sido subalternizada a um projeto de poder?

No seguimento da "luta", os constrangimentos em vez da exaltação

No caso do arquipélago, importa entender a "luta" sobretudo como uma criação retórica, porquanto só pela adesão irrefletida ao discurso dos exilados se a pode equiparar à travada nas demais colónias. Noutros termos, só por empatia com a causa anticolonial se designará de "luta" o que, descontando o inconsequente das ações dispersas, se poderá, com cautela, chamar de militância. Mais relevante, justamente também por empatia com a causa independentista e por força das verdades de conjuntura, a arvorada "luta" teve um ror de implicações políticas imprevistas.

Não será por acaso que uma das questões menos abordadas seja a da relação entre a "luta" e suas eventuais decorrências nas configurações político-sociais dos novos países. Em parte, essa obliteração advém quer da assunção da inevitabilidade da luta, quer da indulgência ínsita na ideia de que nenhum país se constrói em meio século.

Ora, acerca da "luta", que, afora a remoção do colono, fazia sentido em função das promessas de bem-estar num futuro mais ou menos imediato (que, para a maioria, começou a ser irremediavelmente diferido logo após a conquista do poder), talvez uma questão com interesse historiográfico seja a de saber o que da práxis da "luta" ou das relações de poder (pessoal) no MLSTP passou para a modelação política da sociedade islenha. Por exemplo, a imperiosa continuação da "luta" por uma "independência verdadeira" traduziu-se em sujeições para são-tomenses e ex-trabalhadores das roças.

Paralelamente à omissão de explicação das intrincadas causas da deriva indesejada, sistematicamente, por inércia ou conveniência, se assaca ao colonialismo o que hoje parece mais um resultado da política dos protagonistas da "luta", tornados dirigentes, e, mais recentemente, da infrene (e desmesurada) acumulação de capital pelos mesmos mandantes, do que de heranças do colonialismo. Malgrado a imaginada rutura com o passado, a que a "independência verdadeira" prometia ser radicalmente oposta, a configuração económica e social perpetuou as assimetrias do tempo colonial, fechando, por exemplo, horizontes aos trabalhadores das roças.

Não será fácil filiar facetas das configurações sociais e das práticas políticas atuais na "luta", mas, repetimo-lo, cumprirá referir como parcialmente enganadora (até por ser acriticamente tida como indubitável) a filiação de traços da sociedade atual – mormente, a persistente desigualdade – apenas ao colonialismo. Nalguns casos, e a despeito da antinomia de princípio entre colonialismo e pós-independência, a persistência das assimetrias económicas, a que acresceram privações e provações políticas, resultou de decisões dos dirigentes independentistas.

Esta poderia ser uma linha de investigação, mormente para São Tomé e Príncipe, onde, chegando a independência por arrasto, a "luta" politicamente decisiva foi contra o próprio povo (Nascimento, 2019, 2021), isto é, serviu para a apropriação do poder e para, mesmo se impensadamente, fundar a deriva de empobrecimento e de corrosão político-social, hoje lamentada. Se por prurido se recusar esta perspetiva crítica, enunciar-se-ão pequenas verdades, mas talvez escapem as dinâmicas politicamente decisivas, entre elas, a "luta" empreendida a destempo e contra a vontade de parte substancial dos são-tomenses.

O voluntarismo e a agressividade postos na conformação dos comportamentos dos ilhéus com os propósitos dos dirigentes, detentores de um poder tendencialmente discricionário,[10] indiciam o peso de uma "luta" a despropósito e a destempo, que pesou na modelação do novel país.

As memórias da "luta"

É tentador subestimar o peso dos ditames do regime de partido único na narrativa sobre a "luta" e no enquistamento do conhecimento histórico e do saber social. Em todo o caso, num ambiente de um voluntarismo crescentemente ditatorial, a hegemonia dos políticos, que se queriam julgados não pelas medidas concretas, mas pelas palavras revolucionárias, vazou para a historiografia. Embora não declaradamente, os propósitos e a visão do mundo dos mandantes atrofiaram a produção de saber local. Beneficiando da ausência de massa crítica e da rarefação cultural herdadas do colonialismo, sob o regime de partido único, a narrativa ditada pelos independentistas facetou a paupérrima visão historiográfica local. Purgadas de propósitos interpelativos, eventuais asserções subordinavam-se à vulgata ideológica de matiz marxista-leninista a que se submeteria todo o conhecimento histórico e social.

Anos após o fim do partido único e da hegemonia do MLSTP, como que ao cabo do tempo necessário para a emancipação dessa espécie de ascendente constrangedor do conhecimento, redigiram-se memórias[11] da luta, previsivelmente pouco atidas às problemáticas da origem, formas e consequências da "luta". Expuseram-se contingências dos percursos individuais, lembrou-se o sofrimento e, sem surpresa, evocou-se até a própria existência como forma de resistência ao colonialismo.[12]

---

10 O poder dos novos dirigentes não se tornou absolutamente discricionário, entre outras causas, pela dificuldade da violência a esmo num meio pautado por intrincadas relações pessoais e familiares. Após alguns anos, a dificílima vida sob o regime revolucionário passou a ser desfavoravelmente cotejada com a dos últimos anos do colonialismo. Mesmo se em surdina, as pessoas faziam tal comparação.

11 Ver Graça (2011), Ceita (2012) e Costa (2011).

12 De forma simples, dir-se-á que por apontamentos de autores ilhéus perpassa uma noção de luta lata, vaga e difusa, segundo a qual a existência das pessoas equivale à "luta" porque, de acordo com a visão política corrente, o "povo" não podia ter deixado de lutar contra o colonialismo. Ora, independentemente ou por causa da opressão colonialista, diria tratar-se de uma visão voluntarista, a validar.

Ainda assim, por motivos relacionados com o devir histórico e com as características do arquipélago, este não concitou uma produção memorialista ou historiográfica sobre a "luta" equiparável à de outras ex-colónias. Ao invés, como vimos, durante muito tempo prevaleceu o silêncio acerca da "luta". Os testemunhos produzidos comportam algo de justificativo, embora sejam menos laudatórios do que os patentes em literatura análoga doutros países.

Ao cabo de quase meio século de independência, talvez o dilema pareça ainda o de não se poder rechaçar o discurso e a atuação do MLSTP e da Cívica sem se questionar o acerto da independência, tal a armadilha em que se achará quem, identificando o MLSTP e a "independência verdadeira" com a independência, continue a mesclar política e conhecimento. Noutros termos, louvar, por motivos afetivos, a ação do MLSTP e da Cívica impele a escamotear a natureza ditatorial do regime de partido único imposto a seguir à independência, sem delongas sentido como opressivo por um vasto número de ilhéus.

No limite, pode até aventar-se que a independência não tinha de ser o corolário da resistência contra as injustiças insanáveis do colonialismo,[13] uma hipótese que, embora contrafactual, se sopesada, deixaria algumas elaborações sem escora.

Acerca da resistência, da "luta" e da militância

Recentemente, além dos eventos de 1953 (Lima, 2002; Santo, 2003), inventariaram-se atos de resistência anticolonial, que não necessariamente nacionalistas, até por remontarem à década de 1930, em que, apesar da simbólica insurgência na Índia, a ordem imperial parecia de aço. Como hipótese, avente-se que a resistência nos anos 1930 pode ter sido mais intensa do que nos anos 1960 e 70. Naqueles anos, os da afirmação do autoritarismo do Estado Novo, impôs-se a força arbitrária e veladamente racista, com que se demandava pronta obediência e se cortava cerce a dissensão. Enquanto puderam, os ilhéus protestaram, embora em vão. Diferentemente, os anos 1960 e 70 foram de tentada

13 Atualmente, ex-revolucionários dizem à boca pequena que hoje teriam escolhido outra solução (testemunho pessoal, Lisboa, 2020, A. Nascimento), dando razão àqueles a quem chamavam de reacionários e de "inimigos" do "povo". Não sem surpresas, não o afirmam no espaço público.

conquista dos corações dos colonizados, de maior justiça, para o que, nalguns casos, bastou a aplicação da lei. A paz, enaltecida na propaganda colonialista, advinha tanto do medo quanto do apego às circunstâncias materiais de uma existência que parecia prescrita mas garantida. A ditadura não precisava sequer de o parecer ser.

No país e fora dele, a historiografia realçou o "massacre" de Batepá, qual evento fundador do nacionalismo[14] e causa da rutura com o colonizador. Disse-se, o "massacre de ilhéus, denominado massacre de Batepá", organizado por uma milícia de roceiros perante manifestações espontâneas contra a ameaça de trabalho forçado nas roças, resultou na morte de algumas centenas de são-tomenses. Esse poderia ser o "acontecimento fundador" (Pinto, 1999:71-72).

Mais recentemente, à medida que se conheceram os contornos desses trágicos eventos, reviram-se, sobretudo, algumas cifras, abandonando-se as apontadas na Conferência de Túnis em 1960, a saber, 1.032 mortos (Cruz, 1975:25) ou mais de 1.000 mortos.

Também desde há anos se recuou na ideia de que o episódio de Batepá fora a ignição ou a razão de ser do nacionalismo. De alguma forma, acabou por se secundarem interpretações de ilhéus, como Tomás Medeiros, para quem Batepá não foi o estopim da luta (Laban, 2002:171-172).

Por hipótese, o massacre de Batepá pode ter sido um mote da politização para jovens são-tomenses nos anos 1950 (Hodges e Newitt, 1988:45). É natural que tenha vindo a ser citado como o momento de rutura moral com o colono. Mas é justamente a circunstância de tal mote compor o discurso no pós-independência que obriga a ponderar se assim terá sido.[15]

---

14 O evento traumático de 1953 convenceu os são-tomenses da necessidade de pôr fim ao colonialismo (Hodges e Newitt, 1988:91). Para Seibert (1996:10), 1953 foi uma revolta espontânea dos forros, que redundou no massacre de centenas de pessoas, pelo que os acontecimentos de 1953 teriam dado um impulso à causa independentista. Ainda segundo Seibert, os eventos de 1953 eram considerados pelos nacionalistas como o início de uma época que conduziu à formação do CLSTP em 1960. O massacre de Batepá foi tema recorrente na história recente do arquipélago e, mais, razão de ser do nacionalismo são-tomense e das suas exigências de independência (Seibert, 1999:50). Segundo outra formulação, a violência dos anos 1950 tornou-se a justificação política e moral do movimento nacionalista (Seibert, 1999:6). Contrapor-se-á que o nacionalismo não precisaria de tal justificação política e moral.

15 Ponderação igualmente sugerida pelo facto de, depois da independência, malgrado a incessante barragem ideológica sobre o odioso do colonialismo, nada nas relações com os ilhéus denunciar essa rutura moral (testemunho pessoal, A. Nascimento).

Em resultado dos desvarios colonialistas de 1953, a par de um velado ressentimento, que as autoridades tentaram remover, subsistiriam o medo e a duplicidade nos ilhéus.[16] Porém não grassaria uma generalizada e incontrolável raiva conducente a uma rutura com o colono – de que não são prova as asserções de intelectuais e políticos –, nem germinaria o imperativo de uma luta anticolonial. Para alguns, restava o exílio, de que também não podemos excluir motivações pessoais.

Como se referiu, após 1975, o mote de Batepá como ignição do sentimento nacionalista compôs um discurso que visava, não alicerçar uma explicação, mas confinar a história e cercear a comparação entre a falência das promessas dos independentistas e o "tempo do colono". A insistência na (imaginada) rutura moral com o colono a partir de 1953 não corresponderia ao intento de justificar, pela falta de alternativa que honrasse os mortos, a inopinada canga de sacrifícios após a independência?[17]

Compreensivelmente, em razão da oposição que um colonialismo atrasado e ditatorial suscitava no mundo, dos eventos de Batepá tiraram-se conclusões ideológicas, a que faltavam lógica e, ainda que não parecesse na altura, correspondência com a realidade. Réplicas dos lemas políticos, entre essas conclusões cite-se a de que o massacre mostrara que só se organizados os ilhéus poderiam atingir as ansiadas "libertação e independência total" (Cruz, 1975:25). Ora, ao invés de mostrar a necessidade de organização, o massacre mostrava, sim, a impossibilidade de organização. A independência tornar-se-ia realidade quando a evolução política no exterior o permitiu.

Uma organização nacionalista, ou um arremedo dela, surgiria fora. Envolta em imprecisões,[18] a datação do Comité de Libertação de São Tomé e Príncipe (doravante, CLSTP) não se reveste do dramatismo que rodeia, por exemplo, a

16 Alda do Espírito Santo lamentou o facto de conterrâneos seus terem ido receber medalhas aquando das visitas presidenciais (testemunho pessoal, São Tomé, anos 80, A. Nascimento), atitude desconsiderada por não consentânea com seus ideais políticos. No mesmo sentido se pronunciou Tomás Medeiros (Laban, 2002:172).

17 Acerca das memórias de Batepá, ver Rodrigues (2018).

18 Por exemplo, o CLSTP formou-se em 1960, sediou-se no Gana até 1967, seguiu para Brazzaville, depois para Santa Isabel e, mais tarde, para Libreville (*Esboço histórico das ilhas de S. Tomé e Príncipe*, 1975:19).

do MPLA. Mas, embora pouco discutida, não é consensual. Amiúde, refere-se à fundação em setembro de 1960,[19] em São Tomé, numa reunião em que ilhéus teriam deliberado a ida de Miguel Trovoada para o exílio. Apesar de repetida, e de aparentemente confirmada pelo exílio de Trovoada, cumpre duvidar desta narrativa.[20] Sem prejuízo de conversas de jovens sobre vagos intentos políticos, não é claro que se tenha fundado naquele momento o CLSTP.[21] É possível que se tenham adornado as narrativas desses encontros de jovens politizados para o CLSTP ter nascido nas ilhas.

Noutra versão, Miguel Trovoada foi ungido representante do CLSTP por Mário Pinto de Andrade e pelo grupo do MPLA[22] sediado em Conacri. Supostamente criado o CLSTP, Trovoada fixar-se-ia em Libreville. Todavia, não se errará ao se inferir que a Miguel Trovoada pouco interessava a militância em Libreville. Por exemplo, Guadalupe de Ceita considerou afrontosa a indicação de Miguel Trovoada de ele ir dinamizar a luta no arquipélago (Ceita, 2012:91-93). Já Carlos Graça, mandado ir lutar pelo arquipélago equatorial,[23] só não terá tido de forçar sua presença em Libreville por ser médico.

Ademais, é possível que tenham tido lugar várias tentativas de constituir um organismo anticolonial. Além do CLSTP, ter-se-á tentado formar um MLSP,[24] que soçobrou, certamente tolhido por dificuldades materiais e por falta de experiência política, entre outros fatores.

---

19 Ver Hodges e Newitt (1988:91), Seibert (1992), Santo (2001:134) e Ceita (2012:80 e segs). Em 1960, na "roça de João d'Alva, no sítio de Bôbô Forro" (Santo, 2012:222, v. 1), Miguel Trovoada com João Guadalupe de Ceita, Leonel d'Alva, João Junqueiro d'Alva, António Pires dos Santos, João Manuel Will, Manuel Nazaré Mendes, Armindo Monteiro "e outros criaram o embrião que haveria de dar nascença, em 1961, ao Comité de Libertação de São Tomé e Príncipe (CLSTP)" (Santos, 2014:53).

20 Por exemplo, ver Cahen (1992:16-17, 357-365).

21 Testemunho pessoal, recolhido em Lisboa, 2022 (A. Nascimento).

22 Segundo Lara (1999:521), devido à "Conferência afro-asiática das colónias portuguesas, sugeriu-se a Miguel Trovoada criar um Comité de Libertação para São Tomé e Príncipe, o que foi feito. Miguel Trovoada, que não chegou a Conacri antes de finais de 1960, dispor-se-ia a ser o CLSTP. Carlos E. Santo (2001:154-155) expôs a versão de Tomás Medeiros sobre a criação do CLSTP por Mário de Andrade; versão similar à entrevista de Medeiros a Dalila Mateus surge igualmente na entrevista a Laban (2002:202). Em data incerta, em Lisboa, Tomás Medeiros fez-me idêntico relato (A. Nascimento).

23 Assim o decidira Amílcar Cabral, ver testemunho pessoal, primeira década deste século, São Tomé (A. Nascimento).

24 Existem alguns documentos deste movimento no espólio de Hugo de Menezes (a ser trabalhado no CH-UL).

Diferentemente de afirmar que, com existência errática, o CLSTP quase desaparece em virtude da cisão de 1965 (Pinto, 1999:92), será mais acertado dizer que até então o CLSTP quase não existira. Neste ano, porventura também por indução do MPLA, alguns ilhéus reagruparam-se em Acra e empenharam-se na propaganda nacionalista. Se considerarmos que Miguel Trovoada e Carlos Graça formavam um CLSTP, passou a haver dois CLSTP. No domínio da propaganda, o de Acra revelou dinamismo. Contudo, foi aniquilado pelo golpe de 1966 contra N'Krumah.

Antes, este CLSTP teve ocasião de lançar a confusão em responsáveis do regime ditatorial. Nas ilhas, a atividade oposicionista era nula. Mas isso não impediu a propaganda fantasiosa acerca da presença do líder do movimento no arquipélago. As autoridades suspeitaram ser Alda do Espírito Santo, que se aprestava a ir de férias à *metrópole*. Em Lisboa, a Pide deteve são-tomenses, vários deles apartados da política, mas que frequentavam os mesmos sítios de Alda. Em São Tomé, aparentemente, o silêncio sobre estas prisões pareceu total (Nascimento, 2015a).

Em 1972, os exilados reencontraram-se para criarem o MLSTP ("Esboço...", 1975:19). Contudo, nem acerca desse momento falta a polémica, porque Tomás Medeiros se disse afastado dessa reunião pelo envio de um bilhete de avião emitido para data posterior.[25] Não é possível senão registar este dado, realçando-se, todavia, que a presença do médico, anteriormente ungido pelo MPLA e de uma consistência ideológica sem rival no grupo, poderia ter inviabilizado a eleição de Pinto da Costa para encabeçar o movimento.

Os nacionalistas são-tomenses beneficiaram-se dos eventos nas restantes colónias (Eyzaguirre, 1986:340). Assim, apesar das dúvidas sobre a viabilidade das ilhas como Estado independente (Pinto, 1999:92) – dúvidas que não deteriam o sentimento independentista, se ele existisse, como não detiveram a euforia do momento da independência –, em 1973 a Organização de Unidade Africana (OUA) reconheceu o MLSTP como único representante dos nacionalistas são-tomenses (Pinto, 1999:92). Assim, o valor político e jurídico deste reconhecimento secundou o da alegada "luta".

25 Testemunho de Tomás Medeiros, em Lisboa, data incerta (A. Nascimento). Ver Graça (2011:56-57).

Ora, mesmo que se adote uma noção muito lassa de "luta", será mais ajustado falar de propaganda nos organismos internacionais, cujo reconhecimento se adivinhava decisivo, bem mais do que a anuência do povo que se dava por adquirida ou que, reservadamente, se pensaria forçar, como viria a suceder com a colaboração das autoridades portuguesas demissionárias (Nascimento, 2015b, 2019). O termo militância – descrevendo uma ação inconstante e errática, resumível à busca de reconhecimento internacional dos independentistas – será preferível. Ainda assim, será talvez mais uma concessão aos propósitos triunfantes do que uma caracterização das ações do pequeno conjunto de exilados dispersos.

Amiúde convencionais, as alusões históricas também não ponderam a fragilidade das vidas e das ações dos exilados. Perante esta fragilidade, evidente após a saída do Gana na sequência do golpe de 1966 – a partir do qual se duvidaria das certezas acerca do rumo do mundo –, podiam os exilados manter a crença inabalável de que sua ação era relevante para um desenlace político em São Tomé e Príncipe?

Fosse como fosse, não lhes restava senão crer que seu exílio era decisivo para a independência. Repitamo-lo, o exílio, que garantiria o reconhecimento internacional, tornaria negligenciável a expressão formal da vontade do povo, bastando apenas o júbilo manifestado no dia da independência. Bastavam os princípios para sustentar a legitimidade do propósito político? Dir-se-á que sim, mas, relembre-se, quando a ocasião o proporcionou, acenando-se com princípios e com amanhãs ridentes, a independência tornou-se numa "independência verdadeira" apropriada por alguns.[26]

Ao invés das inanidades que atribuem à falta de hábitos democráticos no colonialismo sua inobservância aquando da independência, importará atender às verdades da conjuntura política e de um mundo bipolar, que assolaram uma sociedade conformista e vergada pelo consentimento relativamente à soberania colonial.[27] Assim, facilmente um pequeno grupo determinou a vida de toda a população com argumentos capciosos sobre a impossível liberdade da escolha na fase de transição.

---

26 Acerca da impotente recusa da "independência familiar", ver Nascimento (2015b).

27 Assente no consentimento ou no conformismo, a noção da ditadura como um produto social, usada para o caso brasileiro (Rei, 2020:passim), pode aplicar-se ao São Tomé e Príncipe colonial e, possivelmente, aos primeiros anos de independência.

A alegação da impossibilidade da luta nas ilhas suscitou adesões aparentemente lógicas,[28] conquanto tributárias de dogmas acerca do papel omnipresente da luta de classes e da violência na história. Logo, só não existira luta por ter sido tolhida pela repressão.[29] Tais ilações, consonantes com a presunção da predisposição dos colonizados para lutar, não eram forçosamente verdadeiras e, não raro, metamorfosearam-se em lucubrações fantasiosas: embora não pela luta armada, "o povo de S. Tomé e Príncipe lutou com a tática da resistência passiva" contra "a repressão e a exploração" ("Esboço...", 1975:19). Lógica, a ideia da inviabilidade da luta armada fez caminho: lembrou-se a impossibilidade de mobilização de forças locais devido à repressão da Pide (Eyzaguirre, 1986:337, 339). Ora, também logicamente, a Pide lembrava amiúde uma tese oposta, a de que eventuais organizações subversivas teriam vasto campo de ação.

Mais relevante, de tão repetida, a asserção da inexistência de condições para uma luta validou como verdadeira uma asserção não provada, porquanto a inexistência de condições para a luta não significava necessariamente que se a tivesse empreendido se houvesse condições para tal (Nascimento, 2021). Contudo, estribados em sofismas, os nacionalistas avocaram uma indisputada legitimidade para governar independentemente da vontade do povo em nome do qual falavam.

Estudiosos estrangeiros teceram uma visão mais distante da meramente panfletária: no arquipélago, as condições políticas impossibilitavam a existência de organizações independentistas (Hodges e Newitt, 1988:45). Até 1974, movimentos nacionalistas não tinham presença organizada nas ilhas. A repressão policial era facilitada pelo isolamento (Hodges e Newitt, 1988:80), pelo que nenhuma movimentação interna ameaçava o regime (Hodges e Newitt, 1988:45). Pelas circunstâncias político-sociais e pela rarefeita ação dos independentistas, em 1974 o apoio ao MLSTP no território era assaz limitado (MacQueen, 1998:149). Tanto

---

28 As características do arquipélago e o isolamento imposto pelo colonialismo explicariam a cortina de silêncio e também a inexistência de luta armada. Em alternativa, aduziu-se, "desenvolveu-se a luta política e a resistência popular" (Cruz, 1975:12-13). Em rigor, nem sequer oposição política. Trata-se de palavras datadas, que perduraram nas visões historiográficas por parecer impossível que assim não tivesse sido. Aduza-se, após a independência, a cortina de silêncio não terá sido menor.

29 A propósito de Goa e da aparente inação dos goeses, Alexandre (2017:305) alude ao medo como fator impalpável para a historiografia. No arquipélago, ao medo, induzido pela Pide, juntava-se o conformismo, eventualmente também ditado, para aqueles capazes de equacionar o mundo, pelas difíceis perspetivas do arquipélago como um país independente.

quanto a falta de condições para a mobilização da população, pesaria a "inexistência de uma genuína vontade em lutar pela independência" (Romana, 1996:160).

Em síntese, a provável pouca vontade, até para atos pontuais de insurgência, foi (convenientemente) confundida com a impossibilidade de luta. O alheamento da política não advinha apenas do desconhecimento da mensagem dos exilados; advinha, de facto, do conformismo com um destino que parecia traçado (diga-se, também por medo, conformismo semelhante grassaria no pós-independência).

Não se nega que pessoas de algumas famílias se opusessem ao colonialismo (Hodges e Newitt, 1988:90). Algumas guardariam memória da perda de terras, da confrontação política dos primeiros decénios de Novecentos e da secundarização na administração. Mas essas famílias, igualmente com noção da sua diferenciação económico-social e com uma visão mais ampla do mundo, tinham uma atitude cautelosa e, quando muito, expectante.

Quando, em resultado das lutas noutras colónias e do golpe em Portugal (Hodges e Newitt, 1988:90), a independência chegou por arrasto – como predissera um dos maiorais, cujos sentimentos políticos não o inibiam do convívio com o responsável da Pide –, quando poderiam ter reconquistado a primazia de outrora, as famílias distintas viram-se ultrapassadas pelos jovens a quem a escolarização levara à politização nas universidades em Portugal.

Não foram as limitações de instrução nem a sobranceria racista dos colonos que alavancaram a afirmação de independência; foram a instrução retomada nos derradeiros anos do colonialismo e o giro do mundo que abriram a porta à reivindicação da "independência verdadeira" pela radicalizada juventude estudantil. A adesão à independência granjeou adeptos quando ela se tornou uma possibilidade real (Nascimento, 2015b). Escancarada a porta da independência, levados pela sua "vanguarda", os ilhéus inebriaram-se com a ideia de remover os colonos.

Após o 25 de Abril, possibilitada a vazão do ressentimento, tornou-se gratificante a "luta" pela "independência verdadeira", distinta da mera independência. Essa "luta" a destempo – encetada pela Cívica[30] a benefício do MLSTP, grupo

30 Pinto (1999:92) aduziu que a Cívica era mais plural e autónoma do que os exilados em Libreville pretendiam. Avente-se, seria mais impulsiva, dinâmica, intelectualizada e, por isso, menos atreita ao unanimismo, embora a influência de duas ou três pessoas pareça ter pesado no unanimismo da ação pró-MLSTP. Seria mais radical, em virtude do que confundiu temor com adesão, acabando vítima da duplicidade dos conterrâneos e, posteriormente, dos dirigentes do MLSTP (Nascimento, 2019).

autodenominado de direção de um movimento que até ao 25 de Abril não existira nas ilhas – só episodicamente aproximou os políticos do "povo" em nome do qual pretendiam falar.

Após a independência, o anterior imperativo da "luta" contra o colonialismo transmudou-se numa "luta" contra o neocolonialismo e o neoimperialismo, com o que, na prática, se prolongou a sujeição das pessoas a um poder dito revolucionário, mas, efetivamente, discricionário e perpetuador de clivagens.

Notas finais

Até à independência, a creditação da "luta" emanou da conjuntura internacional. No pós-independência, as promessas por cumprir e a preservação das desigualdades desacreditavam a narrativa da "luta", esvaziada da sua substância pela negação dos seus objetivos. À medida que as dificuldades aumentavam, cresceria o número daqueles que, embora para si, descreriam das alusões à luta, não por as poderem infirmar com base em factos, mas pela descrença nos políticos, seus conterrâneos e companheiros de criação. Tal só não se dá mais devido ao silêncio forçado e ao facto de, mais do que a substância das narrativas, pesar o poder de quem as enunciava, silenciando outras possíveis versões. Assim se explica que tenha demorado tantos anos a revelação do que se passara, ou, melhor dito, não passara, na "luta".

Justamente por esta constelação de dados, o aparato crítico não pode ser inibido por quaisquer argumentos de circunstância, mormente pela ideia corrente de que as críticas se fazem internamente, de preferência em redomas, ou de que as de terceiros são necessariamente desajustadas. Ceder a tais ditames traduziria uma concessão à infalibilidade dos mandantes e colocaria os estudiosos na situação de acabarem a justificar atos contrários aos seus princípios – desde os políticos aos gnosiológicos – e, no caso dos historiadores, a negarem a verdade determinada pela conjugação da consciência com a observância escrupulosa das regras do ofício.

Não se trata de fazer juízos que, aliás, pesam pouco no presente, tão longe vão já as quimeras e os sonhos das independências, salvo o da remoção da dominação do branco, que, imprevistamente mas não por acaso, se transmudou num falso dilema com que se perpetuam e se tentam justificar as presentes assimetrias – diz-se, mais vale que a riqueza fique nas mãos da burguesia nacional do que nas dos colonos! –, como se as desigualdades pudessem ser harmonizadas, vagamente que fosse, com a apregoada "independência verdadeira" e com o estendal de conscrições a que se obrigaram as pessoas, privando-as de parte substancial da decisão sobre suas vidas.

Dir-se-á que ao historiador não cabe julgar (ação que dificilmente escapará a uma perspetiva redutora). Mas não se poderá prescindir de descrever com a minúcia possível os eventos relevantes e de os tentar explicar, mesmo contra sentimentos que confortam. Por outras palavras, a dificuldade de dissociar a tentativa de explicação histórica do juízo político e moral não pode justificar a demissão da palavra e da explicação, menos ainda por qualquer rasto de reverência (sempre) indevida para com os vencedores de causas (em tese) justas. E nenhuma narrativa pode planar acima do escrutínio das regras do ofício, nem nenhuma interrogação pode ser considerada aprioristicamente inválida apenas porque contrária às palavras de heróis, eventualmente polarizadores de identificação afetiva.

Mesmo que tivesse existido luta e sacrifício, daí decorria necessariamente legitimidade para governar o arquipélago? Na falta de uma luta, que entregasse a legitimidade às espingardas, prevaleceu a "luta" reconhecida em fóruns internacionais, onde não se cuidava de saber da vontade dos povos presumidamente libertados. Mas porque é que os "dirigentes" dessa dita "luta" seriam os mais capacitados para dirigir o novel país? E, todavia, quem é que, ao tempo, contestaria a assunção da competência para governar dos titulares de um poder, em última análise, outorgado pelas autoridades coloniais demissionárias?

Quiçá por não ter havido oposição em 1975, terá parecido que o conhecimento histórico não contaria para a ulterior evolução, que se supunha indemne à luta política. Porém, recentemente, expressões inspiradas no passado – mormente, o labéu de "colonos negros" – foram usadas para desabonar adversários políticos, os triunfantes em 1975, com a comparação com os odiados colonos. Se não se percebera antes, provou-se então que ninguém está livre de mau uso da história, tão mais provável quanto a conceção vigente da história for a dos estereótipos, como os da "luta" e quejandos. Esta brecha foi aberta pela falta de análise crítica e exaustiva do passado, sobre o qual alguns equivocadamente julgaram ter, *ad aeternum*, uma última palavra.

Em paralelo com o estudo da "luta", importará continuar a explorar o campo das suas repercussões no devir do país, onde, em conformidade com a visão ideológica que a norteava, em 1975 se pretendia um absoluto recomeço... Ora, para recomeçar, terá sido assim?

Referências

ALEXANDRE, V. *Contra o vento*: Portugal, o império e a maré anticolonial (1945-1960). Lisboa: Círculo de Leitores, 2017.

CAHEN, M. Correspondência. *Revista Internacional de Estudos Africanos*, n. 16-17, p. 357-365, 1992.

CEITA, J. G. V. de. *Memórias e sonhos perdidos de um combatente pela libertação e progresso de São Tomé e Príncipe*. [S.l.: s.n.], 2012.

COSTA, M. P. *Discursos*. São Tomé: AHSTP, 1978. 2 v.

_____. *Terra firme*. Porto: Afrontamento, 2011.

CRUZ, C. B. *S. Tomé e Príncipe*: do colonialismo à independência. Lisboa: Moraes Ed., 1975.

ESBOÇO histórico das ilhas de S. Tomé e Príncipe. São Tomé: Imprensa Nacional, 1975.

EYZAGUIRRE, P. *Small farmers and estates in Sao Tome*: West Africa. Dissertação (Ph.D) – Yale University, New Haven, CT, 1986.

GRAÇA, C. *Memórias políticas de um nacionalista santomense sui generis*. Lisboa: Uneas, 2011.

HODGES, T.; NEWITT, M. *São Tomé and Príncipe*: from plantation colony to microstate. Londres: Westview, 1988.

LABAN, M. *São Tomé e Príncipe*: encontro com escritores. Porto: Fundação Eng. António de Almeida, 2002.

LARA, L. *Documentos e comentários para a história do MPLA até fev. 1961*. Lisboa: D. Quixote, 1999.

LIMA, J. D. *História do massacre de 1953 em S. Tomé e Príncipe*. São Tomé: Ed. do Autor, 2002.

MABEKO-TALI, J.-M. *Guerrilhas e lutas sociais*: o MPLA perante si próprio (1960-1977). Lisboa: Mercado de Letras, 2018. Ensaio de história política.

MACQUEEN, N. *A descolonização da África portuguesa*: a revolução metropolitana e a dissolução do Império. Mem Martins: Editorial Inquérito, 1998.

MBEMBE, A. *África insubmissa*: cristianismo, poder e Estado na sociedade pós-colonial. Mangualde: Pedago, 2013.

NASCIMENTO, A. São Tomé e Príncipe: a independência ou o parto do autoritarismo. In: ROLLEMBERG, D.; QUADRAT, S. (Ed.). *A construção social dos regimes autoritários*: legitimidade, consenso e consentimento no século XX. África e Ásia. Rio de Janeiro: Civilização Brasileira, 2010. p. 157-205.

_____. Os dividendos do autoritarismo colonial: o impacto e a manipulação do legado colonial na configuração do pós-independência em São Tomé e Príncipe. In: PIMENTEL, I.; REZOLA, M. I. (Ed.). *Democracia, ditadura*: memória e justiça política. Lisboa: Tinta da China, 2013. p. 259-282.

_____. Alda do Espírito Santo: a distinção social, a militância política e a tristeza. *Africana Studia*, n. 24, p. 177-202, 2015a.

_____. A inelutável independência ou os (in)esperados ventos de mudança em São Tomé e Príncipe. In: MACHAQUEIRO, M.; OLIVEIRA, P.; ROSAS, F. *O adeus ao Império*: 40 anos de independências. Lisboa: Nova Vega, 2015b. p. 175-190.

_____. *São Tomé e Príncipe*: as tramas da política e a emancipação do saber histórico. São Tomé: BISTP, 2019.

_____. A "luta" e as (in)verdades de conjuntura, a independência de São Tomé e Príncipe e a amputação das liberdades dos são-tomenses. *Tempo e Argumento*, v. 13, n. 34, 2021. Disponível em: <https://revistas.udesc.br/index.php/tempo/article/view/2175180313342021e0105>. Acesso em: 4 nov. 2021.

PÉLISSIER, R. *Explorar*. Orgeval: Pélissier, 1979.

PINTO, A. C. A guerra colonial e o fim do império colonial português. In: BETHENCOURT, F.; CHAUDHURI, K. (Dir.). *História da expansão portuguesa*. Lisboa: Círculo de Leitores, 1999. v. 5, p. 65-101.

REI, B. D. *Celebrando a pátria amada*. Rio de Janeiro: 7Letras, 2020.

RODRIGUES, I. *Espectros de Batepá*: memórias e narrativas do "massacre de Batepá" em São Tomé e Príncipe. Porto: Afrontamento, 2018.

ROMANA, H. A. C. B. *São Tomé e Príncipe*: elementos para uma análise antropológica das suas vulnerabilidades e potencialidades. Lisboa: ISCSP-UTL, 1996.

SANTO, C. E. *Enciclopédia fundamental de São Tomé e Príncipe*. Lisboa: Cooperação, 2001.

______. *A Guerra da Trindade*: Lisboa: Cooperação, 2003.

______. *O nacionalismo político são-tomense*. Lisboa: Colibri, 2012. 2 v.

SANTOS, C. O. *Patrice Trovoada*: uma voz africana. Lisboa: Âncora, 2014.

SEIBERT, G. Correspondência. *Revista Internacional de Estudos Africanos*, 16-17, p. 353-357, 1992.

______. *O massacre de Fevereiro de 1953 em São Tomé*. Raison d'être do nacionalismo santomense, 1996. (Policopiado).

______. *Comrades, clients and cousins*: colonialism, socialism and democratization in São Tomé and Príncipe. Leiden: Leiden University, 1999.

8. Portugal, as guerras em África e o quadro internacional: história e historiografia*

Francisco Carlos Palomanes Martinho

Os colegas e a colega que compõem esta mesa comigo, como puderam ver, são grandes especialistas nos estudos africanos, o que, como vocês sabem, não é o meu caso. De modo que é sempre um risco falar depois de quem sabe mais. Procurando, então, me proteger dentro de uma seara mais próxima, farei uma apresentação dedicada às análises historiográficas a respeito das consequências das guerras em África para a política externa portuguesa. Esses estudos têm percebido, com justa razão, que as opções do regime português seguiram diferenciados rumos, não havendo, pois, uma rota exclusiva, sobretudo durante o consulado de Marcello Caetano. Entretanto, se olharmos o quadro internacional e as relações de força nele contidas, a alteração da realidade colonial não coincide necessariamente com a posse do novo presidente do Conselho de Ministros. Ela é parte deste processo, mas não é *o processo* em si.

Um aspecto que, obra do acaso, acrescenta à dimensão dos problemas portugueses foi o fato de a guerra em África ter começado exatamente no ano de 1961. Como disse Pedro Aires de Oliveira, aquele terá sido para Portugal o "ano de todas as crises" (Oliveira, 2004:304), com o sequestro do paquete Santa Maria por Henrique Galvão; a tentativa de golpe do general Júlio Botelho Moniz, então ministro da Defesa; e a ocupação de Goa, Diu e Damão pela União Indiana. Filipe Ribeiro de Meneses lembra ainda que, no plano internacional, o país se defrontaria com uma avalanche diplomática evidenciada "na posição subitamente hostil de dois aliados tradicionais – os Estados Unidos e o Brasil" (Meneses, 2020:54).

* O autor optou por manter o texto da forma como foi apresentado originalmente no webinário "Portugal e os 60 anos da guerra colonial". (N.O.)

O infortúnio, aliás, começara já no ano anterior. Como lembram Luís Reis Torgal e Sérgio Neto (2020:228), 1960 "seria mesmo apelidado de 'Ano de África', com a independência de dezassete países oriundos dos impérios francês, britânico e belga, os quais iriam aumentar os assentos desfavoráveis ao governo de Lisboa no palco da ONU". E aqui vale lembrar, conforme alerta Norrie MacQueen, que nos anos 1960 e 1970 a força política do chamado "terceiro-mundismo" não era de somenos importância, protagonizando uma "implacável" oposição a Portugal (MacQueen, 2004:287). Outro aspecto lembrado por Ribeiro de Meneses (2020:52), com incidência direta para os problemas portugueses, é a difícil conjuntura africana na época, com as desagregações da Rodésia e do Niassalândia e a independência do Congo Belga. É claro que crises como a rodesiana permitiam ao regime de Salazar espaço para alguma propaganda, afirmando a "calmaria" reinante em Luanda ou Lourenço Marques, em comparação com essas outras realidades. Ainda que, como ressalta Ribeiro de Meneses (2020:55), calmaria "em parte graças à Pide, que agia em África de forma ainda mais violenta do que na metrópole".

Frente ao avanço de um sentimento anticolonialista em todo o mundo, Portugal procurou responder ao cerco "com a apologia da mestiçagem" e o argumento lusotropicalista caro a Gilberto Freyre, afirmando, nas palavras de Luís Reis Torgal e Sérgio Neto (2020:226), "a velha crença na peculiaridade bondosa, cristã e não racista da colonização portuguesa". Filipe Ribeiro de Meneses refere ainda à tarefa imposta ao então ministro do Ultramar, Adriano Moreira, no sentido de buscar o alinhamento da "realidade colonial com a retórica lusotropicalista do regime" (Meneses, 2020:54).[1] A opção pelo argumento freyriano não deixa de revelar, creio, os limites do horizonte político português. Salazar, como sustenta António Costa Pinto, soube, no pós-Segunda Guerra Mundial, "cultivar a imagem de uma nação isolada no seu combate pela civilização ocidental em África" (Pinto, 2001:13). Tal perspectiva ficaria nitidamente explícita quando, em fevereiro de 1965, Salazar (1967:368) bradou o conhecido argumento do "orgulhosamente sós". Para Lisboa, Portugal sofria um cerco que, no contexto de bipolaridade, era efetuado tanto pela União Soviética quanto pelos Estados

---

1 Sobre a importância de Gilberto Freyre para a ideologia luso tropical, ver Torgal e Neto (2020:225-228) e Castelo (2011).

Unidos. O problema residia no fato de que apenas "os Estados Unidos tinham ainda a força necessária para travar os avanços comunista e afro-asiático – mas mesmo em Washington se perdia o sentido da missão" (Meneses, 2020:54). Além desse problema, conjuntural, o fato é que a visão de Salazar a respeito do mundo do pós-guerra combinava estranhamento e recusa. Não aceita a "emergência de uma ordem bipolar com as duas superpotências extraeuropeias", como também o surgimento de uma diplomacia multilateral capitaneada pela ONU, e, ainda, recusa o princípio da autodeterminação dos povos (Pinto e Teixeira, 2005:18).

Iniciada a guerra, há certa unanimidade historiográfica sobre as escolhas de Salazar. Ribeiro de Meneses ressalta o otimismo do Estado Novo quanto a uma solução quase que imediata. E razões, aparentemente, não faltavam. A fragilidade e pequena inserção dos movimentos independentistas eram evidentes. Acreditava-se que o esforço militar realizar-se-ia sem comprometer o desenvolvimento econômico da metrópole e das colônias (Meneses, 2020:53). O discurso de Salazar na televisão, com seu conhecido *slogan*, "para Angola rápido e em força", demonstrou a determinação lusa em afirmar sua soberania no território. Ademais, havia certo entusiasmo nacionalista em Lisboa nos primeiros meses a seguir ao início do conflito,[2] entusiasmo este que, como sabemos, contrastava com a realidade dos fatos. Desde finais da década de 1950, como nos mostra Norrie MacQueen (2004:286), e começando pelas colônias francófonas, a Europa acelerava seu processo de descolonização, inclusive em territórios fronteiriços com as então colônias portuguesas, como a Guiné-Conacri, o Senegal, o Congo-Léopoldville e o Congo-Brazzaville.

Para dar início à guerra, Lisboa convocou, apenas no ano de 1961, perto de 49 mil soldados (Cann, 1998:124). Daí em diante, o contingente só fez subir. Em 1970, de acordo com Aires de Oliveira (2004:304), eram "140.000 homens em armas – um número que à época só encontrava paralelo, em termos percentuais, em Israel e nos dois Vietnames". Ainda segundo este historiador, a opção de vencer a guerra, cara ao salazarismo, manteve-se durante o período Marcello Caetano. Em março de 1969, Léopold Senghor, então presidente do Senegal, apresentou a Lisboa um plano de independência da Guiné, que ocor-

2 Opinião, aliás, corroborada por Diogo Freitas do Amaral (1996:733), para quem "a defesa do ultramar não dividia, em 1961, a juventude universitária portuguesa". O que Freitas do Amaral afirmava para o universo dos estudantes era o mesmo para os portugueses em geral.

reria dentro de uma "comunidade Afro-Luso-Brasileira" (Oliveira, 2004:218). Uma proposta de tal envergadura exigiria, da parte de Portugal, disposição para negociar com o PAIGC, partido que representava o movimento independentista naquele território. No entanto, para o Estado Novo, a vitória militar antecedia um eventual acordo ou negociação (Oliveira, 2004).

É verdade que, nos momentos iniciais do conflito, Estados Unidos, Inglaterra e França manifestaram apoio a Portugal. Mas é fato também que se tratava de um apoio "que não decorria propriamente de um olhar benevolente dos governantes destes países em relação aos 'méritos' do colonialismo português, mas, principalmente, dos alinhamentos estratégicos da Guerra Fria" (Oliveira, 2004:305). Na verdade, consideravam Salazar a expressão de uma Europa que não mais deveria existir.

Diante desse quadro, o impedimento físico de Salazar e a indicação de Marcello Caetano pareciam anunciar novos tempos. Na fase final do salazarismo, as rusgas se acumulavam entre Portugal e os governos de Londres e Washington. Em 1963 e 65, a Casa Branca enviou emissários a Lisboa sugerindo programas de retirada gradual de Portugal do continente africano. Mas o empenho estadunidense apenas viu fortalecer, nas hostes salazaristas, "a convicção [...] de que aquilo que os EUA realmente pretendiam era despojar Portugal de suas riquezas e posições estratégicas em África" (Oliveira, 2004:308). Portanto, o entendimento no exterior de que o novo presidente do conselho era um reformista fazia com que os Estados Unidos vissem com bons olhos sua ascensão (MacQueen, 2004:266). Além disso, a eleição de Caetano coincidiu, nos Estados Unidos, com a vitória do republicano Richard Nixon. O novo governo de Washington prometera a Portugal "que os Estados Unidos se iriam esforçar para emendar os pretensos erros anteriores das administrações democratas" (MacQueen, 2004:288-289). Também em Lisboa, a ascensão de Nixon era vista como "um bom presságio para a melhoria dos laços transatlânticos" (Oliveira, 2004:309). E, de fato, sinais positivos de Washington chegavam a Lisboa. Em documento elaborado pela administração Nixon para a África, reconhecia-se a importância dos Açores para as políticas militares dos Estados Unidos e da Otan e afirmava-se o interesse nos territórios africanos de Portugal (Oliveira, 2004:309). Nas Nações Unidas, a diplomacia estadunidense se absteve de votar em resoluções hostis a Lisboa (Oliveira, 2004:309-310). Claro está que a ajuda do governo

Nixon exigia contrapartidas. E a mais importante delas foi a renovação da presença estadunidense na base militar das Lages, nos Açores. Ao contrário da administração Salazar, desta feita o regime português renunciou à exigência de qualquer garantia política com relação à defesa ultramarina e concentrou-se nos apoios financeiro e militar que daí poderiam advir (Oliveira, 2004:310-311).

Assumindo a chefia do governo, com toda a "primavera" anunciada, os problemas permaneciam e restava saber até que ponto seriam, ou não, resolvidos. Assim, o dado mais importante da política externa em toda a governação marcelista foi "sua completa subordinação à 'questão ultramarina'" (Oliveira, 2004:303). Para MacQueen (2004:266), a "África seria a pedra de toque para o sucesso ou o insucesso do marcelismo". Mas o continente africano também experimentava sua "primavera". Agora, além das ex-colônias francófonas, também as de língua inglesa adquiriam autonomia. Entre 1964 e 1968, apenas entre os vizinhos de Angola e Moçambique, tornaram-se independentes Tanzânia, Zâmbia, Rodésia, Malawi e Suazilândia. Enfim, ficava Portugal na condição de última potência imperial que recusava os princípios da autodeterminação e soberania (Oliveira, 2004:304-305).[3]

Além disso, o referido alinhamento do governo Nixon tinha seus limites. A chegada do republicano à Casa Branca coincidiu com uma conjuntura de *détente*, no quadro da Guerra Fria. Esse clima de certo apaziguamento da disputa Ocidente/Oriente teve consequências tanto para Portugal como para a África. Uma delas, lembra MacQueen, era o diminuto poder de persuasão dos Estados Unidos frente à deterioração de Portugal no sistema internacional. Na Europa vivia-se um ambiente social-democrata que "desconfiava da política externa americana em geral e de Richard Nixon em particular" (MacQueen, 2004:289). Aires de Oliveira lembra que, dada a escalada da guerra do Vietnã, o Congresso estadunidense passou a competir com o Executivo pela direção da política externa do país. Assim, o apoio de Nixon "à política colonial de Lisboa forneceu o pretexto de que várias correntes políticas precisavam para desafiar a autoridade presidencial". Não foi por acaso que, em 1972, pouco depois da reeleição de Nixon, os Estados Unidos votaram favoravelmente a uma resolução na ONU que reconhecia a legitimidade da luta contra o colonialismo português e consi-

3 Para o caso brasileiro, ver Martinho (2020:227-241).

derava os movimentos de libertação interlocutores "autênticos" para negociar com Lisboa (Oliveira, 2004:311-312). Ainda assim, a fragilidade da diplomacia portuguesa era tal que, em 1973, no contexto da guerra do Yom Kipur, o governo de Washington exigiu a utilização da base das Lages numa operação que fugia ao âmbito da Aliança Atlântica. Caetano optou por uma manobra arriscada: deu permissão para a utilização da base aérea em troca de ajuda militar, embora tivesse ciência de que o Congresso estadunidense aprovara uma emenda que proibia a venda de material bélico a Lisboa. Os mísseis *red eyes* foram concedidos e ficaram à disposição de Portugal. A transação era de tal modo secreta que, afirma Kenneth Maxwell (1999:241), "a embaixada americana, ou pelo menos o seu encarregado de negócios, não teve conhecimento". Mas já estávamos em março de 1974, a poucas semanas do 25 de Abril (Oliveira, 2004:328). E mais, se os Açores durante anos contribuíram para a permanência do imperialismo luso, o auxílio a Israel terá sido "uma importante causa imediata do golpe militar" (Maxwell, 1999:65). O *timing* político agira contra Portugal.

Na Europa, o quadro não era diferente. Os governos trabalhistas britânicos estiveram à frente durante a maior parte do consulado de Caetano. E sequer a vitória conservadora, em 1970, alterou o "estado da arte". Estamos a falar de uma direita pré-tatcheriana, quase que liberal nas questões de política externa e empenhada em garantir a admissão britânica na Comunidade Econômica Europeia (MacQueen, 2004:290). Aires de Oliveira (2004:313) salienta que, embora no Foreign Office Portugal dispusesse de alguma simpatia, mesmo durante o trabalhismo, não parecia conveniente, "na atmosfera de finais dos anos sessenta", um "envolvimento mais íntimo da Grã-Bretanha" com aquele que era uma das últimas lembranças do fascismo europeu (aqui acompanhado pela Espanha) e, aí sim, o último império da Europa. Aires de Oliveira reconhece, entretanto, alguma alteração no comportamento britânico, como certa benevolência em relação à venda de armamento a Portugal ou na mediação das relações entre Portugal e o Mercado Comum. Mesmo assim, salienta, a boa vontade britânica esbarrava no obstáculo que representavam a imprensa e a opinião pública, ambas quase que uníssonas contra Portugal (Oliveira, 2004:314).

No caso da França, durante a gestão De Gaulle, o relacionamento com Portugal parecia promissor. Em 1964, é assinado o Acordo das Flores, que contribui para o reequipamento das Forças Armadas de Lisboa. Embora à primeira vista a eleição de Georges Pompidou não parecesse alterar o rumo das coisas, a diplomacia francesa fez chegar a Portugal que as relações dos Champs-Élysées com o colonialismo luso começavam a esbarrar em uma opinião pública hostil a Portugal e cada vez mais repleta de exilados portugueses. Quanto à Alemanha, quando das eleições dos sociais-democratas em 1966, abriu-se um novo momento na história das relações diplomáticas deste país. Conduzida pelo chanceler Willy Brandt, a política de aproximação ao leste implicava uma alteração substantiva nas opções germânicas voltadas à África (Oliveira, 2004:317). Assim é que a tendência de crescimento das pressões internacionais não arrefeceu com a ascensão de Caetano (MacQueen, 2004:275). Ressalta MacQueen (2004:286), não sem razão, que enquanto em 1961, apesar das desconfianças com relação a Salazar, havia ainda uma cultura política que compreendia, ao menos em parte, "a presença imperial europeia em África", a situação mudara radicalmente a partir da segunda metade da década de 1960. Como que a confirmar suas palavras, este autor apresenta um quadro com as votações na ONU contra Portugal entre 1969 e 1973: foram, no total, 15 resoluções (MacQueen, 2004:291-293) – cenário perfeito para se perceber o nível de paralisação e isolamento da diplomacia portuguesa. Mas, como se diz no Brasil, "desgraça pouca é bobagem". Em julho de 1973, às vésperas da visita de Caetano a Londres para celebrar os 600 anos da aliança luso-britânica, o jornal *The Times* publicou uma devastadora matéria sobre os massacres perpetrados pelas tropas portuguesas no Tete, em Moçambique. Mas é provável que o episódio que melhor simboliza a fragilidade da política externa portuguesa tenha sido a audiência privada dos três principais movimentos de libertação – MPLA, Frelimo e PAIGC –, em julho de 1970, com o papa Paulo VI (MacQueen, 2004:291). O cerco era quase absoluto.

Em sendo tão importante quanto difícil para Portugal a política ultramarina durante o consulado Caetano, vale indagar sobre as linhas por ele adotadas para esta questão. Vejamos: quando, em 1951, Portugal promoveu uma reforma constitucional que alterou o nome das "colônias" para "províncias ultramarinas", fórmula encontrada para a adoção de um termo que afirmava serem as colônias extensões do território português, Caetano posicionou-se em contrário. Quando jovem, articulista de jornal, declarou-se favorável a uma eventual "progressiva autonomia das Colónias" (Caetano apud Martinho, 2008:256). Três décadas depois, reitor da Universidade de Lisboa, emitiu um parecer no qual "preconizava uma reforma do império português segundo linhas federalistas" (Oliveira, 2004:306). Daí as razões de desconfiança por parte do segmento mais integracionista do regime. Entre o receio tradicionalista e o otimismo liberal, o caminho a ser traçado por Caetano gerava expectativas que seriam, aliás, postas à prova em seu primeiro discurso à Assembleia Nacional a 27 de novembro de 1968. O novo presidente do conselho procurou deixar claro, e de imediato, seu compromisso com a manutenção da guerra. E, como Salazar, inseriu "a política portuguesa no contexto global da guerra contra o comunismo" (MacQueen, 2004:274).

Caetano manteve publicamente esse discurso até o fim de seu mandato. E manteve, também publicamente, o argumento do primado da vitória militar. As esperanças depositadas de alteração do quadro africano decorreriam, para Aires de Oliveira (2004:318), dos "equívocos gerados pela reputação reformista de Caetano". MacQueen (2004:274), ainda que percebendo nuanças federalistas, afirma que o projeto do novo presidente do conselho não continha qualquer alteração substancial, de modo que não haveria, ou seriam mínimos, os impactos sobre o conflito. Para Ribeiro de Meneses (2020:63), teve vida curta "a ilusão de que a chegada de Caetano ao poder significaria uma mudança tangível". Uma visão que destoa em parte destes autores aqui referidos é a que apresentam Torgal e Neto (2020:241) ao afirmarem que Caetano não conseguiu articular uma política de acordo com suas convicções, capaz de satisfazer "integracionistas e assimilacionistas". Uma tese interessante, ainda que difícil de vê-la protagonizada por Marcello Caetano.

A complexidade dos problemas africanos foi vista como um desafio para os homens públicos na época, sobretudo os dirigentes políticos de África. De modo que, em 1972, é mais uma vez Senghor quem apresenta nova proposta de negociação. Através de emissários, informara a Lisboa seu interesse em conversar com o general António de Spínola. Com o aval de Caetano, o presidente do Senegal e o governador da Guiné se encontraram em maio daquele ano. O político senegalês apresenta, então, a proposta que residia em uma governação conjunta com estatuto de autonomia por 10 anos, ao fim dos quais "seria efectuado um referendo que determinaria o futuro das relações com Portugal". A proposta foi peremptoriamente recusada por Caetano, assim que Spínola chegou a Lisboa para relatar-lhe o teor da conversa (Meneses, 2020:63; Oliveira, 2004:283), que parece confirmar a impressão dos historiadores aqui referidos. Spínola não só era favorável a uma negociação no ultramar, como recusava-se a uma exposição vexatória das Forças Armadas, como ocorrera quando da ocupação dos territórios indianos. Frente às demandas do general, a resposta de Caetano foi a que segue: "Para a defesa global do Ultramar é preferível sair da Guiné por uma derrota militar com honra do que por um acordo negociado com os terroristas, abrindo caminho a outras negociações". Indagado novamente por Spínola se preferia uma derrota militar na Guiné, Caetano foi ainda mais explícito: "Se o exército português for derrotado na Guiné depois de ter combatido dentro das suas possibilidades, essa derrota deixar-nos-ia intactas as possibilidades jurídico-políticas de continuar a defender o resto do Ultramar" (Caetano, 1974:191). Visto assim, um "federalista" reproduzia, letra por letra, a visão totalizante dos integracionistas. Além disso, confirmava a possibilidade de fazer da Guiné uma nova Goa. Sete meses a seguir à sua posse, entre março e abril de 1969, Caetano visitou os três territórios coloniais em conflito. Tratava-se de mais uma demonstração pública da prioridade conferida aos problemas africanos. E a forma como Caetano foi recebido nas três visitas demonstrava, a seu ver, que "no fundamental, tudo estava bem. A maioria da África portuguesa permanecia em paz e satisfeita" (MacQueen, 2004:274). Aires de Oliveira afirma que Caetano fizera desta viagem uma bandeira para as eleições que ocorreriam em 1969. "E é talvez aqui que tenha residido o seu grande equívoco: pensar que as eleições [...] sob a égide do Estado Novo teriam de alguma forma legitimado a continuação da guerra colonial", diz o historiador (Oliveira, 2004:307). Ao que parece, confiante ou não em eleições tão reconhecidamente viciadas, Caetano de fato acreditou que as palmas recebidas em África significavam um apoio claro à sua política ultramarina.

As guerras continuaram, entretanto, sem um cenário de resolução. E, com elas, as pressões externas aumentavam. Quando o grau de esgotamento do regime chegou às raias do insuportável, entre finais de 1973 e os primeiros meses de 1974, algumas iniciativas, digamos, "heterodoxas" foram tomadas. Referir-me-ei a apenas uma delas, que recentemente – já neste século! – veio a público. Em 2013, Luís Fernando Barroso, pesquisando em arquivos oficiais sul-africanos, descobriu que, entre 1970 e 1974, Portugal, África do Sul e Rodésia assinaram uma aliança militar secreta denominada Alcora, acrônimo para Aliança Contra Rebeliões em África (Barroso, 2013). Registros escondidos, como disse o Omar na primeira mesa de hoje. Isolado política e militarmente, Portugal se vira obrigado a buscar o apoio dos segregacionistas regimes sul-africano e rodesiano. Do ponto de vista do projeto africano de Portugal, as novas alianças eliminavam de vez a opção federalista por vezes advogada por Caetano (Meneses, 2020:68-69). O primeiro passo do exercício Alcora foi dado com um empréstimo concedido pela África do Sul a Portugal, parte dele destinada à compra de material bélico. Ribeiro de Meneses chama a atenção para o fato de que nenhum dos protagonistas à época, em suas autobiografias ou em entrevistas, fizeram referência ao acordo. Rui Patrício, então ministro dos Negócios Estrangeiros, em publicação de 2012, afirmou que, quanto à África do Sul e à Rodésia, "nunca se estabeleceu nenhuma estratégia ou esquema conjunto no âmbito militar" (Patrício, 2012:295). Os demais personagens – Spínola, Gomes da Costa e, claro, Caetano – mantiveram-se calados. O silêncio, como sabemos, é uma forma de expressão. O projeto Alcora era de tal forma constrangedor para Portugal que o regime de Lisboa se empenhou em mantê-lo secreto durante toda a sua vigência. Expô-lo resultaria tornar público o que era, de fato, o tal regime da fraternidade racial. Do lado sul-africano, "a pressão [...] para que o exercício se tornasse público era real e [...] estava a aumentar", o que significaria o fim de toda "ambiguidade da política colonial portuguesa" (Meneses, 2020:74). Uma última observação: o projeto gorou com a Revolução dos Cravos. Foi uma questão de *timing* político para que, por exemplo, forças unificadas de intervenção, com portugueses, rodesianos e sul-africanos, viessem a campo (Meneses, 2020:73). O "orgulhosamente sós" de 1965 transitou para o "discretamente acompanhados" (Ramos, 2009:682).

Entre os autores aqui referidos, há certa unanimidade quanto ao comportamento de Salazar frente à crise ultramarina. A África era o último grande patrimônio português, daí a importância de defendê-la à revelia de seus custos militares ou políticos. Quanto a Caetano, embora com muitos pontos de convergência, há interpretações, em vários aspectos, distintas. Ribeiro de Meneses defende a tese de que Caetano atuou em várias frentes, que iam do argumento integracionista ao federalismo (Meneses, 2020:61). MacQueen (2004:295) considera o integracionismo de Caetano consequência das imposições das correntes conservadoras para o aceite de sua posse. Para Aires de Oliveira, as reformas sempre moderadas de Caetano tinham por objetivo conter a crise política até resolvê-la militarmente. Ressalta, ainda, que Caetano recusou "construir pontes com figuras do regime mais abertas à mudança das políticas ultramarinas" (Oliveira, 2014:531).

De qualquer forma, é fato que Caetano assumiu o regime com já sete anos de iniciada a guerra, o que reduzia em muito suas possibilidades. Salientei, aqui, que entre 1961 e 1968 o quadro mudara radicalmente, com a multiplicação de novos Estados independentes em África. MacQueen (2004:286) chega a afirmar que "nem a manobra diplomática mais sofisticada poderia ter salvo a posição portuguesa", como também não poderiam auxiliá-la os eventuais acordos militares. Com razão, Ribeiro de Meneses afirma que sequer o eventual apoio americano de 1973, quando da crise árabe-israelense, ajudaria Caetano a resolver a guerra. Ajudaria, sim, a continuá-la, o que é diferente (Meneses, 2020:65).

Em termos objetivos, desde o início de seu mandato, Caetano considerava que tudo era uma questão de tempo: para conter os "ultras" dentro do regime, para angariar interlocutores em África, para convencer o Ocidente de seu papel civilizador ou para persuadir as populações brancas (MacQueen, 2004:273). Talvez não percebesse o quão escasso era esse tempo desejado. Assim, não deixa de ser intrigante o quanto exatamente o tempo determinou os destinos do antigo regime – na morosidade do presidente do conselho ou nas chegadas tardias dos apoios estadunidense ou sul-africano.

As opções globais da política colonial, com Salazar e Caetano, resultaram, como vimos, num desgaste contínuo que era, ao mesmo tempo, uma opção consciente do regime. Suas atitudes demonstraram teimosia, relutância, insegurança e incapacidade de agir. Não custa, assim, lembrar o que disse em dada altura o pensador britânico Edmund Burke: "Uma das grandes marcas de um estadista é conceder graciosamente o que acabará por não se poder negar" (Burke, 1993:190).

Referências

AMARAL, Diogo Freitas do. *O Antigo Regime e a revolução*: memórias políticas (1941-1975). Lisboa: Bertrand, 1996.

BARROSO, Luís Fernando Machado. Da desconfiança à aliança: Portugal e a África do Sul na defesa do "Reduto Branco". *Bulletin for Spanish and Portuguese Historical Studies*, v. 38, n. 1, p. 176-199, dez. 2013.

BURKE, Edmund. *Pre-revolutionary writings*. Cambridge: Cambridge University Press, 1993. (Ed. Ian Harris).

CAETANO, Marcello. *Depoimento*. Rio de Janeiro: Record, 1974.

CANN, John P. *Contra-insurreição em África*: o modo português de fazer a guerra (1961-1974). Ponta Grossa: Atena, 1998.

CASTELO, Cláudia. *O modo português de estar no mundo*: o lusotropicalismo e a ideologia colonial portuguesa (1933-1961). Lisboa: Afrontamento, 2011.

MACQUEEN, Norrie. As guerras coloniais. In: ROSAS, Fernando; OLIVEIRA, Pedro Aires de. (Coord.). *A transição falhada*: o marcelismo e o fim do Estado Novo (1968-1974). Lisboa: Editorial Notícias, 2004. p. 263-300.

MARTINHO, Francisco Carlos. Marcello Caetano e a modernidade possível no Estado Novo português. In: REIS FILHO, Daniel Aarão; ROLLAND, Denis (Org.). *Modernidades alternativas*. Rio de Janeiro: FGV Ed., 2008.

_____. A Revolução Portuguesa e a ditadura brasileira. In: LEONIDIO, Adalmir et al. (Org.). *Golpe e democracia no Brasil*. São Paulo: Hucitec, 2020. p. 227-241.

MAXWELL, Kenneth. *A construção da democracia em Portugal*. Lisboa: Editorial Presença, 1999.

MENESES, Filipe Ribeiro de. Diplomacia, defesa e guerra, 1961-1974. In: BRITO, José Maria Brandão de; SANTOS, Paula Borges (Ed.). *Os anos sessenta em Portugal*: duas governações, diferentes políticas públicas? Porto: Afrontamento, 2020. p. 51-78.

OLIVEIRA, Pedro Aires de. A política externa. In: ROSAS, Fernando; OLIVEIRA, Pedro Aires de. (Coord.). *A transição falhada*: o marcelismo e o fim do Estado Novo (1968-1974). Lisboa: Editorial Notícias, 2004. p. 301-337.

_____. O ciclo africano. In: RODRIGUES, José Damião; COSTA, João Paulo de Oliveira e; OLIVEIRA, Pedro Aires. *História da expansão e do império português*. Lisboa: A Esfera dos Livros, 2014.

PATRÍCIO, Rui. Política externa portuguesa, 1970-1974. In: CRUZ, Manuel Braga da; RAMOS, Rui (Org.). *Marcello Caetano*: tempos de transição. Porto: Porto Ed., 2012. p. 279-314.

PINTO, António Costa. *O fim do império português*: a cena internacional, a guerra colonial e a descolonização, 1961-1075. Lisboa: Livros Horizonte, 2001.

_____; TEIXEIRA, Nuno Severiano. Portugal e a integração europeia, 1945-1986. In: _____; _____. (Org.). *A Europa do sul e a construção da União Europeia, 1945-2000*. Lisboa: Imprensa de Ciências Sociais, 2005.

RAMOS, Rui. O segundo salazarismo: a Guerra Fria, a industrialização e as guerras em África (1945-1974). In: ______; VASCONCELOS, Bernardo Pereira de; MONTEIRO, Nuno Gonçalo. (Coord.). *História de Portugal*. Lisboa: A Esfera dos Livros, 2009.

SALAZAR, Oliveira. *Discursos e notas políticas*. Coimbra: Coimbra Ed., 1967.

TORGAL, Luís Reis; NETO, Sérgio. Uma nova política colonial nos anos 60? Os últimos Brasis em África. In: BRITO, José Maria Brandão de; SANTOS, Paula Borges dos. (Coord.). *Os anos sessenta em Portugal:* duas governações, diferentes políticas públicas? Porto: Afrontamento, 2020.

9. Violência extrema na guerra de libertação angolana

Marcelo Bittencourt

Introdução

Muito em breve serão completados 50 anos das assinaturas dos acordos de cessar-fogo entre as Forças Armadas portuguesas e os três principais movimentos de libertação angolanos, todos ocorridos em 1974, ainda que separadamente, na esteira do 25 de Abril. No entanto, alguns temas, apesar da sua centralidade, parecem persistir como desafios aos historiadores que se dedicam à história desse conflito. A começar pela questão dos nomes. Como deve constar da apresentação deste livro, o evento que o tornou possível intitulava-se "Portugal e os 60 anos da guerra colonial". Não parece restar dúvida de que a perspectiva que o webinário pretendia destacar era a portuguesa, e por isso seu título continha a expressão "guerra colonial". Todavia, os pesquisadores que orientam seus trabalhos a partir de um olhar dos colonizados insistem em usar as expressões "guerra de libertação", "luta de libertação" ou "guerra de independência". Cabe, no entanto, saudar o fato de estarmos juntos na mesma publicação, os que discutem a guerra colonial e os que discutem a guerra de libertação, confirmando o empenho de todos os participantes na efetividade das trocas acadêmicas.

Apesar da pertinência da discussão quanto ao que essa diferença na nomeação do conflito implica em termos de perspectiva, de temas abordados, da documentação consultada e das hipóteses construídas, o objetivo aqui, como o próprio título indica, será o de debater a violência extrema que atravessou as ações militares dos dois lados do embate armado em Angola, o que, em certa medida, tende a nublar essa questão da nomeação e da diferença de enfoque que ela suscita, dado que tal fenômeno esteve presente em todos os lados do conflito. Pretende-se, ainda, levantar algumas hipóteses que ajudem a entender o porquê de certo esquecimento em relação a esses casos ocorridos ao longo do embate, especialmente no processo de negociação entre as partes após seu desfecho.

Antes de passarmos aos exemplos que sustentam o argumento da presença de violência extrema no conflito angolano, é preciso ter em conta que muitos desses casos se materializaram através de ações que atualmente poderiam ser catalogadas ou apresentadas como tortura e crimes de guerra. Segundo a Declaração Universal dos Direitos Humanos, em seu artigo 5, "Ninguém será submetido à tortura, nem a tratamento ou castigo cruel, desumano ou degradante". No entanto, o texto da declaração não define o que se entende por tortura. Essa definição é detalhada, entre outros documentos, na "Convenção contra a Tortura e outros Tratamentos ou Penas Cruéis, Desumanos ou Degradantes", adotada pela Resolução nº 39/46, da Assembleia Geral das Nações Unidas, em 10 de dezembro de 1984. Nela, se define que o termo "tortura" designa, fundamentalmente, "qualquer ato pelo qual uma violenta dor ou sofrimento, físico ou mental, é infligido intencionalmente a uma pessoa, com o fim de se obter dela ou de uma terceira pessoa informações ou confissão".[1]

No que diz respeito aos "crimes de guerra", é preciso ter em conta que o caso angolano envolveu formações militares muito diferentes. Do lado colonial, a luta foi levada adiante por forças armadas regulares, apoiadas por uma polícia política com atuação dentro e fora dos limites territoriais portugueses, mas também contou com grupos paramilitares e grupos guerrilheiros de outros países. Do lado dos movimentos de libertação angolanos, as capacidades militares sempre foram muito discrepantes, com filiações nem sempre explícitas e apoios militares muito dispersos e intermitentes no tempo e no espaço. Essa configuração extrapola os preceitos da definição mais antiga dos crimes de guerra, que os apresentava como resultado das ações perpetradas por agentes estatais. Todavia, novos critérios na definição de crimes de guerra passaram a contemplar as ações executadas por agentes do Estado ou de organizações não estatais de

[1] Disponível em: <www.dhnet.org.br/direitos/sip/onu/tortura/lex221.htm>; <www.ohchr.org/EN/NewsEvents/Pages/DisplayNews.aspx?NewsID=23872&LangID=E>; <www.ohchr.org/EN/UDHR/Pages/Language.aspx?LangID=por>. Acesso em: 3 mar. 2022.

atuação militar, como os movimentos de libertação, contra populações civis e prisioneiros (Portella Junior, 2017).[2]

Neste texto, no entanto, manteremos a expressão violência extrema como forma de nomear os crimes bárbaros cometidos no decorrer da guerra de libertação angolana; afinal não é nosso objetivo discutir juridicamente a pertinência dos termos tortura e crimes de guerra para nomear os casos que iremos apresentar. Além disso, em várias dessas situações os dois fenômenos se sobrepõem, o que reforça a opção pelo uso da expressão violência extrema como sendo capaz de dar conta de ambos os crimes.

A seguir, apresentaremos alguns dos casos acontecidos no correr da luta de libertação angolana. Primeiro, os promovidos pelos movimentos de libertação, seguidos pelos de responsabilidade das forças coloniais. Por fim, apresentaremos algumas hipóteses que tentam dar conta dos desafios que ainda persistem no estudo dessa guerra, especialmente no que diz respeito ao ofuscamento quanto a esses atos de violência extrema no imediato pós-25 de Abril.

Da parte dos movimentos de libertação

A revolta levada adiante, em março de 1961, pela União das Populações de Angola (UPA), que posteriormente se juntaria ao Partido Democrático de Angola para formar a Frente Nacional de Libertação de Angola (FNLA), atingiu fazendas coloniais e postos administrativos portugueses no norte de Angola. Marcado por ações de violência extrema, num grau até então inédito na luta anticolonial, o levante envolveu o assassinato de brancos, mestiços e negros. Nesse último caso, especialmente populações ovimbundu, originárias do sul da colônia, que tinham sido levadas para trabalhar sob contrato na região.

Os crimes cometidos foram registrados em fotos assustadoras, com corpos desfigurados de crianças recém-nascidas, homens e mulheres decapitados e outras atrocidades (Ramos, 2014). Esse material fotográfico foi utilizado recorrente-

2 Os critérios e as tipificações dos crimes de guerra sofreram maior detalhamento no Estatuto de Roma, de 1998. No entanto, seu maior impacto incidiu sobre o horizonte da acusação, ampliando consideravelmente o leque de agentes não estatais.

mente, pelas autoridades portuguesas, para criminalizar indiscriminadamente os movimentos de libertação, reforçando a ideia de que tal crueldade era incompatível com o discurso veiculado internacionalmente por essas organizações quanto à necessidade de se estabelecer o diálogo entre as partes em conflito.[3] Simultaneamente, as imagens foram um importante combustível na mobilização das forças militares e das populações coloniais para as ações de contraguerrilha. Ações que resultaram em uma nova onda de crimes terríveis, dessa vez cometidos pelo lado colonial, mas sobre os quais os registros imagéticos não tiveram correspondência aos acontecimentos de março de 1961.[4]

A fissura no campo do nacionalismo angolano, comprovada pela existência de diferentes movimentos de libertação, deu lugar a vários episódios de violência extrema entre essas diversas organizações. Um dos casos mais emblemáticos foi o assassinato de muitos dos integrantes de um grupo de guerrilheiros do Movimento Popular de Libertação de Angola (MPLA), entre os quais estavam cinco mulheres, hoje conhecidas como as "heroínas de Angola" (Deolinda Rodrigues, Engrácia Fragoso, Irene Cohen, Lucrécia Paim e Teresa Afonso), depois de terem sido presas pela FNLA, em 1967.

As colunas Camilo Cienfuegos e Kami foram estruturadas pelo MPLA, em Brazzaville, com apoio cubano, para alcançarem a zona dos Dembos, no centro-norte de Angola, e assim municiarem a guerrilha do movimento que atravessava uma grave crise de isolamento. A primeira, ainda em 1966, passou por dificuldades, mas conseguiu atingir o objetivo com sucesso. A segunda coluna, porém, comandada por Benigno Vieira Lopes, enfrentaria vários problemas em 1967 e chegaria aos Dembos com efetivos muito reduzidos e em péssimas condições de saúde.[5] No decorrer do caminho, a coluna atravessou o Congo-Léopoldville, nessa época com apoio exclusivo à FNLA, e os distritos do norte de Angola divididos entre a extensiva presença militar portuguesa e alguns bolsões de apoio à FNLA. Além dos obstáculos militares, teve de enfrentar a fome e a época das chuvas, que transformaram o rio M'Bridge numa

---

3 Uma busca simples ao Google com as palavras "FNLA massacre norte de Angola 1961" irá resultar na apresentação de várias sequências dessas fotos.

4 O número de baixas entre os colonos não apresenta grande exatidão nas muitas estimativas apresentadas, variando entre 300 e 700 brancos mortos, enquanto para os negros e mestiços, também atacados pela UPA, raramente se encontram dados sugerindo o montante das vítimas (Bittencourt, 2008:85-88, v. 1).

5 "Nós éramos 200, chegamos apenas 19" (entrevista com Benigno Vieira Lopes, Luanda, 13 fev. 1995).

barreira natural quase intransponível. Tais dificuldades levaram o comando da coluna a decidir pelo retorno de parte do efetivo a Brazzaville. Esse grupo, que tentou retornar, foi capturado pela FNLA. Quando passara pela primeira vez, na tentativa de alcançar a primeira região do MPLA, a coluna fora identificada, e no retorno quase todos foram presos e posteriormente assassinados pela FNLA no seu campo militar de Kinkusu.[6]

Como seria de imaginar, o cotidiano de uma guerrilha tão prolongada como a angolana também foi palco de violência no interior dos próprios movimentos de libertação e nas suas relações com as populações que os apoiavam ou nas quais se buscava apoio. Dado o maior alcance territorial e temporal da presença guerrilheira do MPLA em Angola, na comparação com a FNLA e a União Nacional pela Independência Total de Angola (Unita) e sobretudo em função do costume desse movimento de documentar muitas das orientações de seus comandantes militares e mesmo das discussões travadas internamente, é sobre essa organização que encontramos o maior acervo documental.[7] Vale lembrar que muitos desses relatórios, cartas trocadas entre as unidades guerrilheiras e anotações pessoais[8] foram apreendidos pela Polícia Internacional de Defesa do Estado (Pide).[9]

Através de alguns desses documentos, podemos observar ações de extrema violência por parte dos dirigentes do movimento, como no caso da correspondência, datada de julho de 1968, do comando militar do MPLA no distrito do Cuando Cubango, na qual se orientam os responsáveis de determinada região a explicar ao povo sobre "as dificuldades havidas na luta". O documento determina, ainda, que "sobre o povo que se encontra em Mavinga, caso haja traidores

6 O próprio comandante da operação, o general Ingo, apresenta um relato emocionado no documentário "Independência: esta é a nossa memória" (Associação Tchiweka de Documentação – ATD e Geração 80, 2015. 1h13min40s). Disponível em: <www.youtube.com/watch?v=wDJLwet5Spw>. Acesso em: mar. 2022.

7 Quase toda a documentação policial e militar citada neste texto foi acessada pela primeira vez para a elaboração da tese de doutorado, que posteriormente se transformou em livro. Para facilitar uma eventual busca pelo documento, em determinados casos apresentaremos, em nota, sua indicação no Arquivo Nacional da Torre do Tombo (ANTT), seguida da indicação do livro e sua respectiva página.

8 A título de exemplo, podemos citar os seguintes documentos: ANTT, Pide/DGS, Delegação de Angola, NP 9084, pasta 2, fls. 356-8; NT 9089, pasta 1, fls. 276-7; e NP 9088, pasta 4, fl. 413 (Bittencourt, 2008: 71, 73, 145, v. 2).

9 Em 1969, a Direção-Geral de Segurança (DGS) substitui a Pide no papel de polícia política do regime. Por isso, a documentação citada neste texto encontra-se no acervo Pide/DGS.

entre o mesmo, uma vez descobertos, devem ser detidos e aniquilados". Ainda há espaço para a ressalva de que, em se tratando de "pessoas de anterior comportamento exemplar, devem ser instruídas politicamente e bem vigiadas". As orientações eram explícitas: "É necessário que não haja ninguém entre o povo que mande mais que nós, que somos os soldados do MPLA. O povo terá que cumprir as nossas ordens".[10]

Os problemas na guerrilha eram muitos e se consolidaram lentamente numa série de críticas aos comandos militares do movimento. Uma amostra dessas reivindicações pode ser conferida no material capturado pela Pide do Luso, atual Luena, capital do distrito do Moxico. Entre os temas abordados, constavam a diferença na alimentação, no armamento, no vestuário e nos utensílios colocados à disposição dos chefes militares, bem como sua ausência das zonas de combate e a pouca circulação pelos diferentes acampamentos. Mas o mais grave era a recorrente repulsa aos fuzilamentos ocorridos nesses acampamentos.[11]

Vários são os documentos do MPLA que reproduzem esses problemas no interior das bases guerrilheiras, como o relatório do Primeiro Seminário dos Comitês de Acção, ocorrido na base de Kassamba de 6 a 14 de janeiro de 1972, apreendido pela Pide/DGS em julho do mesmo ano. As próprias orientações formuladas pelo movimento ao fim do encontro fornecem um quadro das tensões enfrentadas, como a sugestão de que o Comitê de Coordenação Político-Militar (CCPM) elabore uma "circular" que regulamente as relações que devem existir entre "a população e os responsáveis político-militares", buscando dessa forma "acabar com os abusos, raptos, roubos e maus-tratos à população, praticados por elementos irresponsáveis". O relatório orienta, ainda, que deve ser estabelecida uma disciplina rígida a ser seguida "pelo Povo, guerrilheiros e responsáveis", no que diz respeito "às relações entre homens e mulheres", a fim de acabar "com toda e qualquer espécie de abusos que provocam a desarmonia no seio da nossa organização".[12]

Outro problema presente, de forma recorrente, em boa parte desses documentos do MPLA diz respeito às consequências de um crime cometido por

---

10 ANTT, Pide/DGS, Delegação de Angola, NT 9089, pasta 1, fls. 276-7 (Bittencourt, 2008:72-73, v. 2).

11 ANTT. Pide/DGS, Delegação de Angola, NT 9089, pasta 1, fls. 198-203 (Bittencourt, 2008:74, v. 2).

12 ANTT. Pide/DGS, Delegação de Angola, NT 9089, Relatório Extraordinário – 1972, p. 8 (Bittencourt, 2008:180, v. 2).

parte da tropa portuguesa: o uso de desfolhantes, herbicidas e bombas de napalm em várias regiões da colônia, originando ondas de fome que atingiam não só os guerrilheiros, mas substancialmente a população angolana, fosse ela apoiante ou não dos movimentos de libertação.[13] A fome é apresentada como um elemento dinamizador das crises internas ao movimento (Bittencourt, 2008:72-73, v. 2).

Como se pode observar, a situação do "povo" não era nada fácil. Tanto os guerrilheiros quanto os militares portugueses exigiam fidelidade, podendo a recusa significar uma sentença de morte, fosse a denúncia de apoio ao inimigo verdadeira ou não. Além disso, o povo também sofria com a carência alimentar, sofrimento esse agravado pelo fato de sua mobilidade ser limitada pelas orientações da guerrilha e pelos ataques das tropas coloniais.

Apesar da escassez de fontes documentais produzidas pela FNLA, na comparação com o acervo apreendido pela Pide ao MPLA, a combinação de relatórios da polícia política portuguesa com entrevistas de ex-dirigentes do movimento controlado por Holden Roberto permite observar a eclosão de sucessivos levantes nos campos de treinamento militar, sempre devidos à carência generalizada e aos fuzilamentos dos descontentes. Uma dessas ondas de insatisfação, liderada por oficiais da base de Kinkuzu, onde ocorrera o assassinato das "heroínas de Angola", teve lugar em novembro de 1971. Segundo os relatórios da Pide, os comandantes militares reivindicavam melhores condições de moradia, alimentação e vestuário para eles e seus homens.

O descaso da direção teria feito com que os líderes do protesto enviassem para o interior de Angola cópias de um memorando contendo descrições catastróficas de sua situação, além de promoverem a dispensa de elementos da guerrilha. Holden Roberto e seus aliados não conseguiriam conter os protestos, que se expandiram até Léopoldville e se mantiveram até março de 1972. O auxílio das tropas do Congo-Léopoldville seria fundamental na contenção dos revoltosos. Militares congoleses ocuparam a base e, apesar de não haver resistência da parte dos oficiais da FNLA, registraram-se 13 mortes e várias prisões.[14]

---

13 Também os relatos de dirigentes e ex-dirigentes do MPLA corroboram essa situação terrível, no que diz respeito à fome, por que passavam os combatentes, especialmente em finais dos anos 1960, como na entrevista de Lúcio Lara a Drumond e Barber (1999:41).

14 ANTT. Pide/DGS, Serviços Centrais, NT 7941, CI (2), pasta 4 fls. 97-100 (Bittencourt, 2008:84, v. 1); Marcum (1978:187, v. II).

No caso da Unita, a documentação é ainda mais rarefeita, e sua atuação militar ainda mais circunscrita, o que não impede de alertarmos para os embates ocorridos entre esse movimento de libertação angolano e o MPLA no leste de Angola, especialmente na busca pelo contato com as populações nas proximidades do Caminho de Ferro de Benguela. A violência extrema dos confrontos armados entre os dois movimentos, ao longo de 1967 e 1968, resultando em inúmeras mortes, ganharia mais destaque na documentação recolhida pela Pide e nos relatórios preparados pelas subdelegações da polícia política e enviados a Luanda do que propriamente as ações militares da Unita contra os alvos coloniais portugueses.[15]

O desdobramento desses embates e as dificuldades logísticas da Unita abriram espaço para um acordo entre o movimento de Jonas Savimbi e as autoridades coloniais, articulado de forma mais precisa em 1971, que ficaria conhecido com o nome de "Operação Madeira" (Minter, 1988). A reação da Unita, logo após o 25 de Abril, foi a de tentar desacreditar as fontes e alegar que os documentos haviam sido forjados, mas as sucessivas entrevistas dos militares portugueses reafirmavam a existência do acordo de não agressão entre a Unita e a tropa portuguesa, bem como sua atuação militar contra o MPLA.[16] No início dos anos 1990, em entrevista a José Freire Antunes, o próprio Jonas Savimbi confirmou o pacto de não agressão com os portugueses, ainda que tenha negado que tal acordo tenha acarretado a necessidade de a Unita atacar as forças do MPLA.[17]

Do lado das forças portuguesas

A repressão portuguesa, militar e civil, ao início da luta de libertação angolana, em especial às ações da UPA no norte da colônia, foi avassaladora (Bittencourt, 2008:87-88, v. 1). As terríveis imagens da insurreição, comentadas anteriormente, ajudaram a engrossar a mobilização portuguesa e auxiliaram na formulação do padrão raivoso e sanguinário da contraofensiva. A resposta imediata de muitos

15 ANTT. Pide/DGS, Delegação de Angola, NT 9089, pasta 1, fl. 52 (Bittencourt, 2008:96-101, v. 2).

16 Entrevistas de Costa Gomes, Bethencourt Rodrigues (v. 1) e Vasconcelos Raposo a José Freire Antunes (Antunes, 1995:110; 118-120;598).

17 Entrevista de Jonas Savimbi a José Freire Antunes (Antunes, 1995:98, v. 1).

colonos, e de parte das autoridades administrativas e militares, principalmente nas localidades mais próximas às regiões atingidas pelo levante, se aproximou do genocídio, mas não foi registrada da mesma forma (Ramos, 2014). As declarações dos comandantes militares não deixam dúvida a esse respeito, ao mencionarem as "acções de limpeza [...] onde os terroristas se haviam refugiado e estabelecido bases para sua actividade" (Bittencourt, 2008:218-219, v. 1).

É nesse cenário de violência extrema que surgem casos como os "balões do Cuanza", descrito por José Ervedosa, major da Força Aérea Portuguesa, que em 1964 abandonou a farda, refugiando-se em Paris e depois em Argel. Segundo Ervedosa, o rio Cuanza é conhecido pela grande quantidade de crocodilos em suas águas, mas mesmo estes não deram conta da quantidade de cadáveres resultantes de "uma operação de depuração maciça", organizada por "colonos" e "autoridades administrativas do Cuanza Sul", buscando evitar algo parecido com os ataques ocorridos nas regiões mais ao norte da colônia. "Homens e mulheres, velhos e crianças foram assassinados em número tal" que, saciando a fome dos crocodilos, começaram a surgir "perto da barragem de Cambambe", apareceram "às centenas na foz, transformando-se pela putrefação em sinistros 'balões' humanos à deriva" (Ervedosa, s.d.:13-14).

As informações sobre os crimes cometidos pelas forças coloniais portuguesas nem sempre resultam das acusações de seus oponentes no terreno militar e político. Por vezes, são os próprios relatórios militares que evidenciam crimes de guerra e ações de tortura cometidos pela tropa portuguesa. Esse é o caso do relatório elaborado pelo comandante do 1º Esquadrão de Dragões acerca da "ação punitiva de pacificação" na sanzala Mihinjo. A crueldade e a violência causam tão forte impacto que, provavelmente devido a isso, os militares tenham tentado a todo o custo recuperar o documento já em poder da Pide, que não cedeu e até mesmo negou o pedido feito pelo próprio comandante para que o relatório fosse destruído, assim como todas as suas cópias.

Datado de 27 de abril de 1961, o relatório narra com certo sarcasmo a prisão, dois dias antes, de cinco africanos que teriam participado de um ataque a dois europeus. Sem qualquer preocupação em comprovar a ligação política dos supostos agressores, o capitão de cavalaria e comandante do esquadrão informou que, após a detenção dos homens, provocada pela denúncia do regedor e apoiada pelo soba, teve início a "cerimônia" de execução por fuzilamento, a qual não terminou após os disparos. "Avançaram os cortadores de cabeça. Cumpriram a sua missão. Avançou o soba. Colocou as cabeças nos paus. Ficaram dois sem cabeça. As cabeças ficaram espetadas pela boca, submissamente viradas para o chão". Segundo o relatório, o soba explicaria aos demais que dois paus ficaram sem cabeça "à espera dos futuros não respeitadores da lei". O comandante explica ao soba que "os corpos podem ser enterrados, as cabeças ficam sete dias, os paus ficam para sempre".[18]

Essa violência extrema, aterradora e cruel, seria reproduzida inúmeras vezes, com outros personagens e justificativas, quase sempre no interior, em pontos mais afastados dos centros urbanos, onde com maior facilidade as situações de enfrentamento, ou de pura covardia, como a que foi descrita, ganhavam cores mais fortes (Cabrita, 2011:137-141). Ainda no decorrer do ano de 1961, o terror foi de tal ordem que saltou aos olhos da Pide a fuga empreendida pelas populações africanas em direção ao Congo-Léopoldville. Segundo o relatório da Pide sobre o tema, a "furiosa e indiscriminada chacina repressiva desenvolvida pela população europeia tomada de pânico" era a causa fundamental da fuga dos africanos.[19]

Muitos desses casos parecem indicar outra variante dos atos de tortura, que podemos identificar como terrorismo de massa. Tais episódios não envolviam busca de informações; apenas a necessidade de causar dor e sofrimento a uma população que, por sua localização ou trajetória, poderia ceder algum tipo de apoio aos guerrilheiros. A terrível lógica desses atos parece ser a de que, quanto mais horror, maior o temor e, consequentemente, a prevenção. Em muitos casos, os atos praticados sob essa ótica tendiam a privar as vítimas de sua humanidade, por exemplo, a prática de cortar a orelha de jovens em determinadas regiões, por vezes descrita como uma das brutalidades impostas a muitos populares detidos, quer pela Pide, quer pelos militares portugueses em Angola, sem que qualquer ligação mais estreita com os movimentos de libertação estivesse estabelecida. O que sobressai nesses casos é o fato de não existir um objetivo militar imediato, como a captura de um determinado grupo de guerrilha ou célula política.

---

18 ANTT. Pide/DGS, Serviços Centrais, CI (2) GU, nt 7966, dossier 17, fls. 44-6 (Bittencourt, 2008:93-94, v. 1).

19 O relatório é datado de 12 de setembro de 1961. ANTT. Pide/DGS, Serviços Centrais, CI (2) GU, nt 7966, dossier 19, fls. 7-13 (Bittencourt, 2008:96-97, v. 1).

O objetivo era estabelecer o terror generalizado, como prevenção às ações de cooptação empreendidas pela guerrilha (Bittencourt, 2008:261-262, v. 1).

A disseminação do terror está presente em vários documentos das forças coloniais portuguesas, como no caso do relatório extraordinário da subdelegação de Serpa Pinto, atual Menongue, da Pide, datado de 29 de dezembro de 1967 e assinado pelo inspetor Óscar Cardoso. Ao realçar a necessidade de se recorrer ao uso imediato de helicópteros como forma de minimizar a destruição das pontes pelo MPLA, Cardoso afirma que "técnicas adequadas e que têm dado bons resultados são a colocação da cabeça dum responsável, decapitado, a guardar a ponte".[20]

As barbaridades ultrapassavam departamentos e instituições, como se pode observar na entrevista de Vasconcelos Raposo a José Freire Antunes, na qual o fuzileiro da Marinha portuguesa se recorda de uma passagem em que os companheiros de farda reúnem a população de uma aldeia para tirar uma foto e acabam por assassiná-la com rajadas de metralhadora. O próprio Raposo busca separar ações de terror, como a descrita acima, de retaliações às ofensivas militares dos movimentos de libertação, como a de que ele tomou parte contra um grupo de guerrilheiros do MPLA, na qual "não houve contemplações. Não houve população nem nada que nos detivesse. Houve um certo descontrolo emocional ao ver aquela gente toda morta". Raposo continua sua entrevista admitindo que essas memórias "são tabus, mesmo lá não falávamos disto, porque não era comportamento de seres humanos". Em certa medida apresenta, como justificativa para tais atos, tanto a "mentalização de tropa especial, de raiva", quanto as ações dos oponentes, ao afirmar que "da parte deles, o que fizeram aos portugueses foi terrível, porque não era simplesmente matar, era também deixar marcas".[21]

Mário Tomé, major reformado do Exército português que teve quatro comissões nas guerras coloniais na África, relembra o conhecimento dos comandos militares sobre as torturas e as execuções utilizadas pela Pide para obter informações. Mas vai além, ao referenciar os "casos em que os próprios militares, mais azougados ou ambiciosos, eles próprios obtinham as suas informações à custa de tortura", afirmando que estes mesmos militares "atiravam indiscrimi-

---

20 ANTT. Pide/DGS, Serviços Centrais, NP 7943, CI (2), pasta 3, fls. 142-6 (Bittencourt, 2008:141-142, v. 2).

21 Entrevista de Vasconcelos Raposo a José Freire Antunes (1995:599, v. 2).

nadamente contra populações, ou por medo, ou porque no meio delas poderia estar o inimigo, ou porque os mortos da população também contavam para o relatório e, portanto, para a qualificação operacional" (Tomé, 2001:74).

Como podemos perceber por meio desses relatos, as práticas genocidas contra as populações do interior de Angola não se extinguiram nos primeiros anos da década de 1960, e sim retornaram após a nova ofensiva guerrilheira ocorrida no leste a partir de meados dos anos 1960. A utilização de napalm e herbicidas é mais uma comprovação disso. Lançados pela Força Aérea portuguesa, esses artefatos faziam parte da estratégia de evitar o apoio das populações camponesas aos movimentos de libertação angolanos, destruindo as culturas agrícolas de subsistência. Essas populações passam, assim, a ter duas alternativas extremas: abandonar a aldeia e seguir caminhando com os guerrilheiros à procura de outras áreas para cultivo e instalação improvisada, até que fossem novamente descobertas pela tropa portuguesa, ou se entregar às autoridades administrativas. Nesse último caso, poderiam ser transferidas para zonas mais distantes dos focos de guerrilha, ou simplesmente manter um sistema de comunicação eficaz com as forças de repressão, o que, de qualquer forma, afastava os guerrilheiros daquelas áreas.

Mais uma vez, o depoimento de José Ervedosa ilustra essas ações criminosas, destacando a forma até certo ponto despreocupada com que se atiravam bombas sobre as populações suspeitas de prestarem apoio aos guerrilheiros. Nas palavras do ex-militar, numa determinada operação "a ordem de largada das bombas" foi "dada simultaneamente para todos os aviões" e, na sequência, "ouvimos uma voz alarmada" no sistema de comunicação com o exército: "Suas bestas! Parem com isso! Estamos aqui ao pé de vocês com trezentos pretos! Estamos a falar-lhes de paz e trabalho!" (Ervedosa, s.d.:17).

O general Costa Gomes, em entrevista a José Freire Antunes, admite o uso de desfolhantes no leste de Angola, a partir de sua chegada para comandar as operações militares na colônia em 1970, mas nega que tenha usado napalm. Segundo o militar, "o napalm não tinha absolutamente nenhuma utilização prática para a guerra que fazíamos e mandei embora o napalm". Ou seja, o general não só confirma a existência das devastadoras bombas incendiárias no arsenal bélico do Exército português, como, ao afirmar que não concordava com seu uso, deixa claro que, pelo menos até sua chegada, o napalm fazia parte das estratégias militares portuguesas. Não obstante a violência da fome provocada pelas suas decisões, Costa Gomes defende o uso dos desfolhantes que "privavam as populações de alimentação", mas, ao contrário das bombas incendiárias, não "matava as populações".[22]

Muitas bombas de napalm e herbicidas foram lançadas em Angola. Com o solo contaminado e com a ameaça constante de ataque sobre suas plantações, os camponeses, em muitos casos, não tinham como manter nem mesmo as culturas de subsistência. A fome atingia todos, não só os movimentos de libertação. O resultado era inevitável: muitos se refugiaram nos países fronteiriços, Congo-Léopoldville e Zâmbia, ou cederam à pressão dos "aldeamentos estratégicos" (Bittencourt, 2008:118-119, v. 1). Neles, as autoridades administrativas, contando com o auxílio das forças militares, reuniam e monitoravam dezenas de famílias camponesas, que passavam a viver sob sua alçada, assemelhando-os a verdadeiros campos de concentração. O objetivo era afastar o guerrilheiro da população que o alimentava e, ao mesmo tempo, o camuflava. A descrição do major Mário Tomé, que teve contato com esses aldeamentos, não deixa dúvida quanto ao caráter de tal empreitada. Segundo Tomé, os aldeamentos, "por mais entusiasmo que tenham despertado em muitos militares que se sentiam a dar humanidade à guerra, não passam, em rigor, de campos de concentração", para onde foram levadas populações "separadas dos seus familiares," sendo que "alguns deles caídos varados pelas balas ou estilhaçados por granadas em muitas ações de 'recuperação de populações', que arrasam culturas e incendeiam as habitações" (Tomé, 2001:74).

Algumas hipóteses...

Diante dos crimes de guerra e dos casos de tortura apresentados, em todos os lados desse prolongado conflito armado, como foi possível estabelecer, passados alguns meses do 25 de Abril, um clima de cordialidade e negociação, sem que antigas feridas fossem reabertas e sem que acusações mútuas impedissem o avanço das articulações políticas? Dito de outra forma, como foi possível ultrapassar a lembrança da violência extrema, presente entre forças anticolo-

22 Entrevista de Costa Gomes a José Freire Antunes (1995:1118-119, v 1).

niais e forças coloniais no decorrer da luta de libertação angolana, e negociar a independência de Angola?

Longe de tentar construir uma argumentação aprofundada, que pretenda dar conta de responder a essa questão, nosso propósito ao final deste texto é apontar caminhos, alinhavar hipóteses, que desbravem esse terreno.

Um primeiro elemento a se ter em conta é que a ofensiva guerrilheira dos movimentos de libertação em Angola entrou numa fase de flagrante recuo a partir do ano de 1970. Essa irrefutável fragilidade da guerrilha em certa medida tendeu a diminuir a importância, a nosso ver fundamental, da luta de libertação angolana no degaste da tropa portuguesa e, consequentemente, seu papel na construção de um contexto específico capaz de levar à queda do regime português. O mais grave, no entanto, é que a ideia de que a guerrilha angolana estava sob controle concorreu também para ofuscar a violência do conflito, já que os militares portugueses continuavam a enfrentar outros dois cenários de guerra, com resultados bem menos favoráveis: Guiné-Bissau e Moçambique.

Outro ponto a termos em consideração é o próprio processo histórico subsequente aos acordos de cessar-fogo entre as forças militares portuguesas e os movimentos de libertação angolanos. Afinal, a torrente de acontecimentos que se estabeleceu a partir da assinatura dos acordos empurrou todos os envolvidos para discussões e tensões do presente e do futuro imediato; do ponto de vista dos angolanos, para o sonho que parecia tão próximo da independência, descolando-os do seu passado recente, mesmo em se tratando de um passado de guerra. Novas alianças políticas e militares foram construídas e outros temas surgiram no horizonte.

Esse contexto, marcado por novos confrontos que alteraram as preocupações dos movimentos de libertação, pode ser simbolizado pela instalação das respectivas direções na capital da colônia, Luanda. O combate, por alguns escassos meses, mudou de local, de estratégia e de armamento. Passou a ser travado com o objetivo de conquistar o máximo apoio da população angolana para os respectivos movimentos, incluindo, nessa arregimentação, preciosos contingentes de militares angolanos até então vinculados ao Exército colonial. Tal disputa e absorção, evidentemente, tem um peso importante no ofuscamento das lembranças sobre as atrocidades cometidas por todos os lados da guerra de libertação.

Ainda do lado dos movimentos de libertação angolanos, é fundamental termos em conta o início de um novo confronto entre essas organizações que seria ainda mais prolongado e repleto de crimes de guerra e tortura, em suma, de casos de violência extrema. O conflito absorveu por completo a atenção dos movimentos de libertação, que voltavam a lutar pela sua manutenção e existência, contribuindo, consequentemente, para o esquecimento em relação ao embate anterior. A nova guerra que se estabeleceu, apesar de retomar os impasses construídos durante a luta de libertação, foi reconfigurada no processo de independência que se seguiu ao 25 de Abril, caracterizando-se por uma maior complexificação, dada uma maior internacionalização do contexto angolano.

Do lado das forças portuguesas, vale destacar o quanto a construção do 25 de Abril pelos militares, que passaram a dar as cartas nos diferentes governos provisórios que se seguiram ao fim do regime, transformou-os nos interlocutores dos movimentos de libertação africanos. Essa posição, incontornável, auxilia nosso entendimento quanto à necessária relação que se impõe entre antigos inimigos de armas.

Por outro lado, a lembrança da violência extrema da guerra tendeu a ser ofuscada durante as negociações, em parte, pelo fato de que muitos dos militares portugueses que delas participaram também contribuíram para a derrubada do regime, ou seja, atuaram decisivamente no 25 de Abril.

Nesse sentido, as diferentes instituições militares portuguesas, à custa da atuação decisiva de alguns de seus quadros na concretização do 25 de Abril, em especial dos oficiais de média patente, que haviam passado longos anos nos cenários de guerra nas ex-colônias em África, assumiram uma aura de certa inquestionabilidade na vida política portuguesa e angolana. Mas essa visão homogeneizadora das forças militares portuguesas foi uma construção. Bastaria lembrarmos da sequência de presidentes militares que legitimaram o regime salazarista, ainda que possamos contar algumas intentonas naufragadas pelo caminho.

Muito provavelmente contribui também, de forma decisiva, para a ultrapassagem dos casos de violência extrema perpetrados pelos militares portugueses, a diabolização quase exclusiva da Pide, também ela "derrubada" pelos capitães de abril. Evidentemente, as ações de terror e tortura perpetradas pela Pide sobre a própria população portuguesa em defesa do regime salazarista favoreceram sua demonização como sustentáculo do regime. Entretanto, a responsabilização exclusiva da Pide não se sustenta quando tratamos dos absurdos níveis de violência que marcaram a luta de libertação angolana.

Por fim, devemos lembrar que a demarcação dos militares portugueses em relação às ações criminosas da Pide, no contexto angolano da guerra de libertação, precisa ser problematizada tendo-se em conta que a polícia política recrutava muitos de seus quadros entre os que terminavam a comissão militar. Ou seja, apesar das tensões e disputas pelo comando das operações de contraguerrilha entre militares e agentes da Pide, existia também certa simbiose entre tais organizações.

Referências

ANTUNES, José Freire. *A guerra de África (1961-1974)*. Lisboa: Círculo de Leitores, 1995. 2 v.

BITTENCOURT, Marcelo. *"Estamos Juntos!"* O MPLA e a luta anticolonial (1961-1974). Luanda: Kilombelombe, 2008. 2 v.

CABRITA, Felícia. *Massacres em África*. Lisboa: A Esfera dos Livros, 2011.

DRUMOND, Jaime; BARBER, Helder. *Angola*: depoimentos para a história recente (1950-1976). [S.l]: Edição dos Autores, 1999.

ERVEDOSA, José. *Depoimentos de militares portugueses contra a guerra colonial*. Argel: FPLN, [s.d.].

MARCUM, John. *The Angolan Revolution*: exile politics and guerrilla warfare (1962-1976). Cambridge: The MIT Press, 1978. v. II.

MINTER, William (Org.). *Operation Timber*: pages from the Savimbi dossier. Nova Jersey: Africa World Press, 1988.

PORTELLA JUNIOR, José Carlos. Crimes contra a humanidade e crimes de guerra. In: FRANÇA, Leandro Ayres; CARLEN, Pat (Org.). *Criminologias alternativas*. Porto Alegre: Canal Ciências Criminais, 2017. p. 433-450.

RAMOS, Afonso. Angola 1961: o horror das imagens. In: VICENTE, Filipa Lowndes (Org.). *O império da visão*: fotografia no contexto colonial português (1860-1960). Lisboa: Edições 70, 2014.

TOMÉ, Mário. Adeus e até ao meu regresso. In: TEIXEIRA, Rui de Azevedo (Org.). *A guerra colonial*: realidade e ficção. Livro de Actas do I Congresso Internacional. Lisboa: Editorial Notícias, 2001.

10. Combatentes pela liberdade em Moçambique: história, género e memória*

Olga Maria Lopes Serrão Iglésias Neves

Figura 1 | Josina Machel[1]

Fonte: AHM. Iconoteca, cx. 9.

Figura 2 | Fotografia de José Soares. Cabo Delgado, 1971

Fonte: AHM. Iconoteca, cx. 11.

---

* No presente texto, foi mantida a ortografia original em português de Portugal. (N.O.)

1 Josina Abiatar Muthemba Machel, membro do Destacamento Feminino (DF) e chefe da Secção dos Assuntos Sociais da Mulher no Departamento de Relações Exteriores (DRE). Casou-se com Samora Moisés Machel em maio de 1970.

Introdução

O presente texto abre com um poema de Jorge Rebelo (2004:17),[2] que me inspirou a compreender a ideologia de um movimento independentista, a Frente de Libertação de Moçambique (Frelimo), onde o foco do olhar incidiu sobre a luta pela independência que motivou mulheres e homens como combatentes pela liberdade.

Liberdade,
Tu hás-de chegar um dia
eu sei.
Se vieres tarde
para além do meu tempo de entrega
e de combate,
não te esqueças
que eu te busquei sem desânimo
e te amei
como a razão de ser da vida...

Figura 3 | Jornalistas com Jorge Rebelo

Fonte: AHM. Iconoteca, cx. 7.

2 Dirigente da Frelimo, ocupou o cargo de chefe do Departamento de Informação e Propaganda.

A investigação em curso pretende revisitar o processo da luta armada de libertação em Moçambique e escrever sobre a temática eleita – a participação da mulher numa perspetiva feminista de género, problematizando as relações de poder dentro da Frelimo.

Figura 4 | Joaquim Chissano dando uma aula de matemática no Instituto Moçambicano Dar es Salaam

Fonte: AHM. Iconoteca, cx. 10.

Comecei por definir o que pretendia pesquisar, em particular as imagens do Destacamento Feminino e, em geral, da mulher, em arquivos oficiais e privados. A partir do estudo das fontes disponíveis, pretende-se recolher e analisar o seguinte objeto: a fotografia (a preto e branco; colorida; slide; imagem de fundo; digitalizada).

Figura 5 | Joaquim Chissano com jornalistas estrangeiros e Destacamento Feminino

Fonte: AHM. Iconoteca, cx. 7.

O principal objetivo consiste na seleção, reunião e análise de um acervo de imagens significativo e considerável e sua edição com recurso às novas tecnologias. A finalidade nesta fase é a de contribuir para a construção de um arquivo digital da luta armada de libertação nacional.

Figura 6 | Fotografia de Simão Matias. Nachingwea, 1971

Fonte: AHM. Iconoteca, cx. 10.

Os objectivos específicos propostos foram:

1) Selecionar as imagens da luta armada em Moçambique no conjunto de fotógrafos e fotografias recolhidas no espaço imperial português.
2) Identificar os temas segundo categorias, por exemplo: Forças Populares de Libertação de Moçambique (FPLM); Destacamento Feminino (DF); treino militar; combate; produção; educação; cultura; saúde, desporto; vida familiar; lazer; cooperação internacional.
3) Quantificar as imagens segundo sua natureza: fotografias, cartões, postais, manuscritos, desenhos, gravuras, cartazes e mapas.
4) Desconstruir as imagens, isto é, analisar cada uma com crítica interna e externa, cruzando toda a informação, criando conexões entre estudos e interactividades (ver ficha de leitura de imagem).
5) Cruzar as fontes orais, escritas e iconográficas.
6) Analisar a ideologia da Frelimo.
7) Escrever o segundo volume de *Memórias do Destacamento Feminino* (ver bibliografia).

Figura 7 | Família Dai. Nachingwea, 1972

Fonte: AHM. Iconoteca, cx. 9.

Fazendo uma radiografia do estado de arte, constata-se que a fotografia é uma das formas de fazer o registo de pessoas, factos, momentos, características, lugares, hábitos, costumes, condições sociais e culturais da vida. As fotografias podem ser usadas mais tarde como fonte documental para estudos de um tempo determinado, de grupos da sociedade e suas características. Assim, a fotografia é apresentada como evidência, tornando-se um documento essencial na interpretação dos fenómenos, nas condições de vida nas sociedades, enfim, como uma cápsula do tempo.

A importância da imagem como fonte de história tem sido uma preocupação constante nas pesquisas desenvolvidas por Alfredo Margarido e Isabel de Castro Henriques na construção da história da África, estimulando a análise de grandezas iconográficas, num esforço contínuo de revisitação crítica das fontes e desmistificação do passado, desconstruindo e descolonizando o olhar, dos quais são exemplos significativos os trabalhos de Henriques (1993, 2021).

A historiografia moçambicana pode contar com um acervo considerável de obras memorialistas de autoria de protagonistas da luta armada de libertação, mulheres e homens, que descreveram ao pormenor o "sacrifício" pela liberdade, em coleções editadas pelo Centro de Pesquisa da História da Luta de Libertação Nacional (CPHLLN)/Ministério dos Combatentes e pela JV Editores, com quem colaborei na obra do professor David Francisco Xadreque Ndegue (2009). Por outro lado, o Instituto de Investigação Sócio-Cultural (Arpac) tem publicado pequenos livros de grande divulgação sobre a vida e obra de heróis e heroínas da luta.

Ponto de partida importante para conhecer a ideologia frentista e analisar sua evolução, e disponível através das novas tecnologias, é, sem dúvida, a coleção de Estudos e Orientações, organizada pelo Departamento de Informação e Propaganda (DIP), onde se pode encontrar um discurso do presidente Samora Machel (março de 1973) sobre a emancipação da mulher, intitulado: "A libertação da mulher é uma necessidade da revolução, garantia da sua continuidade, condição do seu triunfo".

A metodologia teve como ponto de partida as questões que pretendíamos analisar, isto é: se isolarmos o tempo da luta armada, qual foi a participação da mulher? De que forma a ideologia do poder e das elites manipulou a imagem da mulher combatente? Que memória perdura do seu engajamento na luta? Para responder a essas perguntas, propusemo-nos a investigar os seguintes pontos: (1) A mulher combatente terá contribuído para o avanço da luta? (2) Para a afirmação da ideologia da Frente? (3) Para a mudança de mentalidade, face à tradição?

Figura 8 | Cabo Delgado, 1973

Fonte: AHM. Iconoteca, cx. 13.

Esquematicamente, apresentam-se as diferentes perspetivas nos caminhos seguidos: em primeiro lugar, uma linha disciplinar, relativa à história. A história estuda as marcas do passado, problematiza o presente e projecta o futuro. A história social, em particular a que se desenvolveu no presente texto, procurou compreender a complexidade da sociedade moçambicana. Por outro lado, interdisciplinar, pelo cruzamento de olhares da história com a sociologia, a antropologia cultural, a psicologia social, a ciência política e as ciências da comunicação.

Que métodos foram utilizados? O *lead* jornalístico, o método empírico e o comparado. Seguiu-se a combinação de métodos qualitativos e quantitativos.

Para compreender o presente é preciso ir ao passado. Então, fui, em busca das marcas do passado através das fontes históricas. Realizaram-se três operações, a saber: a heurística como uma operação inerente à crítica histórica que consistiu em encontrar e explorar as fontes disponíveis; a hermenêutica ou a exegese dessas fontes, a crítica da interpretação dos documentos históricos; e, finalmente, a desfragmentação.

O cruzamento da informação disponível nas fontes orais, escritas e iconográficas segue o modelo que chamaremos de desfragmentação – "*defragmentation*", segundo Daniel Bach (2016) e Martin Thomas (2014) – da informação disponível, que passamos a desenvolver.

Que modelo é esse? Desfragmentação na informática é uma operação que consiste em arrumar ficheiros que foram inicialmente gravados no disco do computador em diferentes posições, isto é, sectores e pistas, ficando assim reunidos e "arrumados" sequencialmente. Na ciência da história, será a operação que segue o modelo da informática, arrumando na escrita a análise da informação significativa, mas dispersa, que o historiador foi fazendo ao longo da sua pesquisa, transformando essa informação em conhecimento, em nova história.

A investigação em progresso

O projeto de pesquisa foi desenvolvido no Arquivo Histórico de Moçambique (AHM), onde, de 2018 a 2019, decorreu uma pesquisa exploratória, a partir da qual, de 2020 até o presente, se prosseguiu a investigação em arquivos oficiais e privados. Vale destacar a importância do AHM, pois permitiu a descoberta de novos materiais para a pesquisa, tais como a imprensa anticolonial, nomeadamente a *Revista Tempo*.

Vejam-se, em pormenor, os resultados alcançados.

Tendo analisado 209 números, que saíram de setembro de 1970 a 1974 (baliza cronológica do estudo), pode-se dividir a publicação em dois períodos: a primeira fase, que teve como principal elemento de direção Rui Cartaxana, e a seguinte, a de Rui Baltazar.

Em síntese, podem-se indicar como características principais o facto de ser praticado um jornalismo noticioso de autor, de denúncia e um comprometimento com a Frelimo, visível em julho, agosto e setembro de 1974, justamente quando Rui Baltazar assumiu a direção.

As diferentes secções cobriam a atualidade, como o editorial, as notícias internas e externas, artigos sobre as cidades, cultura, desporto e mulher. Entre os concursos destaca-se o d'"A Melhor Foto dos Nossos Leitores", muito concorrido e organizado pela Secção de Fotografia, onde se encontravam fotógrafos como Rui Rangel, Kok Nam e Armindo Afonso.

Depositado no AHM, encontra-se o arquivo da Frelimo, onde se consultou a *Voz da Revolução*,[3] órgão noticioso e de propaganda do movimento indepen-

---

3 Ver a versão em inglês, *Mozambique Revolution*, em: <https://www.jstor.org/site/struggles-for-freedom/southern-africa/mozambique-revolution/?searchkey=1664659501246>.

dentista, cobrindo cronologicamente a luta armada de libertação nacional, desde sua preparação em 1963 até seu fim em 1974.

Sendo uma revista do Departamento de Informação da Frelimo em duas línguas, tinha como secções o editorial, notícias sobre as realizações da Frente, em nível interno e externo, os comunicados de guerra e as ações de solidariedade internacional, privilegiando os visitantes estrangeiros nas zonas libertadas. Especial atenção era dada à divulgação de manifestações de cultura moçambicana.

Uma vez que meu foco eram as representações visuais, analisei em detalhe as fotografias, sobretudo as relativas à participação da mulher, colocada em pé de igualdade com o homem, salientando-se sua coragem, espírito de sacrifício como combatente. Por outro lado, interessa destacar os desenhos, tendo sido encontrado, em cartazes reproduzidos, o desenho "satírico", corrosivo e implacável com os agentes coloniais.

Identifiquei, como fotógrafos nacionais, Daniel Maquinasse, Artur Truhate, José Soares e Carlos Djambo, e como estrangeiros, que visitaram as zonas libertadas, o japonês Tadahiro Ogawa e o sueco Andres Johansson, entre tantos outros.

Figura 9 | Fotografia de Tadahiro Ogawa

Fonte: AHM. Iconoteca, cx. 7.

Na Iconoteca do AHM, encontra-se um fundo iconográfico sobre a luta armada de libertação nacional com 2.581 imagens, das quais selecionei 90, com um denominador comum: a reportagem fotográfica. Os fins a que se destinaram podem ser indicados nos seguintes itens: informação e propaganda, que no interior visaria à mobilização das populações; no exterior, serviria para ações de solidariedade e de financiamento da frente.

Os principais temas retratados, agrupados em categorias, foram:

1. Dirigentes da Frelimo:
    - 1.1 Retrato.
    - 1.2 Hierarquia no comando.
2. As FPLM:
    - 2.1 Os CPPM.
        - 2.1.1 A preparação para o combate/treinos.
        - 2.1.2 As marchas longas no interior.
    - 2.2 As bases nas frentes de Cabo Delgado, Niassa e Tete.
        - 2.2.1 Transporte de material.
        - 2.2.2 Produção.
        - 2.2.3 Tempo de lazer.
    - 2.3 Destacamento Feminino.
    - 2.4 As zonas libertadas.
        - 2.4.1 Milícias populares.
        - 2.4.2 Cooperativas de produção e consumo.
        - 2.4.3 Escolas.
        - 2.4.4 Hospitais.
        - 2.4.5 Atividades culturais.
3. A solidariedade internacional:
    - 3.1 Visitas.
    - 3.2 Manifestações de apoio.

Figura 10 | Fotografia de Andres Johansson. Cabo Delgado, 1974

Fonte: AHM. Iconoteca, cx.7.

Quadro 1 | Construção duma amostra temática do acervo iconográfico

Caixa	Pasta	Imagens	Selecção	Temas	Observações
1	2	20	1	Frelimo 1º Congresso	Preparação
2	S. nº	10	2	Eduardo Mondlane nas zonas libertadas com fotógrafos	Andres Johansson; José Soares
5	2	20	7	Jornalistas e fotógrafos	Até 1974
7	1	54	4	Gerhard Klyn – fotógrafo	RDA
9	S. P.	110	5	Destacamento Feminino	
11	S. nº	29	3	Frente de C. Delgado	
Idem	S. nº	17	2	Frente de Niassa	
Idem	1	25	3	Frente de Tete	

Fonte: mostra elaborada pela autora.

Figura 11 | Treino das combatentes, 1974

Fonte: AHM. Iconoteca, cx. 9.

Conclusões

A imagem tem desempenhado frequentemente um papel complementar, ilustrando e embelezando a composição escrita, quando pode ser um motor de pesquisa inovador e criativo. A imagética, ciência emergente no século XX, levou-nos a equacionar uma pesquisa que permite não só revisitar as fontes iconográficas, elevando-as a um patamar ainda não explorado, mas que também contribui para repensar as representações simbólicas das diversas comunidades em presença em Moçambique. A questão-chave incide, assim, sobre realidades e mitos nas representações do território que é hoje a República de Moçambique.

No caso particular das fotografias disponíveis em arquivos, não podemos iludir a questão da sua subjectividade, em função do olhar do fotógrafo, sua parcialidade em função do universo restrito que elas representam, sua exclusão de largos sectores da realidade social que foram ignorados. Ainda que limitado, seu potencial reside no facto de veicular representações dessa realidade, reflectindo a interacção entre distintos agentes sociais e as desigualdades inerentes às sociedades coloniais. Várias gerações foram "consumindo" essas imagens banalizadas no quotidiano e através delas compuseram sua visão do "outro" e cristalizaram através delas a percepção de outras culturas.

Foram trabalhadas 18 caixas, com fotografias da luta armada de libertação nacional entre as décadas de 60 e 80 do século XX, num labor rigoroso e atento das suas características, procurando interpretá-las objectivamente e de uma forma crítica, segundo a metodologia definida.

O modelo paradigmático de análise inseriu-se nos estudos pós-coloniais. O debate epistemológico abordou a visão do império colonial português e a questão central da história social. Isso levou à releitura e revisitação do imaginário, aprofundando e desconstruindo as representações da mulher.

Limitações e perspetivas

Essas questões levaram-me a aprofundar o passado colonial de Moçambique, para compreender o projecto histórico da construção da nação moçambicana. Nunca é demais falar da razão de ser desta pesquisa, subjetiva, na interioridade do projecto. Como estudiosa da história de Moçambique, interessa-me conhecer e analisar historicamente a ideia de independência no que revela de dinâmico, de mudança, face ao regime colonial. Como se operou a mudança, em termos do poder político, sei-o bem, porque a vivi intensamente; daí a principal limitação, sobretudo emocionalmente, pois me falta a distância necessária ao ofício como historiadora. Todavia, estou certa de que o trabalho de pesquisa, essencialmente coletivo, irá superar esse facto, transformando a fraqueza em força.

Figura 12 | Destacamento Feminino. Nachingwea, 1974

Fonte: AHM. Iconoteca, cx. 9.

Referências

AAVV. *Colonialismo e lutas de libertação*. Porto: Afrontamento, 1974.

______. *Dicionário breve de história*. Lisboa: Presença, 1996.

ARAÚJO, Caio Simões. *A luta continua. 40 anos depois*: histórias entrelaçadas da África austral. Maputo: Alcance, 2018.

ARPAC (Instituto de Investigação Sociocultural). *Vida e obra dos heróis da luta de libertação nacional*. Maputo: Académica, 2014.

BACH, Daniel. *Regionalism in Africa*: genealogies, institutions and trans-state networks. Londres: Routledge, 2016.

BARRADAS, Carlos. Poder ver, poder saber: a fotografia nos meandros do colonialismo e pós-colonialismo. *Arquivos da Memória*, 5-6, 72-92, 2009.

CABAÇO, José Luís. *À sombra da utopia*: quando eu era nós. Maputo: Fundação Fernando Leite Couto, 2021. v. 1.

CARDINA, Miguel; MARTINS, Bruno Sena (Org.). *As voltas do passado*: a guerra colonial e as lutas de libertação. Lisboa: Tinta da China, 2018.

CASIMIRO, Isabel Maria. *Samora Machel e as relações de género*. Maputo: Estudos Moçambicanos, 2005.

CHABAL, Patrick (Coord.). *A history of postcolonial lusophone Africa*. Londres: Hurst & Company, 2002.

COELHO, João Paulo Borges. *O início da luta armada em Tete, 1968-1969*: a primeira fase da guerra e a reação colonial. Maputo: Arquivo Histórico de Moçambique, 1989.

COSTA, Catarina A. *Moçambique*: o sonho de uma nação: o Instituto Moçambicano e a Frelimo no nascimento de um estado social livre. [S.l.]: Lua Eléctrica, 2019.

DIAS, Jill. Photographic sources for the history of portuguese-speaking Africa, 1870-1914. *History in Africa*, n. 18, p. 67-82, 1991.

FRELIMO. *A Frelimo e a luta revolucionária de libertação nacional*. Lourenço Marques: Minerva Central, 1975.

GARCIA, Francisco Miguel Gouveia Pinto Proença. *Análise global de uma guerra (Moçambique, 1964-74)*. Tese (doutoramento em história) – Universidade Portucalense, Porto, 2001.

HENRIKSEN, Thomas. *Revolution and counter-revolution*: Mozambique's war of independence, 1964-1974. Westport: Connect; Londres: Greenwood, 1983.

HENRIQUES, Isabel Castro. A África na iconografia colonial portuguesa. Versão portuguesa da comunicação L'Afrique dans l'iconographie coloniale portugaise. *Colloque images et colonies*. In: BLANCHARD, P.; CHATELIER, A. (Dir.). *Images et colonies*. Paris: Syros/ACHAC/Bibliothèque Nationale, 1993. p. 110-120.

______. *A descolonização da história*: Portugal, a África e a desconstrução de mitos historiográficos. Lisboa: Caleidoscópio, 2021.

MATUSSE, Renato; MALIQUE, Josina. *Josina Machel*: ícone da emancipação da mulher moçambicana. Maputo: Arpac, 2008.

MAUAD, Ana Maria. Fotografia pública e poder. In: RIBEIRO, Margarida Calafate; ROSSI, Walter (Org.). *Património de influência portuguesa*: modos de olhar. Coimbra: Imprensa da Universidade de Coimbra; Fundação Calouste Gulbenkian; Ed. Universidade Fluminense, 2015.

MONDLANE, Eduardo. *Lutar por Moçambique*. Maputo: Centro de Estudos Africanos, 1995.

______; MACHEL, Samora. *A Frelimo e a revolução*. Lisboa: Maria da Fonte, 1974.

MUSSANHANE, Ana Bouene. *Protagonistas da luta de libertação nacional*. Maputo: Marimbique, 2012.

NDEGUE, David Francisco Xadreque. *A luta de libertação na Frente do Niassa*. Maputo: JV Ed., 2009. v. 1.

NEVES, Olga Iglésias. Na entrada do novo milénio em África, que perspectivas para a mulher moçambicana? In: MATA, Inocência; PADILHA, Laura Cavalcante. *A mulher em África*: vozes de uma margem sempre presente. Lisboa: Colibri, 2007. p. 135-154.

______. *O Movimento Associativo Africano em Moçambique*: tradição e luta, 1926-1962. Beau Bassin: Novas Edições Acadêmicas; OmniScriptum, 2017.

NEWITT, Malyn. *História de Moçambique*. Mem Martins: Publicações Europa-América, 1997.

PACHINUAPA, Raimundo (Coord.). *Memórias da revolução (1962-1974)*: colectânea de entrevistas de combatentes da Luta de Libertação Nacional. Maputo: CPHLLN e Associação Nachingwea, 2011.

PINHEIRO, Nuno. Fotografia e história social: utilização da fotografia como fonte da história In: TORGAL, Luís Reis (Ed.). *Fazer História Contemporânea* (revista *Estudos do Século XX*, n. 11), p. 105-119, 2011.

RANGEL, Ricardo. *Photographe du Mozambique*. Paris: Centre Culturel Franco-Mozambicain, 1994.

REBELO, Jorge. *Mensagens*. Maputo: Promédia, 2014.

RIBEIRO, Margarida Calafate. *África no feminino*: as mulheres portuguesas e a guerra colonial. Porto: Afrontamento, 2007.

RYAN, James R. *Picturing Empire*: photography and visualisation of the British Empire. Londres: Reaktion Books, 1997.

_____. *Photography and exploration*. Londres: Reaktion Books, 2013.

RUFINO, José dos Santos. *Álbuns fotográficos e descritivos da colónia de Moçambique*. Hamburgo: Broschek & Co., 1929. 10 v.

SCHWARTZ, Joan M.; RYAN, James R. (Org.). *Picturing place*: photography and the geographical imagination. Londres: Routledge, 2003.

SOUTO, Amélia Neves de. *Caetano e o ocaso do Império*: administração e guerra colonial em Moçambique durante o marcelismo (1968-1974). Porto: Afrontamento, 2007.

TEMBE, Joel das Neves (Coord.). *História da luta de libertação nacional*. Maputo: Ministério dos Combatentes/Direcção Nacional de História, 2014. v. 1.

THOMAS, Martin. *Fight or flight*: *Britain, France and their roads from empire*. Oxford: Oxford University Press, 2014.

VICENTE, Filipa Lowndes (Org.). *O império da visão*: fotografia no contexto colonial português (1860-1960). Lisboa: Ed. 70, 2014.

VIERA, Sérgio. *Participei, por isso testemunho*. 2. ed. Maputo: Ndjira, 2011.

WATY, Teodoro; GONÇALVES, Vitor. *O sacrifício da liberdade*: depoimentos de vida: Alberto Chipande, Deolinda Guezimane, Eduardo Nihia, Feliciano Gundana, Graça Machel, Joaquim Chissano, Lopes Tembe, Marina Pachinuapa, Mariano Matsinha, Óscar Kida, Óscar Monteiro, Raimundo Pachinuapa. Maputo: Ministério dos Combatentes, Média Group, WEditora, 2018.

ZAWANGONI, Salvador André. *A Frelimo e a formação do homem novo (1964-1974 e 1975-1982)*. Maputo: Ciedima, 2007.

ZIMBA, Benigna (Coord.). *OMM*: a mulher moçambicana na luta de libertação nacional: memórias do Destacamento Feminino. Maputo: CPHLLN, 2012. v. 1.

11. Esboço de Joana: entre os rumores e a exigência da história em Moçambique

Omar Ribeiro Thomaz

Precisamos de tempo, para que venha à luz o que estava escondido. Nos registros há pistas, mas não sabemos onde eles estão escondidos, quais são seus guardiães, se estes vão permitir nossa intromissão. Ou, quem sabe, esqueceram-se simplesmente de que os registros existem. É preciso paciência.
Patrick Modiano

A história como exigência

Não é de hoje que a hegemonia da Frente de Libertação de Moçambique (Frelimo) sobre a história recente de Moçambique é contestada. Nos anos que sucederam a independência do país e pelo menos até as primeiras eleições democráticas de 1994, a Frelimo progressivamente impôs uma história única como parte indissociável de seu projeto de país, atraindo e cooptando muitos – e reprimindo outros tantos.[1] Com o fim da terrível guerra civil (1977-1992) e do regime de partido único,[2] a Frelimo continuou exercendo um extraordinário

1 O processo que acabou por constituir o marxismo uma referência, concomitantemente intelectual e programática, foi descrito de maneira certamente polêmica pelo antropólogo Christian Geffray (1988).
2 Em torno da guerra em Moçambique há um verdadeiro debate desde seu momento genético, com uma extensa bibliografia que vai do jornalismo comprometido aos diferentes campos das ciências sociais e da história. Contudo, a liberdade que conduzia o debate deve ser matizada. Os que escreviam e publicavam dentro do país eram constrangidos pelos que se apropriaram da verdade (e dos meios de comunicação, jornais e editoras), ou seja, o partido Frelimo; os que, por vezes timidamente, questionavam a versão frelimista corriam o risco de serem acusados de cúmplices das forças rodesianas ou sul-africanas, representar os interesses dos antigos colonos ou ser ponta de lança da CIA ou do Departamento de Estado norte-americano.

controle sobre a história por meio de um verdadeiro programa que envolveu a produção crescente de biografias e autobiografias dos heróis, dos pais fundadores e dos que lutaram na guerra de libertação nacional – o que dominou boa parte do restrito mercado editorial moçambicano. Esta produção veio ainda acompanhada da restrição de acesso dos historiadores a parte do Arquivo Histórico de Moçambique, justamente aqueles que seriam os "arquivos da Frelimo", criando quase que uma fantasmagoria em torno de documentos secretos sobre a guerra de libertação nacional, sobre a revolução ou sobre o período de partido único no país. Mas à história como projeto da Frelimo se contrapôs a história como exigência que passa a fazer parte da vida do país nas últimas duas décadas. Os heróis consagrados pela Frelimo viram-se obrigados a conviver com outros tantos que se rebelaram em meio a rumores, histórias, publicações e o surgimento de novos arquivos que, longe de Maputo, vão sendo descobertos, sistematizados e decifrados.[3]

Pretendo enfrentar o processo de construção de novos arquivos em Moçambique tendo como referência uma personagem particularmente controversa: Joana Simeão. O esboço de sua trajetória, prisão e assassinato pretende dialogar com um movimento que denomino "a exigência da história", e que passa pelo esforço de jovens historiadores moçambicanos que procuram enfrentar momentos particularmente dolorosos da história recente do país.

---

3 A contrapartida a um maior controle do Arquivo Histórico de Moçambique é a crescente abertura dos arquivos portugueses, na medida em que são superadas as regras de confidencialidade, e a realização de novas pesquisas em arquivos sul-africanos, norte-americanos, da antiga República Democrática Alemã e mesmo em arquivos esquecidos e abandonados pela própria Frelimo, geralmente em províncias distantes de Maputo. Sobre os arquivos de província, ver Benedito Luís Machava (2018).

Valentia

Figura 1 | Joana Simeão[4]

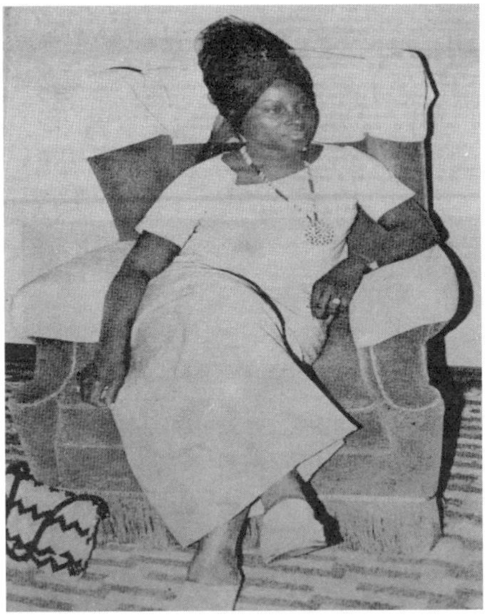

Foto: Jornalista Francisco Ribeiro Soares, da Rádio Televisão Portuguesa, 2 maio 1974.

Era, provavelmente, assim que Joana Simeão gostaria de ser lembrada: uma senhora elegante, altiva e firme, portando, sem temores, símbolos inegáveis de sua *africanidade*: um turbante, um belo colar, uma pulseira e um anel. Eventualmente, seus vestidos eram de capulanas, bastante raras entre as poucas *africanas* que frequentavam círculos *brancos* de Lourenço Marques e da Beira no início dos anos 1970.[5] Uma amiga, que na altura ia ao liceu, lembra-se de sua surpresa ao ver Joana Simeão, única professora negra da escola, circulando com

[4] Esta foto corresponde a um momento da entrevista concedida por Joana Simeão ao jornalista Francisco Ribeiro Soares, da Rádio Televisão Portuguesa, no dia 2 de maio de 1974, quando ocupava a vice-presidência do Grupo Unido de Moçambique (Gumo). Sobre o Gumo, ver Maria Paula Meneses (2017). A entrevista está disponível online em "RTP Arquivos".

[5] A observação detida de fotografias de cidades como Lourenço Marques e Beira de finais dos anos 1960 e início dos 1970 nos revela uma evidente clivagem social entre mulheres brancas, mistas e assimiladas, de um lado, portando roupas claramente ocidentais, entre austeras e juvenis, as mulheres negras com suas capulanas e as indianas com seus saris. As imagens não revelam apenas o cosmopolitismo desejado pelos impérios coloniais, mas um grande rigor entre o aceitável e o inaceitável nas manifestações corporais em sociedades profundamente racistas. Joana Simeão destaca-se ainda pelo uso do turbante, e não apenas do lenço na cabeça, o mais usual entre mulheres *africanas*.

capulanas em meio à maioria europeia.[6] Eram os tempos do marcelismo, Joana Simeão havia acabado de retornar de um conturbado e até hoje em grande medida misterioso exílio europeu, por passagens não menos misteriosas por Argélia, Congo e Zâmbia, e parecia abraçar as possibilidades que (supostamente) a revisão constitucional de 1971 oferecia para Moçambique.[7] Por certo, e é importante lembrar, não poucos viram Marcello Caetano como uma personalidade política *transicional*, capaz de conduzir a metrópole e os territórios ultramarinos para *um outro lugar*, distante daquele desejado e mantido por Salazar e pelo mundo que construíra no seu entorno.[8] Não houve a transição esperada, e à covardia de Marcello Caetano corresponde a valentia de tantos outros.[9] Os que saíram vitoriosos se apropriaram da história, e outros, não menos valentes, foram derrotados e subtraídos da própria narrativa oficial.

Não são poucos os registros que nos permitem pensar em Joana Simeão como uma valente. A estes se opõem outros que, numa terra de heróis, afirmam seu caráter duvidoso (quando o herói passa para a história, ele perde as dúvidas). Valente ou ardilosa (ou valente *e* ardilosa), Joana Simeão surpreendia. Seu surgimento naquela cena tardo-colonial foi possível num tempo em que, em meio à reprodução das estruturas colonialistas da repressão, uma nova dinâmica social afirmava certa distensão racial em Lourenço Marques e, em menor medida, na Beira – cidades que estavam longe da guerra circunscrita ao norte do país. Foi nesse contexto que alguns imaginaram em Moçambique o que, vez ou outra, me foi caracterizado como uma "África diferente", que não estaria destinada ao caos do Congo nem ao racismo da Rodésia – embora se parecesse francamente à

6 Antes de ser professora de francês no Liceu António Enes, em Lourenço Marques, Joana Simeão foi, por curto período, a única professora negra no Liceu Pêro de Anaia, na Beira. Também nesta cidade sua presença – feminina e negra – provocara grande rebuliço (Couto, 2011:95:96).

7 O marcelismo foi o período ao longo do qual Marcello Caetano foi presidente de Concelho de Ministros, de setembro de 1968 a abril de 1974. Mas o termo se refere, sobretudo, às expectativas de câmbio democrático que alimentou e frustrou. Para uma leitura detida do período em Moçambique, as transformações e a resistência, o trabalho da historiadora moçambicana Amélia Neves de Souto (2007) é indispensável.

8 O equívoco aqui foi não levar em conta que Marcello Caetano era parte ativa do mundo que Salazar criara em seu entorno.

9 Sobre os "dilemas" de Marcello Caetano – entre os princípios (que o vinculavam ao regime) e os processos em curso (que exigiam a transformação), e que o levaram ao consequente imobilismo –, ver a biografia escrita por Francisco Martinho (2016).

Rodésia e seu *status quo* fosse defendido inicialmente pelos temores provocados pelos acontecimentos no Congo.

Mas aqueles que lutavam no norte e se aproximavam do centro também imaginavam em Moçambique uma "África diferente". Escapar de uma África rodesiana ou de um destino congolês transformara progressivamente a libertação num projeto de revolução. Mas toda a imaginação tem fundamentos (caso contrário, seria delírio). Para os que aderiam à guerra de libertação nacional e foram inventando apenas uma Frelimo, à custa de outras, Moçambique futura encontraria seus fundamentos na experiência dos campos de treinamento da Tanzânia, num universo de circulação internacional específico e no que seria a vida nas áreas libertadas.[10] Esta imaginação vê a si mesma como a produtora de um país com uma única história possível.[11] Nesse país, havia espaço para heróis, de um lado, e para traidores, de outro. Nele, o destino de Joana Simeão foi trágico, e seu desaparecimento, quase naturalizado.

Rumor

Não foi a Joana altiva e destemida que encontrei quando de minha primeira ida a Moçambique, em 1997. Joana apareceu, inicialmente e nos anos seguintes, na forma de rumor. Diante de minhas insistentes perguntas sobre os tempos revolucionários e sobre o êxodo da esmagadora maioria dos *brancos*, meus interlocutores devolviam-me uma pergunta: *Quem matou Joana Simeão*? Pouco a pouco, percebi que não se tratava de uma pergunta simples, pois vinha carregada de uma angústia profunda que se expressava numa determinada performance: meu interlocutor sabia que eu não tinha a resposta. Tratava-se de um rumor, uma narrativa entrecortada, curta e temerosa, pois a pergunta não ia a mim dirigida, mas àqueles que detinham o poder. Era uma pergunta identitária, que marcava distância entre aqueles que a formulavam e os que se aproximavam da Frelimo.

10 O mundo da Guerra Fria promovera distintos circuitos internacionais. A elite da Frelimo combina momentos formativos na metrópole e a experiência tanzaniana com um circuito que, passando por Paris, envolve de forma crescente os países do Leste Europeu e a União Soviética.

11 O historiador moçambicano João Paulo Borges Coelho (2015) aponta a necessidade de assumirmos o caráter imprevisível do passado justamente para escaparmos de uma história única que acaba por, mais uma vez, constranger o jogo político presente.

Quem matou Joana Simeão? somava-se a outros tantos rumores que se questionavam sobre o destino trágico de personagens como Uria e Celina Simango, Mzé Lázaro Kavandame, padre Mateus Gwengere e Paulo Gugame. Com eles, Joana compartilhava a acusação de "reacionária". Nos anos revolucionários, no rádio, entre os continuadores ou nas celebrações do 1º de maio, do 25 de junho, do 25 de setembro, cantava-se: "Joana é reacionária, Guambe é reacionário, Simango é reacionário, Murupa é reacionário, Unhai é reacionário, Gwengere é reacionário...". Esta canção enfadonha e monocórdia perdeu-se com a revolução. A acusação de reacionária esvaziou-se de sentido, embora aqueles que, na Frelimo, se mantiveram no poder seguissem repetindo-a à exaustão. Se não foram capazes do silêncio, condição para o exercício da escuta, tampouco puderam conter os rumores em torno dos detalhes da captura, desaparecimento e morte de Joana Simeão.[12]

A partir dos anos 2000, o rumor cresceu e transformou-se numa exigência: afinal, quem matou Joana Simeão? Tratava-se de uma pergunta retórica, pois não havia dúvidas de que a ordem partira de dentro da Frelimo, e os dedos apontavam para um número restrito de pessoas. Mas o rumor transformado em exigência pretendia e pretende desvendar capítulos da história recente de Moçambique. O rumor afirma que a história não tem dono e que o passado não foi fruto de uma necessidade, mas sim resultado de opções. O expediente disciplinador e punitivo próprio dos anos que se seguiram à revolução – os campos de reeducação mais ou menos espalhados por toda a geografia nacional – foi uma opção própria dos regimes que agiam "em nome do povo", se definiam por termos como "revolução" ou "marxismo-leninismo".[13]

Em meio à generalização dos campos, a morte de Joana Simeão foi um assassinato deliberado.

---

12 Um dos desafios impostos aos historiadores que se debruçam sobre períodos autoritários é justamente o de estarem atentos para os rumores ou para os sussurros e serem capazes de incorporá-los plenamente aos arquivos.

13 Jovens historiadores moçambicanos têm desempenhado um papel central na recuperação dos acontecimentos do período revolucionário, cuja história tem sido objeto de controle por parte da Frelimo. Remeto o leitor para os trabalhos de Carlos Domingos Quembo (2015) e Benedito Luís Machava (2015).

Esboço

Toda a história merece ser mais bem contada. Por ora, sou incapaz de contar a história de Joana em todos os seus detalhes e nuances. O que trago é um primeiro esboço, pistas para histórias futuras e tentativas de conversas com histórias que vêm sendo contadas.

A vida de Joana tem sido objeto ora de esquecimento, ora de mentiras que, por força de sua repetição, condenaram-na a uma caricatura de si mesma.[14] As inúmeras autobiografias que pretendem recuperar o momento fundacional da Frelimo, a guerra de libertação nacional e os anos revolucionários, escritas em grande parte pelas lideranças vitoriosas da própria Frelimo a partir de meados dos anos 2000, contam quase sempre a mesma história.[15] Quando se referem ao período final dos anos 1960 e início dos anos 1970, Joana Simeão aparece com a mesma rapidez com que desaparece, e sobre ela sempre paira a suspeita de traição. Os textos escritos por aqueles próximos à Frelimo (ou que dela queriam se aproximar) até os meses que sucedem o 25 de Abril de 1974 sempre descrevem Joana como ardilosa, confusa e colaboracionista. Eis a Joana desse mundo: traiçoeira, egoísta e, sobretudo, ambiciosa.

O mundo colonialista tampouco confiava em Joana Simeão.[16] A Pide a mantinha sob estrita vigilância, e aquele universo social que procura se consolidar a toque de caixa em torno de figuras como Jorge Jardim[17] a percebe como antiportuguesa, nacionalista e, mais uma vez, ambiciosa. Apesar das muitas entrevistas que concedeu, poucas enfrentam o que, a partir de determinado momento, passou a defender publicamente: uma Moçambique multirracial e

---

14 Longe da caricatura, a historiadora moçambicana Maria Paula Meneses (2017) procura captar o lugar de Joana Simeão no processo de formação do Gumo, agremiação transformada em partido político que pretendeu ser uma opção à Frelimo no período imediatamente posterior ao 25 de Abril, em Portugal.

15 Sobre estas autobiografias moçambicanas, o artigo de Rita Chaves (2019) é incontornável. Em boa parte delas, há referências a um ou mais encontros com Joana Simeão, e todos se concentram em sua atuação inadequada ou nas suspeitas que inspirava. Destaque-se que, como sublinha Rita Chaves, não há nenhuma mulher entre as que escrevem autobiografias. As mulheres se fazem presentes na forma de depoimentos, como alguns reunidos por Ana Bouene Mussanhane (2012).

16 Um bom exemplo da desconfiança que lhe devotava o mundo francamente colonialista é o pequeno verbete escrito por Clotilde Mesquitela (1977:191-194) sobre Joana Simeão em suas intragáveis "memórias da revolução".

17 Para uma análise extraordinária da figura de Jorge Jardim recomendo o trabalho já clássico de José Luís Cabaço (2009).

democrática.[18] Sua ousadia em afirmar que o povo moçambicano não encontrava necessariamente sua tradução naqueles que falavam em seu nome, a Frelimo, custou-lhe a vida.

A pasta que leva por título "Joana Simeão", que podemos encontrar nos fundos da Pide/DGS no Arquivo da Torre do Tombo, em Lisboa, reúne as notas daqueles que, entre Portugal e Moçambique, a vigiavam, documentos sobre o Grupo de Unidade Moçambicana (Gumo) e o Comité Revolucionário de Moçambique (Coremo) e artigos de imprensa.[19] Ganha destaque aqui um longo e detalhado documento assinado no dia 2 de junho de 1971 com comentários dos próprios agentes da polícia política portuguesa sobre os passos e sobre a personalidade de Joana, particularmente no período em que esteve na Beira. Joana é definida como uma "leoa", por vezes agressiva e mesmo confusa, mas com posições firmes sobre o destino de Moçambique. O documento faz referências a sua peculiar "sexualidade africana", e Joana é definida como uma "fêmea" cujo comportamento seria ditado por "instintos carnais" não satisfeitos, já que na Beira estaria distante do seu marido. Vale lembrar que sua suposta sexualidade exuberante é parte da construção de sua memória.

Mas o mais impressionante do documento é um conjunto extenso de notas definidas como "Biografia", declarações cujas condições de registro não são claras, ainda sem uma contextualização precisa, mas que podemos afirmar tratar-se de fragmentos que compõem o que mais se aproxima de uma *autobiografia* de Joana Simeão.[20] Nele, e em primeira pessoa, Joana nos traz fragmentos de sua infância e de suas memórias da violência e dos constrangimentos coloniais em Nampula. Em 1952, segue para Coimbra para, ainda menina, integrar-se a uma escola religiosa em condições francamente humilhantes. Racismo e humilhação que caracterizam sua experiência universitária em Lisboa, seguida pelo exílio europeu, o casamento com o congolês que lhe deu o sobrenome Tshilenge e seus dois filhos, e a progressiva assunção de Moçambique como destino. Nesse diálogo

---

18 Joana Simeão chama muito a atenção tanto em Lisboa como em Moçambique e concede entrevistas, entre outros, à *Seara Nova*, jornal *Notícias*, *Diário de Moçambique*, revista *Tempo*, jornal *Diário de Notícias*, além de uma longa entrevista à Rádio Televisão Portuguesa e de entrevistas aos meios de outros países europeus, com destaque para a imprensa francesa.

19 Grupos que se pretendiam alternativas à Frelimo.

20 Uma biografia contextualizada, como a proposta por Teresa Cruz e Silva (2014) num brilhante livro sobre Zedequias Manganhela, está em curso.

com um interlocutor oculto, fala ainda de seus contatos com a Frelimo e com outras organizações nacionalistas, de suas desilusões amorosas e políticas e de sua decisão de construir uma alternativa para seu país. Em todo momento, Joana se assume como uma personalidade difícil, e é caracterizada pelo inspetor que assina o documento como um "osso duro de roer". No que podemos ler como a única autobiografia de Joana Simeão, temos um retrato muito mais complexo e interessante do que a caricatura que dela foi construída, por uns e por outros.

Joana foi literalmente caçada no período que sucede os acontecimentos de setembro de 1974.[21] Não foi protegida nem pelo governo português (que ainda detinha a autoridade sobre Moçambique), nem por tantos outros que conseguiram abandonar o país diante de uma Frelimo percebida como ameaçadora. Submetida a um tribunal popular em Nachingwea, em maio de 1975, é enviada para o campo de prisioneiros políticos em M'telela. Da perspectiva dos dirigentes da Frelimo, passaria, com os demais "reacionários", por um processo de reeducação. Os poucos relatos que temos do que seria M'telela evidenciam antes o isolamento, o abandono e as terríveis condições a que estaria submetida. O único relato que temos que faz referência a Joana no campo de prisioneiros volta a insistir na angústia provocada pela abstinência sexual em alguém como ela.[22]

Fecho este primeiro esboço com uma imagem da qual Joana também se orgulharia: a de seu julgamento em Nachingwea. Diante de um tribunal presidido por Samora Machel e que contava com outras lideranças da Frelimo e com a presença de Julius Nyerere e Keneth Kaunda, Joana Simeão é acusada de "reacionária", "tribalista", "racista" e "egoísta". Nas imagens que temos do julgamento de Nachingwea, Joana mantém a vista erguida. Assim me foi descrito por uma testemunha:

> Samora repetia a cada um dos reacionários os crimes cometidos... racismo, ambição, tribalismo... Ao contrário dos outros, Joana Simeão olhou nos olhos do presidente... Todos gritávamos! "Abaixe os olhos, não se atreva, não encare o presidente!" Ela manteve a vista erguida.

---

21 Sobre os acontecimentos de setembro de 1974 em Lourenço Marques, ver Thomaz e Nascimento (2012) e Machava (2015).

22 É perturbador que, mesmo num relato reparador como o de Barnabé Lucas Ncomo (2004), deparemo-nos mais uma vez com a sexualidade de Joana Simeão.

Figura 2 | Joana Simeão, altiva, provavelmente com as mãos amarradas, ao lado de Samora Machel, no julgamento a que foi submetida em Nachingwea

Fonte: <https://macua.blogs.com/moambique_para_todos/2012/06/processo-de-nachingwea>. Acesso em: maio 2022.

Referências

CABAÇO, José Luis. *Moçambique*: identidade, colonialismo, libertação. São Paulo: Unesp, 2009.

CHAVES, Rita. Autobiografias em Moçambique: a escrita como monumento (2001-2013). *Revista de História*, São Paulo, FFLCH/USP, n. 178, 2019.

COELHO, João Paulo Borges. Abrir a fábula: questões da política do passado em Moçambique. *Revista Crítica de Ciências Sociais*, v. 106, p. 153-166, 2015.

_____. Política e história contemporânea em Moçambique: dez notas epistemológicas. *Revista de História*, São Paulo, FFLCH/USP, n. 178, 2019.

COUTO, Fernando Amado. *Moçambique 1974*: o fim do império e o nascimento da nação. Lisboa: Caminho, 2011.

GEFFRAY, Christian. Fragments du discours du pouvoir (1975-1985). *Politique Africaine*, n. 18, p. 71-85, mar. 1988.

MACHAVA, Benedito Luís. Galo amanheceu em Lourenço Marques: o 7 de Setembro e o verso da descolonização de Moçambique. *Revista Crítica de Ciências Sociais*, n. 106, p. 53-84, 2015.

______. *The morality of revolution*: urban cleanup campaigns, reeducation camps, and citizenship in socialist Mozambique (1974-1988). Dissertação (doutorado em história) – University of Michigan, Ann Arbor, 2018.

MARTINHO, Francisco. *Marcello Caetano*: uma biografia (1906-1980). Lisboa: Objectiva, 2016.

MENESES, Maria Paula. Autodeterminação em Moçambique: Joana Simeão, entre a história oficial e a memória de lutas. In: MATA, Inocência (Coord.). *Discursos memorialistas africanos e a construção da história*. Lisboa: Colibri; Macau: Ed. Universidade de Macau, 2017.

MESQUITELA, Clotilde. *Moçambique, 7 de Setembro*: memórias da revolução. Lisboa: A Rua, 1977.

MODIANO, Patrick. *Dora Bruder*: São Paulo: Rocco, 1998.

MUSSANHANE, Ana Bouene. *Protagonistas da luta de libertação nacional*. Maputo: Marimbique, 2012.

NCOMO, Barnabé Lucas. *Uria Simango*: um homem, uma causa. Maputo: Novafrica, 2004.

QUEMBO, Carlos Domingos. *Poder do poder*: Operação Produção e a invenção dos "improdutivos" urbanos no Moçambique socialista, 1983-1988. Maputo: Alcance, 2015.

SILVA, Teresa Cruz e (Org.). *Zedeguias Manganhela*. Maputo: Marimbique, 2014.

SOUTO, Amélia Neves de. *Caetano e o ocaso do "Império"*: administração e guerra colonial em Moçambique durante o marcelismo (1968-1974). Porto: Afrontamento, 2007.

THOMAZ, Omar Ribeiro; NASCIMENTO, Sebastião. Nem Rodésia, nem Congo: Moçambique e os dias do fim das comunidades de origem europeia e asiática. In: CASTELO, Cláudia et al. (Org.). *Os outros da descolonização*: ensaios sobre o colonialismo tardio em Moçambique. Lisboa: ICS, 2012. p. 315-339.

Audiovisual

Jornalista Francisco Ribeiro Soares, entrevista Joana Simeão, vice-presidente do Grupo Unido de Moçambique (Gumo); RTP1. Lisboa, 2 maio 1975. (Noticiário Nacional; preto e branco).

12. "O tigre e sua presa": apontamentos sobre a luta de libertação*

Leila Maria Leite Hernandez

Há de se lembrar que a atividade crítica dos aspectos da colonização além da espoliação econômica incluiu conflitos sociais e psíquicos, uma operação fundamental da ação política. De caráter mais progressista ou mesmo inovador, a pluralidade dos discursos anticoloniais continha contradições internas marcadas pela heterogeneidade, deixando entrever de modo simultâneo a continuidade de certos temas essenciais e as muitas curvas e rupturas que pontilhavam a trajetória intelectual e política dos autores afro-americanos, caribenhos e, em especial, dos africanos. A complexidade das ideias e imagens em trânsito abriu um mundo de pensamentos, carregando consigo um sem-número de interpretações que levaram a revisitar as noções de identidade, raça e autonomia como categorias produzidas no combate entre o incomum e a autodeterminação no âmbito de processos nacionais, transnacionais e transcontinentais em diferentes contextos do imperialismo capitalista colonial.

A luta pelo direito à diferença nasceu do desconforto e da indignação acerca da vulnerabilidade das identidades historicamente construídas sobre a condição social do negro, com discursos que remontavam ao final da Primeira Guerra Mundial – o "inútil massacre" –, que rompeu a certeza de que o progresso moral e o avanço dos costumes continuariam a caminhar juntos, reforçando as visões que hierarquizavam as fronteiras construídas com o pressuposto do binarismo, pondo a "Europa" e a "África" como ficções com tempos e espaços distintos. Convém observar ainda que operavam em contraponto, expressando a negação

* Agradeço ao professor doutor Francisco Carlos Martinho e às doutorandas Helena Wakim Moreno e Marina Galvanese a organização do webinário "Portugal e os 60 anos da guerra colonial", em que se fez uma inesquecível homenagem ao meu trabalho de docente e pesquisadora em história da África, do DH-FFLCH-USP.

ao direito de autonomia às colônias africanas, o que propiciou que estudantes e intelectuais, abrindo espaços para as escrituras produzidas pelos afro-caribenhos que circulavam nos Estados Unidos da América, na África e em capitais dos impérios europeus, definissem a espoliação social, cultural e psíquica do que era ser negro, reivindicando que a liberdade e a igualdade se estendessem aos cidadãos comuns e a todas as nações.

De maneira imperiosa, estes foram anos nos quais a diferença emergiu como problema central da modernidade, remontando a um amplo arco cronológico, desde a afirmação de uma nova consciência planetária e de sua plenitude, no decorrer da segunda metade do século XIX, até a segunda parte do século XX. Nesse amplo arco temporal, espaço e tempo foram categorias gêmeas, lineares e binárias, por meio das quais a noção de África foi cunhada pelo pensamento europeu, marcando também a produção de diversos intelectuais africanos, os quais, não raro, nos anos de 1950 e 1960, inverteram os termos da oposição, sem questionar o pressuposto dos binarismos, o que foi feito apenas nas décadas subsequentes por Paulin Hountondji, pelo ganês Kwame Appiah e pelos filósofos congoleses Achille Mbembe e Valentim Mudimbe. Como alternativa de oposição ao lugar subalterno da África, os autores têm destacado como os intelectuais africanos e afrodiaspóricos dos séculos XIX e XX se aferraram a três sistematizações da diferença ontológica africana em relação à sociedade europeia: a diferença racial (invocada pelo pan-africanismo diaspórico, sobretudo no século XIX); a diferença cultural ou metafísica (construída pelos discursos nativistas africanos do século XX) e a diferença histórica e civilizacional (frequentemente invocada pelo egipcianismo e pelo afrocentrismo).[1]

Nesse sentido, o discurso imperial português como fator de "paz e progresso no mundo" legitimava a aculturação do outro, definido como exótico, bárbaro, degenerado, inferior e guiado pelos instintos, subtraindo-lhe o direito à iniciativa histórica, à produção de cultura, a uma personalidade particular, a suas racionalidades e à construção da razão africana. Em Portugal, "o indígena é o não ser", uma designação de desprezo, como destacava Mário Pinto de Andrade (Andrade e Laban, 1997:42). Desenvolvido entre as duas guerras mundiais, esse discurso apontava que a essência da diferença era a desigualdade que concebia

---

1 Ver Appiah (1997), Hountondji (1996), Mudimbe (2013) e Mbembe (2001, 2014).

os africanos como ontologicamente inferiores, conferindo aos colonizadores o direito e o dever de dominá-los e tutelá-los rumo à civilização.

Como desdobramento dos trânsitos e das itinerâncias de intelectuais e estudantes peregrinos nas capitais europeias, as ideias e os imaginários passaram a alimentar um pensamento voltado para definir o que seria ser africano, expondo a alteridade como categoria negativa que sustentava os processos de sujeição social. Desse modo, em especial em Paris e Lisboa, combatiam os estereótipos dos quais, não raro, derivavam as caricaturas sobre os colonizados, oscilando entre a constatação da alteridade "selvagem" e o projeto de identidade "civilizada". Assim, não raro com ambiguidades e ambivalências, os intelectuais africanos e afrodiaspóricos inverteram o valor das teses europeias clássicas de detratação do continente africano: aquilo que antes fora visto como "atraso" e como "falta" na narrativa do historicismo passou a ser visto como possibilidade para a construção de uma utopia socialista radicada em uma visão hipostasiada e mítica da tradição africana.

Não foi por acaso que o sociólogo pan-africanista William Edward Burghardt Du Bois (1868-1963), valendo-se do intercâmbio entre os sentidos acadêmico e imaginativo, interrogou: "Como é ser-se um problema? Por que me fez Deus um pária e um estrangeiro dentro da minha própria casa?". Como resposta, salientou a ação histórica e social dos negros, uma vez que teriam uma mensagem positiva única e valiosa para a humanidade. Sua luta contra os processos de degeneração dos negros espalhados pelo mundo se fez sentir nos cinco primeiros congressos pan-africanos, de 1919 a 1945, atendo-se à condenação do linchamento e da lei de mobilidade urbana nos EUA e do regime de segregação na União Sul-Africana. Em relação à África, esses congressos defenderam o direito à terra, ao trabalho livre, a abolição dos castigos corporais e a educação, além de clamarem por uma independência gradual das colônias, chegando à condenação irrestrita do colonialismo, do imperialismo e do racismo.

Livrar-se de todas as formas de tirania e da escravidão foi um dos aspectos destacados por Edward Wilmot Blyden (1832-1912), que criticou de forma contundente a política de cooptação das chefias locais, o recrutamento da mão de obra e a degradação social que condenava os negros africanos e afrodiaspóricos aos estereótipos e preconceitos, cobrindo-os com humilhação sistemática, autodepreciação e menosprezo como condicionantes da incapacidade dos nativos de se autogovernarem. Blyden construiu ideias plurais que criticavam as estruturas, os contextos culturais, os tipos de vida e as maneiras de pensar resultantes da ação colonial fortemente enraizada nos homens e mulheres colonizados, neles construindo um operante complexo de dependência psíquica. E refutou, ainda, o estereótipo da inferioridade congênita do negro, destacando sua capacidade criativa e a importância da sua agência histórica. Mas não só. Segundo Pinto de Andrade, deveu-se a Blyden a concepção da personalidade africana de um ponto de vista racial e cultural e o chamamento para a recuperação da autonomia psicológica dos africanos.

Outra contribuição fundamental de Blyden foi

> a definição de pátria dos africanos em solo africano, integrando uma ideia projetiva que exprimia um sentimento coletivo, o de serem os negros filhos da terra portadores de valores comuns, o que promoveria a identificação entre eles e a reunião de um conjunto de aspirações comuns voltadas para uma futura autonomia [Hernandez, 2020:340].

Estes ativistas e pensadores anticoloniais deram início a uma plataforma relativamente unitária ligando Angola, Cabo Verde, Guiné, Moçambique e São Tomé.

Em outra chave de pensamento, uma contribuição fundamental foi o texto "O novo negro", de Alain Locke (2011), em que define o que significava o "mimetismo social" do negro, ao mesmo tempo condenado a ser oprimido e dotado da coragem que levaria a uma emancipação cultural e ao respeito de si. Locke assinalava ainda a importância do Harlem Renaissance – onde foram lançadas as carreiras literárias de Langston Hughes e Countee Cullen –, um espaço de solidariedade e de unidade racial que atraiu

> o Africano, o Caribenho, o Americano negro; reuniu o Negro do Norte e do Sul, o homem da cidade e da aldeia; o camponês, o estudante, o homem de negócios, o profissional, o artista, o poeta, o músico, o aventureiro e o operário, o pregador e o criminoso, o oportunista e o pária [Locke, 2011:63].

Era uma geração que acreditava no esforço coletivo e na colaboração racial – ideias fundamentais para as organizações de tendências transnacionais criadas a partir de então –, assim como no orgulho, no prestígio e no reconhecimento de um "Negro pensante", um negro africano e afrodiaspórico agindo como "vanguarda dos povos africanos", apto a construir a razão africana, uma capacidade intelectual, moral e espiritual que se realizaria em circunstâncias históricas e contextos epistemológicos específicos, levando ao prestígio e ao reconhecimento.

Há de se lembrar que a ênfase recaiu sobretudo na crítica das formas de colonização do sujeito e no início da sua emancipação, cujos processos contaram com a figura central de Marcus Mosiah Garvey (1887-1940), líder carismático e messiânico que deu ao pan-africanismo uma dimensão mais efetiva no discurso e na prática política, implicando dinâmicas de sublevação que ganharam os Estados Unidos, Antilhas, África do oeste, do leste e, sobretudo, austral. Com o programa de redenção da Associação Universal para o Aprimoramento do Negro (Unia), fundada em 1914, na Jamaica, Garvey difundiu uma cultura própria que afirmava a identidade negra no mundo e a "África para os africanos", promovendo a volta à África como a principal parte do projeto de libertação dos negros e do restabelecimento da sua dignidade. Também fez espalhar ideias e textos no seu jornal *The Negro World*, unindo os dois lados do Atlântico, promovendo a formação e o desenvolvimento da cultura negra e a emancipação da África enquanto "identificação diaspórica" (Sanches, 2011:17).

Parece não ser arbitrário definir que as várias situações históricas engendraram sistemas de ideias e denúncias, das quais destacamos, em particular, um pequeno retábulo de Blyden, Du Bois, Garvey e também de Georges Lamming e Alain Locke, que deram fôlego à construção progressiva de uma ordem de conhecimento e aos processos de transformação da modernidade, deixando à mostra um afastamento da ficção das positividades do colonial. Tratava-se de uma nova cartografia política que continha ideias marcadas por diferentes estratégias de diagnóstico social e caminhos de luta, o que não impediu que as situações geográficas particulares respondessem a um diagnóstico histórico e social comum que condicionava transformações globais. Faziam parte do combate travado pelas elites africanas entre o incomum e o universalismo, o que implicava retomar criativamente os paradigmas da cultura ocidental, cujas transformações remetiam à interdependência entre os processos nacional e transnacional em diferentes contextos do imperialismo capitalista colonial. Suas ideias ficaram próximas da Liga Africana, influenciando ainda Mário Pinto de Andrade,

Amílcar Cabral, Viriato da Cruz, Eduardo Mondlane, Agostinho Neto, Aimé Césaire, Léopold Senghor, Frantz Fanon e Kwame Nkrumah.

De outra parte, os congressos pan-africanos e o movimento da Négritude definiram-se como ocasiões de denúncia da violenta repressão colonial. O eixo central do movimento da Négritude foi a ênfase acerca da herança dos antepassados, a cultura, a língua e as artes, aspectos expressos pela raça, reiterando ideias das quais Léopold Senghor foi um dos maiores expoentes, assim como Aimé Césaire até o momento de radicalização de suas ideias, com a condenação total do colonialismo. Os grupos dos que trabalhavam o pensamento da Négritude, mais comprometidos com transformações históricas, insistiram acerca do papel imprescindível dos antepassados como guardiões da transmissão de um constructo cultural comum, preservando sua dimensão sagrada que cuidava para manter a coesão e a continuidade dos povos, além de conferir uma acepção à nação sustentada por uma identidade africana, fundamental para reivindicar a promoção do direito à dignidade. Esse foi um pensamento que alguns anos mais tarde influenciou a formação dos discursos independentistas e emancipacionistas dos nacionalismos das lutas de libertação, que não se restringiram, pois, a soldados e canhões, abrangendo ideias, imagens e representações contrárias à política de terror e aos massacres administrativos. Ao levar isso em conta, pode-se dizer que a natureza e o sentido desse processo intelectual e ativista múltiplo e diversificado inspirou a construção de um movimento de resistência epistêmica que ganhou radicalidade empírica, fundamental para tornar evidentes os aspectos de uma dialética emergente que fazia lembrar a todo momento que a teoria precede a prática revolucionária, como destacou Lênin. Lembra ainda que o sistema posto em crise, com avanços e recuos, permite identificar outros elementos possíveis da cultura e da política imperiais. Plural, este pensamento de feições diversas foi traduzido em escritos e registros visuais que faziam parte da cultura impressa de intelectuais africanos e afrodiaspóricos que compuseram um repositório da indignação, das queixas, dos descontentamentos, anseios e, ainda, de sonhos, ilusões e esperanças, referindo-se às questões materiais e culturais, neste sentido, políticas. E a ampliação da luta teve como estratégia histórica o recurso às organizações transnacionais, espaços políticos que expunham uma relação tensa entre o doméstico e o externo, tratando de economia e poder, sociedade e Estado, resistência e transformação, ordem e revolução, no âmbito das possibilidades da contestação dos subjugados pelo imperialismo capitalista colonial.

Neste ponto, deve-se lembrar a importância da época em que ocorreu, na sequência das resoluções do Congresso Pan-Africano de Nova York, em 1927, uma inflexão do movimento que reagiu à agressão da Itália contra a Etiópia (1935-1941), desde os primeiros preparativos por parte da Itália fascista de Mussolini. Ora, a Etiópia representava o ideal de liberdade e resistência contra a opressão colonial e racial. Subjugá-la deu ensejo ao mito da "África acorrentada" e teve uma significativa importância no desencadeamento mais sistemático da luta contra o racismo, o terror e toda a sorte de excessos, fazendo crescer os anseios dos africanos e dos afrodiaspóricos por se tornarem livres da situação colonial.

Ao privilegiar a história que estaria por ser feita poucos anos depois, o Congresso Pan-Africano (Manchester, 1945) condenou o imperialismo, o capitalismo, o colonialismo e o racismo, além de salientar que caberia às vanguardas o trabalho de conscientização das massas populares urbanas e rurais. Para tanto, caberia qualificar as diferenças territoriais das várias comunidades étnicas, as muitas formas de trabalho compulsório e a cobrança de impostos, além dos aspectos da dimensão simbólica e os fenômenos sociais e culturais. Esses aspectos empíricos possibilitaram circunscrever alguns problemas e captar as inter-relações e interdependências, possibilitando traçar estratégias de unificação para que as massas populares fossem mobilizadas e organizadas como base social de apoio das lutas de libertação. Historicamente, com pequenas variações de ênfase, as reivindicações giravam em torno das carências quase plenas vividas, como imposições cruéis e violentas da parte do colonizador, com uma ênfase substancial no racismo, fortemente rejeitado, sobressaindo a adoção do manifesto de Georges Padmore, de condenação à discriminação racial na Grã-Bretanha e ao *apartheid* da União Sul-Africana.

Sem descurar das especificidades históricas, é difícil discordar que quase sempre se buscava a liberdade como único caminho de luta. E se o sentido da liberdade era realizar a dignidade humana, a partir dela eram feitas as reivindicações por pão e terra. Em sua Resolução Final, o V Congresso Pan-Africano, presidido por W. E. Du Bois, refletiu a influência do ideário marxista entre alguns dos mais destacados intelectuais e líderes políticos africanos, como Jomo Kenyatta (Quênia), Peter Abraham (África do Sul), Hailé Selassié (Etiópia),

Nnamdi Azikiwe (Nigéria), Julius Nyerere (Tanzânia), Kenneth Kaunda (Zâmbia), Kwame Nkrumah (Gana) e outros. Exigia-se:

> 1. A emancipação e a total independência dos africanos e dos outros grupos raciais submetidos à dominação das potências europeias, as quais pretendiam exercer, sobre eles, um poder soberano ou um direito de tutela; 2. A revogação imediata de todas as leis raciais e outras leis discriminatórias; 3. A liberdade de expressão, de associação e de reunião, bem como a liberdade de imprensa; 4. A abolição do trabalho forçado e a igualdade de salários para um trabalho equivalente; 5. O direito ao voto e à elegibilidade para todo homem ou mulher com idade a partir de 21 anos; 6. O acesso de todos os cidadãos à assistência médica, à seguridade social e à educação [Kodjo e Chanaiwa, 2011:899].

Fato é que as disposições aprovadas nesse congresso foram reiteradas pela atuação do Movement for Colonial Freedom, coordenador de diversas organizações, como o Council for Freedom in Portugal and Colonies. E menos de uma década depois, os discursos que eram de domínio dos intelectuais foram se distribuindo socialmente por outros setores e integrados às reivindicações feitas em encontros internacionais. Constituíam um todo preparador de uma nova sociedade que abrangia as possibilidades de cooperação econômica, os direitos humanos e a autodeterminação, implicando um enfrentamento dos problemas da dependência e do colonialismo. Ao reter as várias implicações da situação colonial, as ideias se estendiam, promovendo a paz e a cooperação. E como a desfiguração política se fazia acompanhar pela dominação cultural, tornou-se crescente a denúncia da alienação.

Deve-se reiterar que boa parte da resistência à cultura imperial derivou da formação escolar e da militância política que os estudantes e intelectuais adquiriram em importantes cidades das metrópoles europeias, criando "o fetiche da cultura", cristalizador da exacerbação das diferenças entre as nações europeias e os espaços geopolíticos africanos, como aspecto fundamental da justificativa ideológica da dominação imperial. No âmbito dos valores, um dos campos da perspectiva analítica composto por ideias, percepções e sentimentos, ao lado das relações de força e dos interesses econômicos e militares, encontrava-se vinculado à construção da legitimidade internacional e da democracia no plano interno, ambas com sentido apenas na história. Tenta-se compreender que o poder é algo que se cria, uma associação de vontades na qual sobressai a ideia da interdependência e a construtiva reciprocidade de interesses comuns expressos nas diversas formas de cooperação internacional.

Dos movimentos pan-africano e pan-asiático dos últimos anos de 1940, surgiu o embrião do Movimento dos Não Alinhados, fortalecido pelos encontros de figuras notáveis, como Kwame N'Nkrumah, Jomo Kenyatta e Félix Houphouet--Boigny, da África, e Ho Chi Minh, Jawaharlal Nehru e Krishina Menon, da Ásia, que configuraram um quadro nada auspicioso que aumentava as fissuras e as tensões dos impérios coloniais. O horror pela destruição maciça em Hiroshima e Nagasaki, o genocídio dos judeus e o enfraquecimento da Europa levaram a um forte questionamento da noção de império. Do mesmo modo, o Velho Continente perdeu o predomínio nos assuntos mundiais, ao mesmo tempo que os Estados Unidos da América emergiram como os maiores detentores do poder militar e econômico do Ocidente, tendo como contraponto o poder da União Soviética. No Oriente, Mao Tsé-Tung e o Exército Popular de Libertação tornaram a revolução chinesa de 1949 uma realidade. E quanto ao chamado Terceiro Mundo, passou a receber os milhões de pessoas que voltavam de diferentes partes onde haviam participado da guerra ao lado das metrópoles europeias, encontrando no retorno aos seus países toda sorte de precariedade. As reivindicações cresceram, os movimentos de resistência aumentaram significativamente e a independência e a autodeterminação passaram a ser a grande conquista dos povos que ainda estavam sob a dominação do imperialismo capitalista colonial.

Quanto às respostas dos intelectuais e ativistas africanos, passaram a mostrar potencialidades e semelhanças em busca de equidade, contestando a subordinação imposta por alegada inferioridade racial, moral, intelectual e psíquica. Não se pode esquecer que os homens – e o silenciamento que registrou pequeno número de mulheres – formaram a base de um pensamento que marcou o jogo diplomático, levando os países recém-saídos do jugo imperial a terem maior protagonismo. Nessas circunstâncias, com uma relativa unidade de pensamento e ação, Angola, Cabo Verde, Guiné, Moçambique e São Tomé e Príncipe formularam plataformas unitárias anticoloniais que se estenderam até 1975, com a consecução das independências. Ao procurar caminhos próprios para afirmar sua presença internacional, os encontros informavam os processos de articulação de interesses e organização de solidariedades. A dinâmica dos espaços de contato permitiu "identificar equivalências, homologias, ambiguidades e contradições que contribuíram para alargar a imaginação política e nortear as ações com ênfase nas transformações revolucionárias em contextos particulares" (Hernandez, 2010:149).

É de assinalar, ainda, daquelas conferências ocorridas nessas circunstâncias históricas, as que tiveram um papel proeminente por seu compromisso com as principais aspirações apresentadas no V Congresso Pan-Africano e que foram detalhadas e reforçadas por alguns pontos das resoluções da Conferência Afro-Asiática realizada em 1955, em Bandung. De acordo com as disposições da Carta das Nações Unidas sobre os Acordos Regionais, foi estabelecido, na ONU, em 1952, o "grupo afro-asiático", dando início a um movimento que se ampliou durante a Guerra da Indochina, ao qual se somaram o confronto sino-americano pela disputa do estreito de Formosa e o pacto anticomunista pela defesa do sudeste da Ásia. Essa nova situação histórica levou a uma indagação sobre os termos de funcionamento do equilíbrio de poder.

Em 1954, o Grupo dos Cinco, composto por ministros da Birmânia, do Ceilão, da Índia, da Indonésia e do Paquistão, lançou a proposta da realização de um encontro que resultou na Conferência Governamental Afro-Asiática ou, como é mais conhecida, Conferência de Bandung. A ela compareceram, além dos organizadores, outros 24 países da Ásia e seis da África (Egito, Etiópia, Costa do Ouro, Libéria, Líbia e Sudão) para discutir questões sobre as cooperações econômica e cultural, direitos humanos e autodeterminação, além da cooperação relativa aos povos dependentes, à paz mundial e à cooperação entre os Estados do Terceiro Mundo. Foi escolhida uma estratégia retórica que denunciava a existência de relações assimétricas entre os espaços geopolíticos afro-asiáticos e os blocos dos países aliados dos dois superpoderes que emergiram da Segunda Guerra Mundial: os Estados Unidos e a União Soviética.

A conferência revelou uma tendência de proximidade com o mundo democrático liberal e propôs a ideia de pacificação concebida por Gandhi, um processo de formação de um espaço de manobra que buscava romper o âmbito das relações verticalizadas que implicavam dominar e explorar com violência. Neste sentido, formou-se um movimento pela intervenção das Nações Unidas para regulamentar os "conflitos por meios pacíficos, tais como as negociações, a conciliação, a arbitragem ou a regulamentação jurídica, ou outras medidas decididas pelas partes em causa no quadro da Carta das Nações Unidas" (apud CED, 1976:15-16). A referida estratégia estava vinculada à celebração do compromisso tácito entre grupos de diferentes tendências políticas e ideológicas acerca da definição dos limites do exercício da força no âmbito das relações internacionais, com regras qualitativamente distintas das vigentes até então.

Uma das razões da aproximação entre as elites asiáticas e as africanas estava no fato de que esses encontros constituíram verdadeiros *loci* de identificação de problemas comuns derivados da situação colonial, como o agravamento da crise econômica, o crescente endividamento externo e as sérias consequências da repressão. A união se impôs, a despeito da diversidade de matizes ideológicos e políticos dos movimentos nacionalistas dos diferentes países, promovendo a intensificação dos grandes encontros para o debate de problemas comuns. Foram importantes por permitirem definir espaços institucionais de luta em que foram votadas políticas com o intuito de obter apoio público para os projetos de libertação, como o da Argélia, e discutidos o gradualismo e a revolução como caminhos possíveis para a conquista das independências.

Os desdobramentos dessa visão articulada à ideia de interdependência limitaram o alcance da soberania, cuja acepção referia-se ao não respeito e à transgressão de todos os limites de diversidade nas formas de cooperação internacional (Mbembe, 2018:15). Ao se fazer a luta política em torno do significado da construção de relações mais justas e igualitárias entre os países, foram propostos 10 princípios, dos quais destaca-se o respeito aos direitos do homem, salientando a não distinção entre raças e crenças, e à Carta das Nações Unidas, tornando constitucionais as relações internacionais com a delimitação jurídica do exercício do poder; o respeito ao conceito de soberania enquanto "produção de normas gerais por um corpo (povo) composto por homens e mulheres livres e iguais. Esses homens e mulheres são considerados sujeitos completos, capazes de autoconhecimento, autoconsciência e autorrepresentação" (Mbembe, 2018:9). A política era, pois, um projeto de autonomia com respeito à integridade de todas as nações, à não ingerência nos assuntos internos de outros países e respeito pela justiça e pelos compromissos internacionais (Hernandez, 2008).

Há de se lembrar que em Bandung foi criado o direito do indivíduo a ter direitos, partindo do paradigma de que a pessoa humana tinha uma dignidade e uma singularidade que não se dissolviam no todo da boa gestão da comunidade política. Predominava a ideia da convergência da não discriminação individual com a autonomia coletiva, articulando os direitos de cada artigo das resoluções da conferência como essenciais para o estabelecimento de uma política de paz e segurança internacionais.

Também foi salientado o sentido comum da luta política de países definidos pela dependência em suas mais diversas formas, afirmando-se que caberia a eles próprios fazer escolhas e estabelecer os critérios pelos quais iriam construir seus projetos de independência. Estavam assim criadas as circunstâncias para que a conferência se transformasse em um marco na luta pela independência dos países africanos e asiáticos, propondo que os países dependentes fossem uma "terceira força de equilíbrio" em um mundo bipolarizado entre os dois blocos antagônicos. Nesse ponto, os africanos, agindo como quem aprendeu claramente as lições de Bandung e tendo os olhos voltados para o presente e o futuro, realizaram, em abril de 1958, em Accra, a primeira Conferência dos Estados Africanos Independentes, que se destacou por ter reunido representantes do Egito, Etiópia, Gana, Libéria, Marrocos, Sudão, Tunísia e de Estados ou colônias de língua árabe, portuguesa, francesa e inglesa.

Voltadas para o desenvolvimento de um espírito de cooperação capaz de superar os desequilíbrios e injustiças do relacionamento entre o Primeiro e o Terceiro Mundo, as resoluções acentuaram as proclamadas no V Congresso Pan-Africano e, em particular, na Conferência de Bandung, e versaram sobre a negação do racismo, do imperialismo e do colonialismo. De outra parte, abriram-se os horizontes para a formulação das possíveis estratégias para reforçar o não alinhamento, resguardando a África das ranhuras próprias da Guerra Fria; o apoio aos movimentos de libertação em África; e as relações entre os países independentes e as Nações Unidas. Torna-se claro que a Conferência de Accra também se manteve sensível à instabilidade política dos países recém-independentes, o que poderia dar ensejo às relações neocoloniais. Daí a necessidade de traçar alternativas viáveis para manter o não alinhamento em um mundo bipolarizado, pensar a questão das fronteiras coloniais como aspectos políticos relevantes colocados pela emancipação e sinalizar o papel das organizações regionais, antecipando algumas das bases para a fundação da Organização da Unidade Africana (OUA) a representar unidade dentro da diversidade, dando-se particular atenção à importantíssima questão do papel das chefias tradicionais (tão cara a Moçambique, por exemplo) e das chefias dos movimentos religiosos separatistas, trazendo dificuldades para combinar fidelidades locais, etnorregionais e nacionais.[2]

Nesse sentido, é de interesse lembrar que continuou a ser sustentada a ideia de que "o espírito de Bandung" era uma referência necessária, porquanto mostrava os caminhos para uma política de paz, no mesmo momento em que, graças às circunstâncias históricas e às conjunturas epistemológicas em franca remodelação, o paradigma da "reafricanização das mentes" unia africanos e afrodiaspóricos em torno do grupo de franceses do movimento da Présence Africaine. E dando forma à estrutura do conflito, foram formados os Congressos dos Escritores e Artistas Negros de 1956 e 1959, em torno do recurso à identidade como um elemento essencialista da mobilização política, propondo um debate sobre o princípio do afastamento da estrutura discursiva e das representações e imagens eurocêntricas, predominando a ideia de unidade africana sob uma forma cultural.

Nesses encontros, prevaleceu a concepção de que os africanos e todos os povos de ascendência africana tinham um patrimônio cultural comum centrado nas concepções de negritude e de personalidade africana. Daí o esforço dos intelectuais para articular essas ideias estabelecendo laços entre os diversos mundos negros: o de Alioune Diop pela Présence Africaine, o de Aimé Césaire pelas Antilhas e o de Richard Wright pelos negros americanos (Andrade e Laban, 1997:129). Marcante foi o fato de o I Congresso ter sido dia 19 de setembro de 1956, uma das datas tidas como da fundação do Partido Africano para a Independência da Guiné e de Cabo Verde (PAIGC) e um momento de render homenagens aos anos da guerra de libertação da Argélia – iniciada em 31 de outubro de 1954 –, colocando a natureza e o sentido do colonial no centro dos debates, fazendo aflorar as divergências políticas em torno da guerra de libertação como um dos caminhos para a independência e a emancipação.

2 A estes importantes marcos políticos e culturais, seguiram sete outras reuniões de cúpula do Movimento dos Não Alinhados: Belgrado (1961) – com claras influências de Bandung, formando-se em torno da bandeira de luta de autodeterminação uma poderosa coalizão dos países do Terceiro Mundo –, Cairo (1964), Lusaka (1970), Argel (1973), Sri Lanka (1976), Havana (1979) e Nova Délhi (1983).

O conflito operado por antinomias entre as culturas europeia, africana e afrodiaspórica teve no I Congresso dos Escritores e Artistas Negros, em 1956, temas de pensamento e de ação política que se tornaram permanentes ao afirmar uma acepção do colonial enquanto articulador da cultura e da política. Com chaves de interpretação particulares, Frantz Fanon, em *Os condenados da terra* e em *Peles negras, máscaras brancas* (Fanon, 1979, 2020), e Aimé Césaire (1978), em especial no *Discurso sobre o colonialismo*, convergiram para uma crítica radical da soberania de autolimitação das metrópoles, iniciando um movimento de restituição da sua essência para os países independentes, o que dizia respeito a uma ruptura radical, não apenas com a relação à exploração econômica, mas principalmente com a dominação cultural. E neste sentido não parece exagero considerar o I e, três anos mais tarde, o II Congresso de Artistas Negros como formadores da matriz de pensamento que passou a balizar a discussão do colonial em todo o decorrer do processo de luta de libertação em Angola, Guiné e Moçambique. Com uma ressonância moral particular ao protesto, respondiam a um diagnóstico histórico-social de subalternização e à crença na sua necessária superação, ancorados nas concepções de razão e de história, insistindo no protagonismo africano e salientando a importância da tradição móvel das línguas, das religiões, da oralidade e da arte africanas. Reavaliava-se, assim, a contribuição da África para a humanidade e negava-se – mesmo com ambiguidades – que "à raça negra pertencessem o instinto, as pulsões irracionais e a sensualidade primária" (Mbembe, 2014:82).

Ao fazer parte essencialmente de um processo histórico, os dois congressos, com forte influência de Bandung, definiram que o desenvolvimento da luta anticolonialista tornava imperativo que fosse reforçada a unidade de ação dos movimentos de libertação acerca da ruptura do colonial, condicionando a formação, em 1957, do Movimento Anticolonialista (MAC), em nome dos "sentimentos de liberdade e dignidade". Fundado pelo Partido Africano da Independência da Guiné "portuguesa" e pelo Movimento Popular de Libertação de Angola (MPLA), o MAC mostrava, de forma inequívoca, suas fontes de inspiração: os "princípios da Carta das Nações Unidas pela Declaração dos Direitos do Homem, pelas Resoluções da Conferência de Solidariedade Afro-Asiática do Cairo (em fins de 1957), pelas Resoluções da Conferência dos

Países Independentes Africanos e pelas Resoluções da Conferência dos Povos Africanos de Acra".[3]

Em seu manifesto, o MAC registrou que na esteira de Bandung impunha-se a conjugação de esforços do MPLA e do PAIGC, de nacionalistas de Moçambique e de São Tomé e Príncipe, ao lado de estudantes, trabalhadores e outros "patriotas" para "criar e reforçar a unidade de ação dos movimentos de libertação que combatiam a dominação estrangeira".[4]

Enquanto as redes de interdependência com fortes traços transnacionais marcaram profundamente a relevância da política como espaço da liberdade, as alterações administrativas e jurídicas do governo português, com a modificação da Constituição em 1951, foram consideradas absolutamente inócuas. Não bastou a substituição das palavras colônia e colonial pelas de província ultramarina e ultramarino, tampouco o surgimento da Lei Orgânica do Ultramar Português, em 1953, e o Estatuto dos Indígenas das Províncias da Guiné, Angola e Moçambique, em 1954. Para os intelectuais ativistas, eram como partes de uma oratória que sequer resvalava as reais necessidades dos africanos. Também de nada adiantou, em 1961, pôr termo ao Estatuto dos Indígenas, que tornava todos os habitantes de Angola, Guiné e Moçambique "plenos cidadãos" de Portugal, uma vez que o trabalho compulsório continuava a imperar.

Mas, seguindo a linguagem de Césaire, de 1955, é indiscutível que um dos juízos maiores de caracterização do seu pensamento foi sintetizado em um dos primeiros parágrafos do *Discurso sobre o colonialismo*:

> O fato é que a civilização dita "europeia", a civilização dita "ocidental", tal como a modelaram dois séculos de regime burguês, é incapaz de resolver os dois problemas maiores a que a sua existência deu origem: o problema do proletariado e o problema colonial; que essa Europa acusada no tribunal da "razão" como no tribunal da "consciência" se vê impotente para se justificar; e se refugia, cada vez mais, numa hipocrisia tanto mais odiosa quanto menos suscetível de ludibriar [Césaire, 1978:13].

---

3 Nota introdutória. *Manifesto do Movimento Anticolonialista* (MAC). Fundo Arquivo Mário de Andrade. Fundação Mário Soares. 1965 (data da redação original: 1975), pasta 04357.001.001, p. 4.

4 *Manifesto do Movimento Anticolonialista* (MAC). Fundo Arquivo Mário de Andrade. Fundação Mário Soares. 1965 (data da redação original: 1975), pasta 04357.001.001, p. 4.

De outra parte, um dos pontos de partida da reflexão de Fanon sobre os problemas de equivalência absoluta entre dignidade e soberania na cartografia discursiva europeia era sua erosão que romperia a situação de uma "Europa indefensável". Impunha-se, pois, descolonizar, pondo em curso as mudanças estruturais desde sua raiz, tornando inútil o estereótipo de que os povos africanos eram "infantis e débeis". Para Fanon (1979:26):

> A descolonização, sabemo-lo, é um processo histórico, isto é, não pode ser compreendida, não encontra a sua inteligibilidade, não se torna transparente para si mesma senão na exata medida em que se faz discernível o movimento historicizante que lhe dá forma e conteúdo. A descolonização é o encontro de duas forças congenitamente antagônicas que extraem a sua originalidade precisamente dessa espécie de substantificação que segrega e alimenta a situação.

Não se pode esquecer que os textos analíticos foram a base de um pensamento que informava e alimentava todo um desenvolvimento da luta. Da mesma forma, as escrituras que tratavam das ideologias da libertação nacional mostravam que a luta formando uma aliança de partidos políticos e de organizações de massa unitária de Angola, Guiné, Moçambique e Goa teve seguimento com a Frente Revolucionária Africana para a Independência Nacional das Colônias Portuguesas (Frain), organizada e coordenada pelo PAI e pelo MPLA e aberta a todas as organizações de massa e partidos políticos dispostos a lutar contra a dominação colonial portuguesa e pela conquista imediata da independência nacional. Isso significava criar condições para tratar a soberania do governo metropolitano como a violação de proibições (Mbembe, 2018:16-17).

Ao mesmo tempo, Portugal não diminuiu sua política da diferença, aumentando a violência enquanto estreitava relações com a Organização do Atlântico Norte e tentava manter certo equilíbrio com a Organização das Nações Unidas, justificando o injustificável, sustentando que não existiam "colônias portuguesas" em África. Enquanto isso, intensificava a repressão armada, reeditando as guerras de pacificação e punindo com sofrimentos físicos e violência psicológica. De outra parte, os africanos se preparavam sistematicamente para recorrer a uma violência coletiva durável e organizada, o que tornava substancial a unidade entre Angola, Cabo Verde, Guiné, Moçambique e São Tomé, aceitando a colaboração de outros países compromissados com o processo de ruptura da situação colonial.

Aliás, o processo de colaboração ampliada, incluindo elites de outros países que não as sob a dominação de Portugal – destacando-se as elites asiáticas –, deu continuidade à política de não alinhamento anunciada na Conferência de Bandung.

Mas foi, sem dúvida, em Belgrado (1 a 6 de setembro, 1961), na Primeira Conferência dos Chefes de Estado e de Governo Não Alinhados – em grande parte por iniciativa do presidente iugoslavo Josip Broz Tito e apoio de Nasser, Sukarno e Chu En-Lai –, que se registrou clara influência de Bandung, reunindo representantes de 25 países capitalistas ou socialistas da África, Ásia, América Latina e Europa, que representavam 55% da população do planeta e quase dois terços dos países-membros da ONU. Foi por isso reconhecida como a mais poderosa coalizão do chamado "Terceiro Mundo", promovendo a cooperação nos fóruns mundiais, em especial nas Nações Unidas, e firmando a bandeira de luta da autodeterminação. Assim, os debates se fizeram em torno dos temas da oposição ao imperialismo, ao colonialismo e ao neocolonialismo e da legitimidade das lutas nacionais pela independência, desenvolvimento econômico e combate à pobreza.

Foi um pensamento que mais tarde influenciou a formação dos discursos independentistas e emancipacionistas da luta de libertação. A coexistência e a cooperação entre Estados com sistemas sociopolíticos e ideologias diferentes implicava flexibilidade na interpretação e liberdade quanto à prática política, desde que assumissem o compromisso de ter uma atitude unânime em relação à ruptura com a situação colonial e com alguma reificação discursiva, levando a que fossem assumidos os princípios e objetivos do movimento, como a paz, o desarmamento e a escolha entre gradualismo e revolução – insinuando a questão do papel das lutas de libertação com a ideia de guerra de guerrilhas, o que foi central em África nos colóquios entre representantes africanos. Proclamou-se ainda o direito de autodeterminação dos povos e à igualdade econômica e racial, com a condenação da pobreza e a oposição ao imperialismo, ao colonialismo e ao neocolonialismo. Além disso, tornou-se pública a indispensável luta para evitar uma nova guerra mundial, rompendo todo e qualquer aspecto que ensejasse relações neocoloniais como desdobramento do imperialismo.

Não é difícil reconhecer que esses encontros, como outros que aconteceram até a emancipação e as independências, foram muito mais complexos do que pode parecer. Portugal, reiterando sua posição de que não tinha mais colônias, rejeitou o direito à autodeterminação de Angola, Cabo Verde, Moçambique, São Tomé e Príncipe e Goa, e, mesmo com o aumento da pressão imposta pelo jogo diplomático, ignorou os princípios da Declaração sobre a Concessão da Independência dos Países e Povos Coloniais, aprovada em sessão de dezembro de 1960, pela Organização das Nações Unidas, que, além de reiterar os direitos dos homens, advertia que "a sujeição dos povos ao domínio estrangeiro [era] é uma negação aos direitos fundamentais do homem" (Bobbio, 1992:6). Por sua vez, o isolamento de Portugal, iniciado a partir da conferência de imprensa em Londres, em dezembro de 1960 (na Câmara dos Comuns), foi apenas o começo das intervenções com os comitês especializados da ONU.

Assim, a guerra se impunha no espaço físico e político como única via aberta para a obtenção da independência, e, com esse espírito, ligando-se ao grupo de Casablanca, foi fundada a Conferência das Organizações Nacionalistas das Colônias Portuguesas (CONCP), uma frente com sede em Rabat que se reuniu em abril de 1961, buscando uma solução africana que implicava o desenho dos contornos de uma revolta umbilicalmente ligada à revolução nacionalista articulada à luta contra a discriminação racial. E, como salientava Mário Pinto de Andrade, "o problema da personalidade política, da personalidade dos movimentos, da personalidade cultural [foram] as vozes específicas do movimento de libertação" que atuaram no "comitê de libertação africano" (Andrade e Laban, 1997:135).

A CONCP buscava unidade, solidariedade e cooperação por parte de todas as organizações nacionalistas das colônias portuguesas e declarava seu apoio aos povos de todos os países em luta contra o imperialismo e o colonialismo, sob suas diferentes formas. Também esteve à frente da mobilização dos povos da América Latina contra o imperialismo norte-americano, que sustentava, em grande parte, as ditaduras militares, dando respaldo às prisões e à tortura. Desempenhou ainda um importante papel nos conflitos sobre a divisão das responsabilidades entre as estruturas do movimento afro-asiático destinadas a desaparecer e a uma nova organização de África, Ásia e América Latina que se criava em Havana.

Três anos depois, em 1964, na Conferência dos Chefes de Estado e dos Governos dos Países Não Alinhados feita no Cairo, Amílcar Cabral sublinhou a natureza da dimensão anti-imperialista do não alinhamento, à qual juntou a posição de se proteger da dominação dos blocos. Declarou:

> Para trazer nossa contribuição à independência, na fraternidade e igualdade com todos os povos, não nos parece necessário nos misturarmos às querelas ou conflitos ideológicos que dividem o mundo. Nós não precisamos nos alinhar sobre nenhuma posição: nós devemos ser e permanecer alinhados sobre as aspirações fundamentais de nossos próprios povos [Cabral, 1975:249].

E continuou:

> Há, no entanto, nesta ética do nosso não alinhamento uma necessidade vital de alinhamento: nós devemos ser capazes de tomar sem equívoco – e livres de fazê-lo – toda posição que visa servir a dignidade, a emancipação e o progresso dos povos [Cabral, 1975:249].

Durante sua segunda assembleia, em outubro de 1965, em Dar es Salaam, a frente anti-imperialista delineou a linha fundamental da política exterior, contida nos princípios a seguir:

> Considerar o neocolonialismo como a ameaça mais grave do momento histórico; visar a unidade africana na base dos capitais econômicos e sociais acumulados pelos povos; se mobilizar para desempenhar um papel importante na aniquilação da última fortaleza do colonialismo, do imperialismo e do racismo; chamar as forças dos países socialistas e as forças progressistas do ocidente, tendo em vista o crescimento de seu apoio político, moral e material nos movimentos de libertação [Andrade, 1982:30].

A problematização dos contextos de luta por emancipação trouxe para as lideranças africanas o empenho de participar de fóruns transcontinentais, como a Conferência de Fundação da Organização de Solidariedade dos Países da Ásia, África e América Latina, conhecida como Conferência Tricontinental de Havana (Cuba, 1966). Organizada por Fidel Castro, contou, entre outros, com

Pedro Pires, Domingos Ramos, Joaquim Pedro da Silva, Marcelino dos Santos, Mário Pinto de Andrade e Amílcar Cabral como representantes de Angola, Cabo Verde, Guiné (dita portuguesa), Moçambique e São Tomé e Príncipe. Nela, foram travadas discussões sobre temas cruciais, como a soberania, a unidade, a cooperação e o não alinhamento, que ressurgiram acrescidos de outros, como o desenvolvimento, a modernização, a via revolucionária e, sobretudo, a luta contra o imperialismo, o colonialismo e o neocolonialismo, com estratégias contendo significativas dimensões utópicas de curto e médio prazos, uma vez que implicavam mudanças na natureza da economia (de subsistência para de mercado), da política (de sujeição para participação), das relações sociais (das unidades de parentesco alargadas para as nucleares) e da ideologia (do sagrado ao secular).

Na Tricontinental, foi defendida publicamente a luta armada contra Portugal como a escolha mais adequada para alcançar a independência, pressupondo a luta continuada de mobilização e organização em uma perspectiva revolucionária e anti-imperialista. Nesse sentido, as edições da Tricontinental permitiram um olhar privilegiado sobre as esquerdas latino-americanas, africanas e asiáticas e, sobretudo, sobre o estabelecimento de uma aliança política de dimensões globais marcada por fortes laços de amparo mútuo que predominaram sobre as solidariedades, as desavenças e as fidelidades entre os múltiplos setores das esquerdas e a Revolução Cubana, tornando claro o papel central que a ilha assumia acerca da revolução e do anti-imperialismo nos anos de 1960 e 1970. Para esse projeto de revolução conjunta, foi crucial o papel da revista *Tricontinental*, formadora de uma rede de sociabilidade intelectual e de solidariedade entre os movimentos revolucionários, com a publicação de textos e sua distribuição em vários idiomas, como o francês, o inglês, o espanhol, o árabe e o italiano, entre outros. A publicação falava para Angola, Moçambique, Cabo Verde e Iêmen do Sul da mesma forma que se dirigia às guerrilhas urbanas brasileiras, argentinas, uruguaias, chilenas, nicaraguenses e dominicanas, incluindo perspectivas transnacionais. A revista evidenciou tensões históricas enfrentadas pelas esquerdas nos três continentes, bem como a busca desses grupos por conciliar diversas influências políticas e intelectuais, tais como os anseios pela libertação nacional, a adesão a propostas identitárias e de cooperação regional, como o pan-africanismo e o pan-arabismo. As publicações eram marcadas por elementos do internacionalismo revolucionário de cunho marxista, assim como expressavam as questões que envolviam o conflito sino-soviético.

Entretanto, a maior força impulsionadora da luta nas "províncias doutro mar" foi a CONCP, que organizou a luta de autodeterminação e de independência, salientando a urgência de liberar os povos colonizados por Portugal, atenta às lutas transnacionais da Argélia, Marrocos, Mauritânia, Sahara africano, Congo, África do Sul, o sul africano e o sudoeste africano, e fiel às palavras de ordem "Unidade, Solidariedade e Cooperação", destacando ainda a imprescindível cooperação das organizações nacionalistas de cada país sob a situação colonial. E, pela justeza de suas reivindicações, a ação da CONCP lutando pela unidade de todos os povos das colônias portuguesas foi crucial para a luta de libertação, estendendo-se até 1975, ainda que não tenha dirimido as divergências, oposições e disputas pelo poder requeridas pela "unidade indispensável" de todos os povos das colônias portuguesas e pela exclusão total do jogo imperialista na África.

Primeiro em Angola, depois na Guiné e em Moçambique, a guerra em três frentes prolongou-se contra um império que há tempo se mostrava anacrônico. Daí em diante, foi como bem diz o provérbio ibo: "O tigre não declara a sua 'tigritude'. Salta sobre sua presa e a devora...". Com desdobramentos em Portugal que levaram à ruptura do salazarismo, o Movimento das Forças Armadas (MFA), a política do Partido Comunista Português e a mobilização de amplas camadas da sociedade levaram à construção da democracia portuguesa (Rosas, 1994).

Não ignoramos que este tema difícil e repleto de controvérsias merece continuar a ser estudado, assim como a guerra de libertação tem de ser esmiuçada com estudos específicos que recuperem a historicidade de cada situação colonial. No caso deste breve texto, insistimos na força crítica das contradições, procurando rever algumas relações transcontinentais, salientando os eventos que nos parecem cruciais para ultrapassarmos o mero historicismo ou o empirismo simplório.

Referências

APPIAH, K. A. *Na casa de meu pai*: a África na filosofia da cultura. Rio de Janeiro: Contraponto, 1997.

ANDRADE, Mário Pinto de. *Libertação nacional e ideologia*: estudo das ideologias dos movimentos africanos de libertação nacional resultantes da luta contra a dominação colonial portuguesa. Paris: Seuil, 1982.

______; LABAN, M. *Mário Pinto de Andrade*: entrevista. Lisboa: Ed. João Sá da Costa, 1997.

BOBBIO, N. *A era dos direitos*. Rio de Janeiro: Campus, 1992.

CABRAL, A. *La pratique révolutionnaire*. Paris: Maspero, 1975.

CED (Centro de Estudos da Dependência). *A descolonização e a neocolonização*. Lisboa: Iniciativas Editoriais, 1976.

CÉSAIRE, A. *Discurso sobre o colonialismo*. Trad. N. de Sousa. Lisboa: Sá da Costa, 1978 [1950].

FANON, F. *Os condenados da* terra. Trad. J. L. de Melo. Rio de Janeiro: Civilização Brasileira, 1979 [1961].

______. *Pele negra, máscaras brancas*. Trad. S. Nascimento e R. Camargo. São Paulo: Ubu, 2020 [1952].

HERNANDEZ, L. L. *A África na sala de aula*: visita à história contemporânea. São Paulo: Selo Negro, 2008.

______. Elites africanas, a circulação de ideias e o nacionalismo anticolonial. In: RIBEIRO, A.; GEBARA, A.; BITTENCOURT, M. (Org.). *África, passado e presente*: II Encontro de Estudos Africanos da UFF. Niterói: PPGHistória-UFF, 2010. p. 143-152.

______. A urdidura da autonomia e da autodeterminação e os esgarçamentos do paradigma eurocidental. In: ______; MARCUSSI, A. A. (Org.). *Ideias e práticas em trânsito*: poderes e resistências em África (séculos XIX e XX). São Paulo: Intermeios/USP, 2020. p. 327-377.

HOUNTONDJI, P. J. *African philosophy:* myth and reality. Indianápolis: Indiana University Press, 1996.

KODJO, E.; CHANAIWA, D. Pan-africanismo e libertação. In: MAZRUI, A. A.; WONDJI, C. (Ed.). *Coleção história geral da África*. 2. ed. Trad. MEC – Centro de Estudos Afro-Brasileiros da Universidade Federal de São Carlos. São Paulo: Cortez; Brasília: Unesco, 2011. v. 8.

LOCKE, A. O novo negro. In: SANCHES, M. R. (Org.). *Malhas que os impérios tecem*: textos anticoloniais, contextos pós-coloniais. Lisboa: Edições 70, 2011. p. 59-72.

MBEMBE, A. As formas africanas de autoinscrição. *Estudos Afro-Asiáticos*, v. 23, n. 1, p. 185-209, 2001.

_____. *Crítica da razão negra*. Lisboa: Antígona, 2014.

_____. *Necropolítica*: biopoder, soberania, estado de exceção, política de morte. São Paulo: N-1 Ed., 2018.

MUDIMBE, V. Y. *A invenção da África*: gnose, filosofia e a ordem do conhecimento. Lisboa: Pedagogo, 2013.

ROSAS, F. Marcelismo: a liberação tardia (1968-1974). In: MATTOSO, J. (Dir.); ROSAS, F. (Coord.). *História de Portugal*: Lisboa: Estampa, 1994. v. VII: O Estado Novo (1926-1974), p. 485-492.

SANCHES, M. R. Viagens da teoria antes do pós-colonial. In: _____ (Org.). *Malhas que os impérios tecem*: textos anticoloniais, contextos pós-coloniais. Lisboa: Edições 70, 2011. p. 9-43.

Autores

Augusto Nascimento. Investigador com agregação do Centro de História da Universidade de Lisboa. Licenciado em história em 1981. Cooperante em São Tomé e Príncipe de 1981 a 1987. Em 1992, obteve o grau de mestre e, em 2000, o de doutor em sociologia pela Universidade Nova de Lisboa. Em 2015 obteve a agregação em história contemporânea. Foi investigador auxiliar do Instituto de Investigação Científica Tropical de Lisboa. Colabora com o Centro de Estudos Internacionais (CEI-IUL), com o Centro de Estudos Africanos da Universidade do Porto e com o Instituto de História Contemporânea da Universidade Nova de Lisboa. Tem como principal área de interesse a recente história política africana.

Francisco Carlos Palomanes Martinho. Professor titular do Departamento de História da Universidade de São Paulo (USP) e pesquisador do CNPq. Especialista em história contemporânea portuguesa, publicou, entre outros: "Indivíduo, história e responsabilidade: ampliar a câmera, voltar às digitais" (2022); "Marcello Caetano: história, historiografia e identidades nacionais" (2021); "Intelectuais e culturas políticas em Portugal: à volta de Antero de Quental e António Sérgio" (2019); *Marcello Caetano and the Portuguese "New State": a political biography* (2018).

Helena Wakim Moreno. Doutora em história social pela Universidade de São Paulo (USP), tendo se especializado em história contemporânea da África. As reflexões apresentadas neste livro são fruto da sua tese de doutorado, *Intelectuais de Angola na Casa dos Estudantes do Império: itinerâncias, mediações e redes de apoio (Lisboa, 1944-1965)*, financiada pela Capes, Fundação Calouste Gulbenkian e Cátedra Jaime Cortesão/Instituto Camões.

Igor José de Renó Machado. Doutor em ciências sociais pela Universidade Estadual de Campinas (Unicamp), com pós-doutorados em antropologia pela Universidade de Brasília (UnB) e pelo Museu Nacional. É professor titular do departamento de ciências sociais da Universidade Federal de São Carlos (UFSCar) e do PPGAS/UFSCar. Atualmente, coordena o Laboratório de Estudos Migratórios (LEM) na UFSCar.

José Sacchetta Ramos Mendes. Professor do Instituto de Humanidades, Artes e Ciências da Universidade Federal da Bahia (UFBA). Pesquisa história das migrações e políticas migratórias. Publicou, entre outros: *Laços de sangue: privilégios e intolerância à imigração portuguesa no Brasil* (2007); "Desígnios da Lei de Terras: imigração, escravismo e propriedade fundiária no Brasil Império" (2009); "Trânsitos em português: aportes para um mapeamento político-legal sobre migrações e circulação de pessoas na Comunidade dos Países de Língua Portuguesa (2021).

Leila Maria Leite Hernandez. Professora livre-docente do Departamento de História da Universidade de São Paulo (USP). Trabalha com história contemporânea da África. Publicou, entre outros: *Os filhos da terra do sol: formação do Estado-Nação em Cabo Verde* (2002); *A África na sala de aula: visita à história contemporânea* (2005, 2008, 2011); *Memória e história: administração para o desenvolvimento* (2011); "Introdução: a história africana a partir dos trânsitos e itinerâncias" e "A urdidura da autonomia e da autodeterminação e os esgarçamentos do paradigma eurocidental" (2020).

Marcelo Bittencourt. Professor associado do Departamento de História da Universidade Federal Fluminense (UFF). Pesquisador do CNPq. Especialista em história contemporânea de Angola. Publicou, entre outros: "Sport and politics in Angola's final colonial years" (2019); "O futebol nos musseques e nas empresas de Luanda, 1950-1960" (2017); Diversidade, escolhas e contextos nas memórias da Casa dos Estudantes do Império (2017); *Estamos Juntos!: O MPLA e a luta anticolonial, 1961-1974* (2008); *Dos jornais às armas: trajectórias da contestação angolana* (1999).

Marina Simões Galvanese. Doutora em história social pela Universidade de São Paulo (USP) e mestre em história contemporânea pela Universidade de Coimbra. Trabalha sobre as políticas migratórias adotadas em Portugal nos séculos XIX e XX.

Olga Maria Lopes Serrão Iglésias Neves. Professora reformada e voluntária na Universidade Sénior de Sassoeiros (Unis), lecionando Portugal contemporâneo: história, memória e património. É pesquisadora do HIC/FCSH/Unova e do CEsA/CSG/ISEG/U de Lisboa. Especialista em estudos africanos, publicou, entre outros: "Moçambique" (2001), "Na entrada do novo milénio em África, que perspectivas para a Mulher Moçambicana?" (2007); *Moçambique, 1875/1975: cidades, território e arquitecturas* (2008, com José Manuel Fernandes, Maria de Lurdes Janeiro e postais de João Loureiro); "Peace and war in Mozambique: the colonial power and islam's impact (20th and 21st century) – case study on the provinces of Tete and Zambezia" (2015); *O Movimento Associativo Africano em Moçambique: tradição e luta (1926-1962)* (2017).

Omar Ribeiro Thomaz. Professor livre-docente do Departamento de Antropologia Social da Universidade Estadual de Campinas (Unicamp). Desenvolve pesquisa nas áreas de antropologia da guerra e do conflito e história social da África e do Caribe, tendo realizado pesquisa de campo no sul de Moçambique, em Uganda e no Haiti. Suas produções mais recentes são: "Ethnographic views of Brazil's (new) authoritarian turn" (2020, com Federico Eiburg); "O tempo e o medo: a longa duração da guerra em Moçambique" (2018).

Onésimo Teotónio de Almeida. Doutor em filosofia pela Universidade de Brown (Providence, Rhode Island, Estados Unidos), onde atua como professor catedrático no Departamento de Estudos Portugueses e Brasileiros. É autor, entre outros, de: *A obsessão da portugalidade: identidade, língua, saudade & valores* (2016); *Pessoa, Portugal e o futuro* (2014). É doutor *honoris causa* pela Universidade de Aveiro, Portugal.

Zeila de Brito Fabri Demartini. Tem graduação em ciências sociais pela Universidade de São Paulo (USP, 1968), pós-graduação em sociologia (1970) e doutorado em ciências humanas (sociologia) pela USP (1980). É pesquisadora sênior do CNPq, professora doutora aposentada da Universidade Estadual de Campinas (Campinas) e diretora de Pesquisa do Centro de Estudos Rurais e Urbanos. Pesquisa e publica principalmente sobre os temas: histórias de vida, imigração japonesa, portuguesa e africana, educação e cultura, infância e colonialismo. Publicou, entre outros: *Literaturas africanas: perspectivas e desafios no século XXI* (2021); *Infância, juventudes, universos (auto)biográficos e narrativas* (2018); *Education and culture: Brazil and Japan* (2012); *História oral, sociologia e pesquisa: a abordagem do Ceru* (2010); *Por uma cultura da infância: metodologias de pesquisa com crianças* (2009); *Estudos migratórios: perspectivas metodológicas* (2005).

Este livro foi impresso nas oficinas gráficas da Editora Vozes Ltda.,
Rua Frei Luís, 100 – Petrópolis, RJ.